Eduard Gugenberger

Hitlers Visionäre

Die okkulten Wegbereiter
des Dritten Reichs

Ueberreuter

Meinen Kindern Iris und Oliver gewidmet

Die Deutsche Bibliothek – CIP-Einheitsaufnahme
Gugenberger, Eduard:
Hitlers Visionäre : die okkulten Wegbereiter des Dritten Reichs /
Eduard Gugenberger. - Wien : Ueberreuter, 2001
    ISBN 3-8000-3793-9

AU 0555/1
Umschlaggestaltung: Zembsch' Werkstatt, München, unter Verwendung
der Bilder von Ludendorff, Hanussen (Bildarchiv der Österreichischen
Nationalbibliothek), Schuler (Holdt, Schiller-Nationalmuseum Marbach
am Neckar), List, Eckart (Bildarchiv der Österreichischen Nationalbibliothek)
Copyright © 2001 by Verlag Carl Ueberreuter, Wien
Druck: Ueberreuter Print
7 6 5 4 3 2 1

Ueberreuter im Internet: www.ueberreuter.de

Inhalt

DANKSAGUNG

An dieser Stelle möchte ich all jenen danken, die zum Entstehen dieses Buches beigetragen haben: meiner langjährigen Projektleiterin Erika Weinzierl, einer unermüdlichen Forscherin in Sachen Nationalsozialismus und Antisemitismus, meinem alten Kompagnon und wissenschaftlichen Wegbegleiter Roman Schweidlenka sowie dem stillen Förderer unser beider Forschungsarbeiten, Kollegen Raoul Kneucker. Besonderen Dank aussprechen möchte ich auch all jenen, die in unterschiedlicher Weise am Entstehungsprozess des vorliegenden Buches beteiligt waren: Andi Beham vom Dokumentationsarchiv des österreichischen Widerstandes, Toni Burger, René Freund und Franko Petri. Für Bildmaterial sei einmal mehr dem Dokumentationsarchiv, des weiteren der Österreichischen Nationalbibliothek, dem Schiller-Nationalmuseum in Marbach a. N., Albrecht Götz von Olenhusen als Verwalter des Ellic-Howe-Archivs, dem Eislicht-Verlag sowie last but not least dem Arun-Verlag gedankt, der trotz seiner weltanschaulichen Gegensätzlichkeit und daraus resultierenden Skepsis gegenüber dem »auf kleinen Abwegen« gewähnten Autor Fotos zur Verfügung stellte.

Dieses Buch wäre in der vorliegenden Form nicht zu Stande gekommen ohne die penible Vorarbeit einzelner Autoren zu speziellen Themen. Ich möchte nicht anstehen, ihnen an dieser Stelle meinen Dank auszusprechen, konkret an Nicholas Goodrick-Clarke (List, Lanz, Sebottendorff und Wiligut), Wilfried Daim (Lanz), Ellic Howe † und Albrecht Götz von Olenhusen (Sebottendorff), Hans-Jürgen Lange (Rahn und Wiligut), H. T. Hansen (Evola), Wilfried Kugel (Hanussen) und Baal Müller (Schuler). In Einzelfällen wurden mir von den genannten Biografen nebst vorverfassten auch briefliche Quellenhinweise vermittelt zu einem Thema, das an Irr- und Abwegen reich ist und das von Personen handelt, die es liebten, sich in mythisch verklärtem Licht zu präsentieren und ihre Lebensspuren zu verwischen.

Eduard Gugenberger
Warth, im Dezember 2000

VORWORT

Umfragen und Studien belegen: 50 Prozent der Bevölkerung sind mittlerweile für esoterische Themen ansprechbar. Sie sind damit zu einem Wirtschaftsfaktor geworden. In der Tourismuswerbung werden Orte der Kraft vermarktet und eigene Landkarten und Bücher weisen den Weg zu den Plätzen der Mythen, Märchen und Legenden. Ortschaften werden den Kraftlinien der Mutter Erde angepasst, Wohnungen nach der chinesischen Tradition des Feng-Shui bearbeitet. Versandhäuser bieten magische Amulette an, Kinder und Jugendliche werden in esoterische Seminare geschickt, die ihre Entwicklung fördern sollen, ein nicht mehr zu überblickendes Spektrum an esoterischen Seminarangeboten bevölkert den spirituellen Supermarkt des beginnenden 21. Jahrhunderts. Selbst Politiker, Versicherungen und Gemeinden lassen es sich nicht nehmen, esoterisch angehauchte Therapien und Projekte zu fördern.

Die »Esoterisierung« unserer Gesellschaft, in den frühen 1980er-Jahren nur von einigen wenigen belächelten »Propheten« prognostiziert, ist weit fortgeschritten. Während die einen die mangelnde Vernunft beklagen, die eine Blütezeit oft skurriler und bedenklicher Heilslehren ermöglichte, erfreuen sich die anderen an der Wiederverzauberung der Welt und dem Einzug des religiösen Pluralismus in unsere demokratischen Gesellschaften.

In dieser Atmosphäre esoterischer Zeitgeist-Angebote fühlt sich auch der okkulte Arm des Nationalsozialismus sichtlich wohl. Viele spekulative Werke finden ihre Leserinnen und Leser: Die mythischen und magischen Abenteuer der SS werden zu Fantasyromanen ausgeschlachtet, die sich als seriöse Informationsquellen tarnen. Über Geschichten vom Okkultwissen der Nazis schleicht sich auch immer wieder eine subtile Rehabilitierung des Nationalsozialismus in unsere Gesellschaft ein. Da ist von guten UFOs die Rede, die mit Hitlers Recken zusammenarbeiten, um die bösen UFOs und deren Verbündete, die Alliierten, zu bekämpfen. Im Sog magischer Experimente der Okkultnazis wird die deutsche Kriegsschuld geleugnet, erscheinen die braunen Mannen als esoterisch-arische Lichtbringer, die gegen die »jüdische Finsternis« der Weltverschwörung heroisch ankämpften. Und es sind, wie ich im Rahmen meiner praktischen Arbeit als Leiter eines Esoterik-Informationsdienstes erleben musste, nicht wenige Menschen, die, von okkulten Geschichten geblendet, auf diese Art der politischen Propaganda hereinfallen.

Von der offiziellen Geschichtsforschung lange als »Spinnerei« abgetan: die unleugbaren esoterischen Wurzeln des deutschen Faschismus. Erst als Reaktion auf die Esoterikwelle beschäftigen sich nun immer mehr Wissenschaftler und Wissenschaftlerinnen mit dem okkulten Arm des Nationalsozialismus. Eduard Gugenberger gehört zu den Pionieren, die im wissenschaftlichen Bereich Verbindungen zwischen Esoterik und Politik, zwischen geschichtlichen Bewegungen und mythischen Rezeptionen ausgearbeitet haben. Die vorliegenden Biografien bedeutender Esoteriker, die im Sinne des Dritten Reiches wirkten, gehört zu den wenigen fundierten Arbeiten, die ein realistisches Bild der Ideenwelt und der Praxis nationalsozialistischer und ariergläubiger Okkultisten zeichnen.

In einer Zeit, in der umfassende Bildung zu Gunsten schnell konsumierbarer Infoburger zurückgedrängt wurde und politische Performancekünstler und Einschaltquotengläubige Aufwind bekamen, ist jede Form seriöser, objektiv nachprüfbarer politischer Bildung zu begrüßen. Das vorliegende Buch, das die Legendenbildung um die okkulten Wege der Nazis durchbricht, zählt sicherlich zu dieser Kategorie. Es ist ferner ein Baustein, die Vergangenheit des Dritten Reichs aufzuarbeiten und bewusst zu machen. Und es kann nicht zuletzt, so hoffe ich, auch Kritikfähigkeit bei jenen modernen Esoterikern und Esoterikerinnen anregen, die meinen, Esoterik und Politik hätten nichts miteinander zu tun.

Dr. Roman Schweidlenka
Leiter des ESO-Info-Service,
einer vom österreichischen Familienministerium
unterstützten Einrichtung

DIE OKKULTE SEITE DES NATIONALSOZIALISMUS

»Wenn wir uns hier treffen«, erklärte Adolf Hitler in einer Rede am 11. September 1936, »dann erfüllt uns alle das Wundersame dieses Zusammenkommens. Nicht jeder von euch sieht mich und nicht jeden von euch sehe ich. Aber ich fühle euch und ihr fühlt mich! Es ist der Glaube an unser Volk, der uns kleine Menschen groß gemacht hat, der uns arme Menschen reich gemacht hat, der uns wankende, mutlose, ängstliche Menschen tapfer und mutig gemacht hat; der uns Irrende sehend machte und der uns zusammenfügte.«[1]

*

Der Erfolg des Nationalsozialismus ist nicht allein durch wirtschaftliche und gesellschaftspolitische Umstände erklärbar. Dass dabei auch okkulte Weltsichten und mythische Verklärungen eine wesentliche Rolle spielten, ist von der offiziellen Geschichtswissenschaft lange Zeit übergangen worden. Gerade über die spirituelle Ebene aber waren – und sind – Menschen in ganz besonderer Weise manipulierbar. Sprechen diese Bereiche doch gefühlsmäßige Tiefen an, die vom rein verstandes- und vernunftorientierten Denken nur bedingt kontrolliert werden können. Diese Tatsache wurde von Vertretern des Nationalsozialismus nicht nur erkannt, sondern auch weit mehr als von jeder anderen politischen Bewegung für sich genutzt.[2]

»Dieses mythische Erleben«, gab etwa der NS-Vorkämpfer Alfred Rosenberg seiner Bewegung zu bedenken, »ist die Grundlage, das einzige Fundament unserer Zukunft.«[3] Und wie er waren auch andere führende Persönlichkeiten des Dritten Reiches überzeugt, dass mythisches Empfinden den treibenden Motor der »deutschen Seele« bildet. Die verstandesmäßig nicht mehr greifbare »geistige Wirkkraft« eines alten Vorbildern nachgestalteten, in wesentlichen Bereichen aber neu erfundenen germanischen Heidentums wurde immer wieder in sinnbildhaften Darstellungen, Reden und Ritualen heraufbeschworen.

»Man muss beachten«, merkte der völkische Denker Edgar Dacqué 1938 dazu an, dass »das Wesen des Heidentums eine durch und durch organische Weltanschauung war, die den Menschen selbst und seine Kräfte mit dem Kosmos von innen her verbunden wusste und erlebte. Dies denkerisch zu sehen und zu wissen ist heidnische Philosophie und Geistesreligion. Es praktisch zu betätigen, es umzusetzen in das Leben ist magischer Kult.«[4] Und J. O. Plassmann, Stratege des Ahnenerbes der SS, einer wichtigen Schmiede nationalsozialistischer Weltanschauung, vermerkte 1942 in der Zeitschrift »Germanien«: »Es ist die Selbstvollendung des uns eingeborenen Mythos im Einzelerlebnis der künstlerischen Persönlichkeit. Wir verstehen seine Sprache, weil sie in den höchsten Zweigen des gleichen Baumes rauscht, dessen Wurzeln in den tiefsten Gründen unserer Volkheit ruhen. Und solange wir das Raunen des Urbrunnens verstehen, werden wir auch die Sprache des höchsten Geistes begreifen, der bis in die kreisenden Gestirne hinauffragt. So lange wird auch der Funke jener Freude nicht verlöschen, die aus dem inneren Einklang mit der Weltharmonie quillt.«[5]

Verloschen ist das Interesse für okkulte, mythische Bereiche in rechtsextremen Kreisen bis heute nicht. Die Ideologen der Neuen Rechten bemühen sich nach wie vor um eine dementsprechende Letztbegründung ihrer Politik. Die Form hat sich freilich gewandelt. Aus Ariern zum Beispiel sind Indogermanen geworden und nebst altbekannten Inhalten finden sich nun ökologische Anliegen unter den politischen Programmpunkten moderner rechtsextremer Vereinigungen.

*

Die mythisch-okkulte Seite des Nationalsozialismus wurde geprägt und vorgeformt durch Geistesströmungen, die im späten 19. Jahrhundert entstanden und sich nach der Jahrhundertwende zu wahren subkulturellen Sumpfblüten entfalteten. Vor allem gehobene Schichten – Gutbürgerliche, Adelige, Angehörige der Armee, aber auch Schriftsteller und Künstler – waren anfällig für jenes Gedankengut, das die Voraussetzungen für den späteren Nazi-Okkultismus bildete. Die Infragestellung alter Werte und das Empfinden, in einer Umbruchzeit zu leben, in der die überlieferte Ordnung zu zerbrechen drohte, mag viele Anhänger konservativer Geisteshaltungen – in Minderzahl auch Anhängerinnen – zu radikaleren Weltanschauungen getrieben haben. Das Zurückgehen des kirchlichen Einflusses, das Erstarken der Arbeiterbewegung und Ansätze einer Neubewertung der Rolle der Frau waren Umstände, die als gefährlich eingestuft wurden. Im ideologisierten Kampf dagegen griffen einzelne Vordenker des Deutschnationalismus zum Mittel religiös untermauerter Herabwürdigung ihrer Gegner. Die Verfechter neuer Werte wandelten sich in ihren Augen zu Minderrassigen und Weltverschwörern, zu Dunkelmännern und zu noch dunkleren, die herrschaftsgewohnte Männlichkeit in satanischer Weise gefährdenden Frauen.

Ein erstes Standbein dieser letztlich in den Nazi-Okkultismus mündenden Weltanschauung war der zurzeit der Romantik entwickelte Germanenglaube. Ursprünglich ein Produkt jugendbewegter Aufbruchsstimmung mit deutschtümelnden Untertönen, wurde dieser Glaube von seiner Anhängerschaft im Lauf der Zeit immer entschiedener mit der Idee einer geistigen Überlegenheit der »arischen Rasse« gegenüber der restlichen Menschheit verbunden. Dabei standen die Verehrer eines idealisierten Germanentums durchaus im Einklang mit der damals herrschenden wissenschaftlichen Lehrmeinung. So vertrat etwa Ernst Haeckel, Deutschlands führender Evolutionist, die Meinung, Individuen arischer Abstammung wären die bestangepassten, während Geistesgestörte und Juden als minderwertige Menschen davon abgehalten werden müssten, sich zu vermehren.[6]

Als zweites weltanschauliches Standbein des Nazi-Okkultismus lässt sich die im Umfeld des Spiritismus entwickelte magisch-esoterische Weltsicht der Theosophie – zu Deutsch »Gottesweisheit« – ausmachen. Im Mittelpunkt steht hier der Glaube an das Wirken jenseitig-menschlicher Geister im Diesseits. Die heute noch in unterschiedlichen, zum Teil miteinander konkurrierenden Gruppierungen aktive theosophische Bewegung entstand während der 1870er-Jahre in den USA. In entscheidender Weise geprägt und ausgestaltet wurde sie durch die deutschstämmige Ukrainerin Helena Petrowna Blavatsky geb. von Hahn. Deren 1888 erstveröffentlichte »Geheimlehre« beinhaltet in grundlegenden Zügen jenes Ideengut, das bis heute die so genannte Esoterik – eigentlich deren moderne abendländische Ausrichtung[7] – kennzeichnet.

Untermalt durch Zitierungen zeitgenössischer Autoren und in ständiger Auseinandersetzung mit dem naturwissenschaftlichen Weltbild des 19. Jahrhunderts beschrieb Blavatsky die Welt als Ergebnis des Wirkens kosmischer Mächte, die mit irdischen Kräften in Verbindung standen. Die Geschichte der Menschheit war ihren Ausführungen zufolge ein ständiger Auf- und fallweiser Abstieg mit nur beschränktem Wirkensspielraum für die einzelne Person. Die menschliche Entwicklung würde, so Blavatsky, getragen von lichten Geistern, die sich in einer großen kosmischen Bruderschaft zusammenfanden. Immer wieder jedoch gefährdeten dunkle Wesenheiten das helle Treiben, indem sie die Menschenseelen in ihrem Streben zum Göttlichen in längst überwunden geglaubte frühere Stadien zurückzuwerfen drohten.

Einen der Kernpunkte in Blavatskys Weltanschauung bildete die Wurzelrassenlehre. Deren Grundidee entsprechend durchlief die Menschheit als Ganzes einen Entwicklungsprozess, der von niederen zu immer höheren Rassenstadien führte. Ihrer kosmischen Bestimmung folgend neigten die jeweils niedersten Stadien dazu, »abzusterben«, während die höheren dazu bestimmt waren, die Erde mit »neuem Leben« zu erfüllen. Als höchstes Stadium menschlicher Entwicklung betrachtete Blavatsky in diesem Zusammenhang die arische Wurzelrasse mit der germanischen Unterrasse. Dass sie diese Ausführungen nicht nur als »Bilder« verstanden wissen wollte, sondern als durchaus »real« annahm, geht aus ihren beispielhaften Schilderungen hervor, wie sie sich im zweiten Band der »Geheimlehre« finden.[8]

Dort berichtete sie etwa von »Ungeheuer[n], aus denen die niederen Menschenrassen entsprangen, die jetzt auf Erden durch ein paar elende aussterbende Stämme und die großen menschenähnlichen Affen repräsentiert sind«. Und weiter: »Es ist eine höchst bedeutungsvolle Thatsache [...] dass die niedersten Menschenrassen jetzt rasch aussterben. [...] Es ist ungenau, zu behaupten, dass das Aussterben einer niederen Rasse ausnahmslos eine Folge der von Kolonisten verübten Grausamkeiten oder Misshandlungen sei. [...] Rothäute, Eskimos, Papuas, Australier, Polynesier usw. sterben alle aus. [...] Die Flutwelle der inkarnierten Egos ist über sie hinausgerollt, um in entwickelteren und weniger greisenhaften Stämmen Erfahrung zu ernten; und ihr Verlöschen ist daher eine karmische Notwendigkeit.«[9]

Im deutschen Sprachraum fiel die Idee einer spirituellen Überlegenheit der arischen Rasse mit der germanischen Unterrasse gegenüber dem Rest der Menschheit naturgemäß auf fruchtbaren Boden. Speziell in Österreich fand sich eine gläubige Anhängerschar, die die Blavatskyschen Ideen um politische Töne bereicherte und so ihrer eigenen Deutschtümelei den Glorienschein spiritueller Erhabenheit verlieh. Der Kern der frühen Deutschtums- und Arierglaubigen setzte sich vor allem aus Mitgliedern der durch Georg Ritter von Schönerer ins Leben gerufenen Alldeutschen Bewegung zusammen. Die Weltanschauung dieser einflussreichen politischen Gruppierung zielte auf eine Abkehr vom romzentrierten Christentum und die Erschaffung eines »deutschtumsgemäßen« Glaubens, der sich aus einer idealisierten »germanischen Ahnherrschaft« ableitet. Nach dem Motto »Ohne Juda, ohne Rom wird gebaut Germaniens Dom« wollte man das deutsche Volk »durch Reinheit zur Einheit« führen.[10]

Der gegen Ende des 19. Jahrhunderts aufkommende, mit nationalistischen Kampftönen untermalte germanische Ahnenkult wurde durch vermeintlich rassisch vorgegebene »Blutsbande« untermauert. In archaischen Gemeinschaftsgefühlen schwelgend berief man sich auf ein »nordisches Erbe« und ließ den germanischen Götterhimmel ebenso wieder auferstehen wie den alten teutonischen Kampfgeist. Der Sieg des angeblichen »Urgermanen« Hermann alias Arminius über die Römer im Teutoburger Wald erhielt dabei den Stellenwert eines nationalhistorischen Ereignisses und dem Nibelungenlied wurde die Rolle eines deutschen Reichsepos zugedacht. Es sollte später durch den Nationalsozialismus bis zum bitteren Ende, der Nibelungentreue bis in den Tod, durchexerziert werden.[11]

Das um die Jahrhundertwende in einschlägigen Kreisen gepflegte »Erberinnern« trieb unterdessen sonderbare Blüten. Der studierte Archäologe und Philosoph Alfred Schuler etwa glaubte sich vermittels dieser »fluidalen Technik« in vergangene Zeiten zurückversetzen zu können. Und er war beileibe nicht der Einzige, der die germanische Vergangenheit solcherart als »blutleuchtendes« Vorbild in die Gegenwart herüberzuretten hoffte. Im Umfeld der deutschtumsfanatischen »Erberinnerer« wurden um 1900 Symbole verbreitet, die wie etwa das Hakenkreuz alte »nordische Größe« widerspiegeln und als aus Urzeiten stammende Antriebskräfte dem »nordischen Menschen« zum Sieg über die »niederrassige Menschheit« verhelfen sollten.[12]

Die damals in Mode gekommenen Runen bildeten und bilden als Versinnbildlichungen der verschiedenen Blickwinkel des Lebens den rituellen Kern des bis heute verbreiteten Germanenglaubens. Schöpfer der neuheidnisch-esoterischen Runenkunde waren freilich keine Meister aus »nordischer Frühzeit«, wie verschiedentlich behauptet,[13] sondern deutschtümelnde Hobbyforscher wie der Wiener Kaufmannssohn Guido List. Zusammen mit dem entsprungenen Zisterziensermönch Georg Lanz »von Liebenfels« begründete er eine Weltanschauung, die – ganz undeutsch – Ariosophie, »Arierweisheit«, genannt wurde. Deren Hauptanliegen war es, dem »Ariertum« jenen höchstrangigen Stellenwert zurückzugeben, der ihm, wie behauptet wurde, seit jeher zustand. Vertreter dieser Strömung wie etwa Rudolf John Gorsleben entwickelten eine Symbolik und Vulgärsprache, die den Boden für jene Kampfestöne bereitete, mit denen der Nationalsozialismus gegen angebliche »Untermenschen« zu Felde zog.

Den radikalsten Zweig dieser Strömung bildete die Thule-Gesellschaft, entstanden gegen Ende des Ersten Weltkriegs als Vereinigung germanentümelnder Okkultisten und kampfeswilliger Deutschnationalisten. Zu den Gründern dieser Vereinigung gehörte ein Okkultabenteurer der besonderen Art, Rudolf Freiherr von Sebottendorff, der eigentlich Adam Alfred Rudolph Glauer hieß und sich bisweilen, wenn ihm die deutsche Justiz zu nahe kam, in die Türkei absetzte. Als einer seiner Mitstreiter im Kampf gegen die Münchener Räterepublik trat Walter Nauhaus in Erscheinung, Mitverfasser der Richtlinien des Vereins und einer jener Thuleaner, die im April 1919 vor einem »roten« Erschießungskommando den »Heldentod« starben. Nach der Zerschlagung der Räterepublik verlor die Thule-Gesellschaft im Verlauf der 20er-Jahre allmählich an Bedeutung. Bis etwa 1926 aber bildete sie als frühe Kaderschmiede der NSDAP ein wichtiges Formungselement der nationalsozialistischen Bewegung.[14]

Adolf Hitler selbst war zwar niemals Mitglied der Thule-Gesellschaft, aber ein gern gesehener Gast. Zweifellos wurde sein Denken durch die Thuleaner ebenso mitgeprägt wie durch andere ariosophische Denker. Eine besondere Rolle in der ideologischen Prägung des späteren Führers spielte der nach deutscher Zucht und Ordnung strebende Schriftsteller Dietrich Eckart. Er war einer der Ersten, der in ihm den Messias der Bewegung erkannte, und er setzte sich mit dem ihm eigenen »Wahn und Sinn« – so ein Buchtitel Eckarts – als Ziehvater für ihn ein. Sein früher Tod infolge ausgiebiger Alkoholexzesse zu Ende des Jahres 1923 verhinderte höhere Weihen für den paradedeutschen Kampfesmenschen.

Eine besonders extreme Richtung okkulten Deutschtumsglaubens wurde von Mathilde Ludendorff geb. Spiess verw. von Kemnitz gesch. Kleine in den späten 1920er-Jahren entwickelt. Mit einer sprengstoffgeladenen Mischung aus Germanentümelei, christlichen Versatzstücken, Antisemitismus und Weltverschwörungsglauben suchte sie sich Nazi-Bonzen anzudienen. Angeblich soll sie sich sogar Hitler als »geistige Führerin« angeboten haben. Der jedoch lehnte sie ebenso ab wie die meisten anderen NS-Größen und schließlich geriet sie gar in die Rolle einer Verfolgten. Dieses Faktum ermöglichte es ihr, die ludendorffsche Bewegung nach dem Zweiten Weltkrieg früher als andere ariosophische Gruppierungen wieder zu beleben. Schon 1951 entstand ihr »Bund für Gotterkenntnis« neu.

Die Germanentümelei im Umkreis der nationalsozialistischen Bewegung war Teil einer Esoterikwelle, die in den 1920er-Jahren große Teile der Bevölkerung nicht nur des Deutschen Reiches erfasste. Alte Methoden der Geisterbeschwörung kamen wieder in Mode und »Hellseher« vom Schlage eines Erik Jan Hanussen, eigentlich Herschel Steinschneider, fanden reichlich Zulauf. Auf der einen Seite war es die allgemeine Verunsicherung, von der sie profitierten, auf der anderen Seite aber brachen da Sehnsüchte durch, die in der herrschenden materiellen Weltsicht aus dem Blickwinkel geraten waren. Nach der zum Teil ideologisch untermauerten Verdrängung alles »Mystischen« aus dem gesellschaftlichen Alltag war letztlich der Nationalsozialismus die einzige politische Strömung, die diese Sehnsüchte zu erfüllen versprach. Da verwundert es nicht, dass etwa Hermann Rudolph, Chef der Theosophischen Gesellschaft in Deutschland, die Herrschaftsübernahme der Nazis im Jahr 1933 begeistert begrüßte. Seine Bewegung, glaubte er, würde gemeinsam mit den neuen Machthabern eine »tragende Kraft« in der zukünftigen Entwicklung der Völker bilden.[15] Wie die Theosophie arbeiteten letztlich auch andere esoterische Bewegungen mit ihrer als unpolitisch dargebotenen »Vergeistigung der Welt« mehr oder weniger dem Nationalsozialismus in die Hände.

Ernst Bloch sah auf Grund dieser Tatsache im Durchbruch »okkulter Fantastik« eine »faschistische Reaktion, ja, ein[en] totale[n] Frontwechsel des ›liberalen‹ Bürgertums gegen seinen ehemaligen Feind«.[16] Dass mit dem »ehemaligen Feind« kein dauerhafter Friede, sondern lediglich ein Zweckbündnis geschlossen wurde, sollte die weitere

Entwicklung zeigen. Bis 1938 wurden alle esoterischen bzw. okkulten Vereinigungen entweder integriert oder verboten. Und auch ariosophische Gruppierungen fielen dem politischen Kampf zum Opfer. Das Außer-Gefecht-Setzen dieser Vereinigungen war möglicherweise ein Versuch des Nationalsozialismus, angesichts des herrschaftsnotwendigen Bündnisses mit der katholischen und evangelischen Kirche seine okkulten Wurzeln zu verschleiern.

Erst nach dem Krieg – so war es internen Papieren zufolge geplant – sollten diese Wurzeln dem deutschen Volk geoffenbart werden. Ziel des Nationalsozialismus war es demgemäß, die bisherigen Konfessionen als Glaubenssystem abzulösen. Hitler wollte sich dabei als endzeitlicher Erlöser und Gottmensch präsentieren, als Vollstrecker eines religiös-politischen Weltbildes, das bis tief in die Seelen der Menschen hineinwirken sollte.[17] Zu den Machern dieses Weltbildes gehörten neben Hitler, Rosenberg und dem in okkulten Belangen höchst bewanderten Heinrich Himmler obskure Gestalten wie Karl Maria Wiligut alias Weisthor alias Uralter alias Lobesam alias Jarl Widar. Dieser zwielichtige »Arierforscher« gilt als wichtiger Ideengeber Himmlers und graue Eminenz des 1935 durch den holländischen Privatgelehrten Herman Wirth gegründeten Vereins »Deutsches Ahnenerbe« – ab 1937 »Ahnenerbe der SS«. Diese Organisation versuchte das gesamte deutsche Kultur- und Geistesleben zu durchdringen und in germanenmystischer Weise umzugestalten.[18] Wirth selbst machte in den 1970er-Jahren eine erstaunliche Karriere als Ideengeber einiger New-Age-Gruppen.

Das negativ urteilende Eingreifen Wiliguts verhinderte indes eine Annäherung zwischen dem Nationalsozialismus und einer anderen, ansatzweise verwandten Bewegung, nämlich dem italienischen »fascismo«. Der sizilianische Baron Julius Evola, Begründer des »magischen Faschismus«, stieß über künstlerische Umwege wie dem Dadaismus auf eine patriarchale »Tradition«, die er als Mitstreiter Benito Mussolinis auf dessen Parteilinie hin ausgestaltete. Evola fand als Revoltierer »wider die moderne Welt« auch Bewunderer aus anderen politischen Lagern und wurde schließlich zu einem Kultautor einzelner New-Age-Kreise.

Im Umfeld der New-Age-Bewegung der 1980er-Jahre erlebte auch die Ariosophie eine erstaunliche Wiedergeburt.[19] 1969 formierte sich die Armanenschaft rund um die Ideen Guido Lists neu, Runenmeditationen wurden »in« und auch Jörg Lanz von Liebenfels erlebte eine gewisse Renaissance. Zur selben Zeit machten sich die Ludendorffer im ökologischen Umfeld breit, während Sebottendorffs »freimaurerische Geheimübungen« ebenso Eingang in die moderne Okkultszene fanden wie Otto Rahns Gralsforschungen und Wiligut-Weisthors Kalendersprüche. Spezielle künstlerische Ehren widerfuhren schließlich Julius Evola, der im Gothic-Bereich zu ausgiebigen Zitationsehren gelangte.

Die Szene lebt also und wuchert. Dass sie das herrschende Machtgefüge für sich vereinnahmen könnte, ist wohl auszuschließen. Unsere demokratische Gesellschaft könnte mit ihr aber zweifellos noch so manches blaue Wunder erleben.

ALFRED SCHULER

die »Blutleuchte« des deutschen Volkes

»In Schuler trat uns die [...] Erscheinung entgegen einer ganz unbezweifelbaren Wiederkehr vormals schon gelebter Lebensschauer oder, um deutlicher symbolisch zu reden, der Neueinkörperung von unerloschenen Funken ferner Vergangenheiten.«[1] So beurteilte der dichtende Charakterkundler und überzeugte Antisemit Ludwig Klages sein väterliches Vorbild. Alfred Schuler nannte sich selbst einen »Archäologen und Mysterienforscher«, fühlte sich wahnhaft als wiedergeborener Römer und wurde als judenhassender und deutschtümelnder »Ahnerinnerer« eine der eigentümlichsten Vorläufergestalten des Nationalsozialismus. Als literarischer Neuerer des Fin de Siècle, der Künstlerszene des ausklingenden 19. Jahrhunderts, haben ihn Dichterkollegen in gleicher Weise bewundert wie verachtet. Bis heute ist sich die Literaturkritik nicht einig, ob er bloß ein Wahnsinniger war, ein möglicherweise verkanntes Genie oder ein bewusster Vorkämpfer für jene stramm-deutsche Welt, die er in seinen Visionen heraufbeschwor.

Geboren wurde diese skurrile und schrille Persönlichkeit am 22. November 1865 in Mainz. Als unehelicher Sohn von Katharina Ries trug er zunächst deren Familiennamen. Erst mit zwei Jahren, am 16.

November 1867, wurde er durch die Heirat der Mutter mit seinem Vater, dem Bezirksrichter August Schuler, legitimiert und auf den Namen Alfred Schuler umgetauft. Streng katholisch erzogen, sollte der Junge dereinst in die Fußstapfen der väterlichen Vorfahren treten und wie viele andere Personen aus seinem Verwandtenkreis Jurist werden.

Mit dieser familiär vorgegebenen Zielsetzung vor Augen wuchs Alfred zunächst in Bensheim, dann im saarländischen Zweibrücken auf. Sein Vater wurde dort Mitglied des historischen Vereins der »Mediomatriker« und bekam dadurch Gelegenheit, an mehreren Ausgrabungen teilzunehmen. Klein Alfred durfte dabei zusehen und scheint vor allem von den Überresten einer römischen Siedlung bei Ixheim nachhaltig begeistert gewesen zu sein. Er begann bald auch selbst, wie Klages im Vorwort zu Schulers »Fragmenten aus dem Nachlass« berichtete, überall nach antiken Scherben und sonstigen Überresten zu suchen. »Wenn er sie in die Hand nahm und ihr Fluidum einatmete, ihre ›biotische Schicht‹, wie er sagte, geriet er in eine Art Rauschzustand, in dem er mit visionären Schilderungen der versunkenen Kultur begann.«[2]

In seinem »Brief an die Kaiserin Elisabeth von Österreich« beschrieb Schuler seine Kindheit später so: »Durch meines Vaters reiche Seele genaehrt / im Schutz seiner Wuerde und Stellung [...] durchglitt ich Schule und Unterricht. Wundersam draengten aus dem Erdreich meiner Heimat / der Rheinlande [...] die Saefte um mich / derer ich bedurfte. In der Feuchte duftender Urnen erstarkt [...] drangen meine Wurzeln in Vulkane hinab / die noch niemand kennt / und alles Vergangene und Zukünftige / die ganze Katakombenwelt der Gegenwart schoss mir in diese eine Sonne _ Roma.«[3] Wann genau ihm »diese eine Sonne« erstmals »einschoss«, lässt sich nicht mehr mit Sicherheit sagen. Fest steht, dass er »an der Hand« seines Vaters bereits als Gymnasiast »das Studium der Archäologie« betrieb und sich daneben nur wenig um schulische Belange scherte.[4] 1877 musste er die erste Klasse der Lateinschule wiederholen und danach auf Grund seiner äußerst schwachen Leistungen so ziemlich alle Schulstufen durch Nachprüfungen ergänzen. Lediglich Religion und Zeichnen sowie mit Einschränkungen Deutsch haben ihm als Unterrichtsgegenstände einigermaßen zugesagt. Letzteres trotz der auch später in seinen Schriften deutlich zu Tage tretenden orthografischen Schwäche.

Als am 4. November 1885 sein abgöttisch verehrter Vater starb, war es endgültig vorbei mit seinem schulischen Elan. In Ansätzen von Verfolgungswahn verdächtigte er einen »verpesteten Arzt«, seinen Vater auf dem Gewissen zu haben, und zog sich immer mehr in die Welt der Mutter zurück. Die hatte auch früher schon versucht, ihren sensiblen Jungen von Gleichaltrigen fern zu halten, und untergrub so erfolgreich jeglichen freundschaftlichen Kontakt des Buben. Nach dessen Schulabschluss im Sommer 1887 übersiedelte sie mit ihm zusammen nach München und bezog eine Wohnung in der Schwabinger Luisenstraße. Dort blieb Alfred Schuler bis zu seinem Tod, auch als Erwachsener noch unter den Fittichen einer übermächtigen, alles bestimmenden Mutter.

Ende Oktober 1887 begann der Junge, wie vom Vater vorgesehen, sein Jurastudium an der Ludwig-Maximilian-Universität. Was ihn nach wie vor aber weit mehr interessierte, war die Archäologie, und so besuchte er nebenher die Vorlesungen des Urgeschichtsforschers Heinrich Brunn. Dass ihn dessen Verknüpfung von Ausgrabungsbefunden mit mythischen Überlieferungen beeinflusst hat, ist anzunehmen. Der Student Schuler entwickelte diesbezüglich jedoch eine ganz eigene Linie, die freilich fern jeglicher wissenschaftlichen Untermauerung in eher künstlerischen Bereichen lag. Folgerichtig trat er dem Akademisch-Literarischen Verein bei und hielt dort 1889 einen – sprachlich noch recht unbeholfenen – Vortrag über Nero. Zum »Hohn und Entsetzen der Philologen« beschrieb er die »absurden Verbrechen« des römischen Kaisers mit der unverhohlenen Faszination eines über Jahrtausende hinweg gestählten Bewunderers.[5] War er vielleicht gar selbst eine Wiedergeburt Neros?

Bei all seiner Vorliebe für die alten Römer fühlte er sich aber doch stets als Deutscher und nordischer Mensch. In diesem Zusammenhang war er einer der Ersten, der sich für ein Symbol begeisterte, das noch eine große Zukunft im nationalen Lager haben sollte – die Swastika. Dieses nachmals zum Hakenkreuz verdeutschte, in zahlreichen, vor allem asiatischen Kulturen zu findende Symbol stellte, dem ursprünglichen Sanskrit-Wortsinn als »Zeichen des Heils« entsprechend, den ewigen Kreislauf des Lebens dar. 1891 erklärte es der »Volksschriftsteller« Ernst Krause alias Carus Sterne in seinem Buch »Tuisko-Land, der arischen Stämme und Götter Urheimat« zum »arische[n] Leitfossil«.[6] In diesem Sinn übernahmen es nach 1900 zahlreiche germangläubige Gruppen als Kernsymbol ihres Weltbildes. Schulers »Leitfossil« wurde das Hakenkreuz spätestens um die Mitte der 1890er-Jahre, als er es in Abkehr von seinem ursprünglichen Lieblingsgegenstand, dem römischen Feldherrn Stilicho, zum – freilich nie ausgeführten – Dissertationsthema wählte. Auch in seinen Dichtungen kehrte es immer wieder, etwa in den »Briefen an Herrn X« aus dem Jahr 1899, wo es heißt: »Die Zukunft bringt Sturm und es ist nötig / dass man sich waffne / nötig vor Allem / dass ein Element mit seinen Waffen vertraut wird. Dass es um ein Sonnenkind wie Schilde und Kupfer klirrt / dass man der Seele ihre Korybanten / dem Kreuz seine Füße zurückgibt / damit als Feuerrad und Swastika dem Fleische vermaehlt das Urzeichen im Leben kreise.«[7]

Schulers künstlerisches Interesse kreiste unterdessen um einen Dichter der in seinen Augen besonderen Art, Henrik Ibsen. Dieser 1828 geborene, eine Zeit lang in München wohnhafte, norwegische Naturalist beeindruckte ihn wegen seiner tief schürfenden Darstellung des Wandels von Altem zu Neuem. In seinem »Baumeister Solneß« brachen sich Gärungsprozesse in »wildfantastischen Jugendträumen« Bahn und schufen ein neues Königreich. Als beinah kultischer Bewunderer dieser symbolreichen Erzählung brachte Schuler »Einige Gedanken über Ibsens neuestes Werk ›Baumeister Solneß‹« zu Papier und ersuchte mehrmals um »Audienz« beim großen Meister. Im April 1890 traf er dann tatsächlich mit ihm zusammen, zog aber eher unbefriedigt wieder von dannen.[8] In den Schriften und Romankonzepten jener Zeit – unter Anderem plante er als größere Werke solche über »Lucerius«, »Tiberius« und »Aeolus« – beschäftigte sich Schuler vor allem mit dem Gegensatz von Heidentum und Christentum. Seine Sympathie dabei gehörte eindeutig Ersterem, während er politisch einer Vermischung von konservativer Revolution und archaischem Anarchismus frönte. So riet er etwa »jungen Arbeitern«: »Die Brandfackel in die Fabriken [...] Auch vergesst mir die Schulen nicht / die Waisenhaeuser und das _ Taubstummeninstitut. Das Letztere verbrennt zusammt seinem Inhalt. Und reibt euch den Penis im Wechselgriff / wenn die ›Kornmaeuschen‹ der Gesellschaft in den Flammen pfeifen.«[9]

Der homosexuelle Anklang dieser Zeilen entsprach ganz seinen eigenen Bedürfnissen. Mit einem dichterisch überladenen »Sexus« köderte Schuler Jünglinge, um sich ihnen in einer durch den antiken Manneskult angeregten Verehrung hinzugeben. Für den »Lucerius« etwa versuchte er einen »Münchner Piccolo [...] fruchtbar zu machen.«[10] Die Sache verlief letztlich aber genauso unbefriedigend wie die meisten der sexuellen Erfahrungen, die er im Lauf der Zeit in Schwabing und andernorts so machte. Sein herrisch-launisches Wesen scheint nicht unbedingt beliebt gewesen zu sein. Aber Schuler kämpfte unbeirrt weiter, denn: »Was hinter den Dingen treibt, sind immer Sexusstöße [...] Es ist nicht gut / wenn der Mensch allein _ schlaeft. Selbst Zeus musste sich seinen jungen Stallschweizer rauben.«[11] Bezüglich seiner Universitätskarriere fehlten Schuler indes die Antriebe. Die geplante Dissertation über das Hakenkreuz, die Swastika, das »Symbol für das Triebmäßige, das Rassische und das Orgiastische«, kam nicht zu Stande. Stattdessen suchte der angehende »Altertümler« Kontakte in der Künstlerszene. 1893 lernte er den damaligen Chemiestudenten Ludwig Klages kennen, der ihm zu einem lebenslangen Freund und Bewunderer werden sollte. Im Jahr darauf traf er im Rahmen eines Parisbesuchs den Dichter Ludwig Derleth, der ihn mit verschiedenen esoterischen Ideen vertraut machte. Vor allem das Rosenkreuzertum des Joséphin Péladan und der umtriebige Okkultismus des Gérard Encausse alias »Papus« mit seinen vielfältigen Ordensgemeinschaften machten tiefen Eindruck auf den Gast aus München. Kennen gelernt hat dieser zumindest Péladan. Wie Derleth ein militant-geheimbündlerischer Katholik, fungierte der langbärtige, stets in Mäntel gehüllte Esoteriker als Großmeister des von ihm selbst gegründeten »Ordre de la Rose-Croix du Temple et du Gral« (Rosenkreuz-Orden des Tempels und des Grals). Encausse, gleich alt wie Schuler, war bei dessen Parisaufenthalt eben dabei, sich als Arzt zu promovieren, und hatte sich auf Grund seiner okkulten Praktiken mit Vorwürfen des Satanismus auseinander zu setzen. Getroffen haben die beiden einander nicht, und bedeutsam wurden die Ideen des französischen Okkultisten für den Deutschen erst etliche Jahre später.

Nach der esoterischen Szene an der Seine besuchte der Dichterstudent das an antiken Schätzen reiche Rom. Zurück in München schrieb Schuler die als sein Hauptwerk geltenden »Cosmogoniae Fragmenta«. In einem dieser kruden Textstücke war erstmals von dem kranken Philosophen Friedrich Nietzsche die Rede. Dieser 1844 geborene, von Schuler abgöttisch verehrte »Prophet einer kommenden kleinen Elite« war damals bereits schwer krank. Nach einem Zusammenbruch in Turin kam der Denker zunächst in eine Basler Klinik, danach zu seiner Mutter nach Jena. Dort besuchte ihn Schuler, um sich für sein eigenes Werk inspirieren zu lassen. Überzeugt von seinen magischen Fähigkeiten, hoffte der »Mysteriologe« den dahindämmernden »Stern« durch die Vorführung »korybantischer Tänze« heilen zu können. Das Vorhaben scheiterte jedoch, da kein Geld für die hierzu unbedingt notwendige Kupferrüstung aufzubringen war. Dennoch gab Schuler die Hoffnung auf eine Heilmöglichkeit bis zum Tod Nietzsches im Jahr 1900 nicht auf.

Unterdessen versuchte er sich einer anderen Persönlichkeit anzubiedern, der habsburgischen Kaiserin Elisabeth. Wie Kaiser Otto III. oder Kaspar Hauser war sie für ihn ein »Sonnenkind«, eine auserwählte »Lichtbringerin«, ein »Feuerrad«, »Urquell« und »das neue Bewusstsein«. Zum »Leben verpflichtet als Herz und Swastika einer kommenden Welt / trete ich mit Stab und Binde der Schutzflehenden vor IHRE MAJESTAET / VOR DIE MAJESTAET IHRER SEELE / geblendet und verlockt durch eine Leuchte zwischen Saeulen und buntfarbigen Wohlgerüchen. […] Mein Innerstes […] lege ich auf diesen Tafeln gesammelt in den Schoss IHRER MAJESTAET gleichsam in die Goldfalten einer sitzenden / schützenden Gottheit.«[12] Nachdem ihm eine persönliche Audienz bei der Kaiserin nicht gewährt wurde, wollte er sie während ihres Landaufenthalts in Possenhofen aufsuchen. Knapp vor dem geplanten Treffen fiel die Kaiserin am 10. September 1898 jedoch einem Attentat zum Opfer. Nichtsdestotrotz hielt Schuler an der in dem Schreiben anklingenden prophetischen Sendung fest. Wenn nicht gemeinsam mit ihr, musste er die Welt eben zusammen mit anderen Lichtgestalten erlösen.

Am 28. Januar 1897 vermittelte Klages seinem Welterretterfreund ein Treffen mit dem Dichter Stefan George. Da sich die beiden fürs Erste recht verstanden, beschlossen sie, mehr zur gegenseitigen Befruchtung zu tun. So kam am 22. Februar ein »römisches Fest« in Schulers Wohnung zu Stande, bei dem auch der Theatermann Karl Wolfskehl samt Frau, Klages und natürlich – unvermeidbar – die Mutter des Gastgebers anwesend waren. Das abendliche Mahl gipfelte in einer mitreißenden Rezitation Schulerscher Fragmente, die laut Klages einem »Vulkan, der glühende Lava schleudert«, glich[13] und von George später als purer »Wahnsinn« bezeichnet wurde. Die

Gruppe blieb jedenfalls im Sinne einer geistigen Austausch pflegenden Gemeinschaft zusammen und wurde gemeinsam mit dem Esoteriker Derleth als »die Kosmiker« bekannt. Friedrich Wolters prägte später, einer Anregung Schulers folgend, den Ausdruck »Kosmische Runde« für den Münchner Dichterkreis.[14]

In seiner Auseinandersetzung mit diesem entwickelte Schuler eine recht ungewöhnliche »philosophische Lehre«, derzufolge der Ausgangs- und Endpunkt jeglicher menschlicher Entwicklung im »Gefühl des Einsseins mit der Schrankenlosigkeit des Universums« bestünde. Das daraus resultierende Leben hätte nun das »molochitische Christentum, geistesverwandt mit dem Judentum«, erstickt. Schuler wörtlich: »Ans Herz des Lebens schlich der Marder Juda. Zwei Jahrtausende tilgt er das heisse pochende schaeumende traeumende Mutterherz. Bei diesem Schlurfe nicht ertappt zu werden / hat er alle Wege zum Herzen verrammelt.«[15] Doch bestünde in der Gegenwart Hoffnung auf eine »neue Welt«, in der das Leben wieder »offen« wäre »durch den bewussten Verkehr mit den Geheimnissen des Blutes.« Das »Heil«, so Schuler, würde wieder erscheinen im Sinnbild des Hakenkreuzes, dem Gegensymbol zum »Marterkreuz« der Christen. Und darum: »Morde den Vater eh dass dein Kind / deine Seele frisst, und entfessel die Urknäuel / das hundertspeichige Feuerrad. Die Hölle / das Herz der Gaia wird dir helfen!« Und so »werfen wir [...] Feuer in die Nacht und Kupferglut / dass es von Stadt zu Dorf und Meiler koche bis zum letzten pappelumschwärzten Hüttendach ...«.[16]

1902 gewann im Umfeld seiner Verehrung für das »Mutterherz« ein neuer Themenbereich für den Kosmiker an Bedeutung. Schon sein Universitätslehrer Brunn hatte ihn mit der Mutterrechtstheorie Johann Jakob Bachofens vertraut gemacht. Der in seinem Denken konservative und wie Schuler von einer starken Mutterpersönlichkeit geprägte Schweizer Schreibtischgelehrte Bachofen hatte aus mythischen Überlieferungen die Idee eines uranfänglichen Matriarchats abgeleitet und dazu 1861 ein viel diskutiertes Buch veröffentlicht, »Das Mutterrecht«. Das darin enthaltene Theoriegebäude wurde von Sozialdemokraten wie August Bebel ebenso aufgegriffen wie von konservativen bis hin zu deutschnationalen Kreisen. Vereinnahmt wurde die Matriarchatsidee später auch durch einzelne nationalsozialistische Ideologen, allen voran Herman Wirth, der eine zentrale Rolle in

Heinrich Himmlers 1935 gegründetem »Deutschen Ahnenerbe«, nachmals »Ahnenerbe der SS«, spielte. Die konservative Herkunft und NS-Geschichte der Matriarchatsidee hat nicht verhindert, dass sie später in zum Teil recht unkritischer Weise von Vordenkerinnen einer feministischen Weltanschauung für eigene Zwecke herangezogen wurde.[17]

Zum Zeitpunkt, da sich Schulers Mutterfixiertheit zu einem Mutterkult wandelte, gab es im Kreis der Kosmiker bereits große Unstimmigkeiten. Im Jahr 1901 warf ihm George die »Elimination alles Schönen, alles Lebendigen, aller Kräfte zu Gunsten eines blutleeren Gespensterwortes« vor.[18] Gleichzeitig entwickelte sich mit Derleth eine Art Kampf der Propheten, wobei Schuler das Heil im Heidentum sah, sein Gegner jedoch eine streng katholische Weltsicht verfocht. Die immer heftiger werdenden Auseinandersetzungen gipfelten im Winter 1903/04 im später so genannten »großen Schwabinger Krach«. Anlassfall dafür waren Wolfskehls »religiöse Erneuerungsversuche aus dem Geist eines ursprünglichen Judentums«, denen Schuler seine abwertende Grundsatzkritik am »jahwistischen Moloch« entgegenhielt. Als dann Wolfskehl auch noch Schulers ureigensten Begriff der »Blutleuchte« auf Juden bezog, geriet der Ausdruckserfinder in eine regelrechte Zornesflut. Denn eine »Blutleuchte«, sprich »gesteigerte Seelensubstanz auserwählter Individuen«,[19] gab es, wie er betonte, nur bei höherwertigen Individuen, also solchen, wie nach eigenem Empfinden auch er selbst eines war. Mit aller gebotenen Überheblichkeit empfand sich Schuler als Verkörperung der im Gegensatz zur gewöhnlichen wissenschaftlichen »Gehirnstrolcherei« stehenden »Blüte heidnischer Urzeiten«. Seine diesbezüglichen Vorträge betrachtete er als einzelstehende, nicht schriftlich fixierbare »Monumente«. Sein ihm in tiefer Verehrung ergebener Schüler Ludwig Klages »listete« ihm dennoch einiges ab, indem er ihn durch Reizfragen »zum Sprechen brachte« und das Ganze heimlich mitschreiben ließ.[20]

Nach dem Bruch mit den anderen Kosmikern verfiel Schuler zunächst in für ihn recht ungewohnte depressive Zustände, betätigte sich schließlich aber wieder als philosophischer Lehrer und zeigte zunehmendes Interesse für esoterische, okkulte Bereiche. Von 1899 bis 1905 verkehrte er brieflich mit Encausse alias Papus beziehungsweise dessen Schüler Sero. Ein persönliches Treffen kam jedoch trotz aller unterwürfiger Bemühungen seitens des Münchener Dichters – oder vielleicht auch wegen der allzu übertrieben vorgetragenen Bemühungen – nicht zu Stande. Als Papus 1905 nach Sankt Petersburg abreiste, endete der Kontakt zwischen den beiden.

Begonnen hatte der Briefwechsel im Gefolge eines Interviews, in dem sich der Franzose wie Schuler selbst für eine Aufhebung des Verbots der Homosexualität einsetzte. Der Okkultismus war zunächst nur Beiwerk und wurde erst später zum eigentlichen Thema in ihren Briefen. Schuler ließ sich dabei hineinziehen in Bereiche, die er bis dahin nur »erahnte«. Angeregt durch Papus beschäftigte er sich nun mit den Werken des 1875 verstorbenen Begründers der »magischen Renaissance«, Éliphas Lévi alias Alphonse-Louis Constant. Eingehender studiert hat er auch die erst wenige Jahre zuvor erstveröffentlichte »Geheimlehre« der Helena Petrowna Blavatsky, das Grundlagenwerk der Theosophie. Er fand auch darin Stoff sowohl für seine Weltwandel- als auch für seine Eliteideen. Weitere esoterische Eingebungen vermittelten ihm die Schriften des deutschen Theosophen Franz Hartmann und verschiedene andere okkulte Überlieferungen. Schuler begann dadurch angeregt okkulte Begrifflichkeiten in seine Schreibe einzufügen, selbst Zaubersprüche, und er verfasste u. a. ein Runenlied. Auf der politischen Ebene übernahm er wohl die im Umfeld Papus' und anderer Esoteriker verbreiteten Weltverschwörungstheorien samt deren Judenhass, nicht ganz so massiv aber die Abwertung der Freimaurer. Immerhin bedachte er einen aus deren Runde, den Schweizer Hermann Müller-Guex, später mit einem Teil seiner Erbschaft.

Einen gröberen Einschnitt in Schulers Leben bedeutete der Tod seiner Mutter im Jahr 1912. Ihre Witwenpension hatte ja auch ihm ein bescheidenes Grundeinkommen gebracht, und da er für die Zukunft nicht ganz auf materielle Mittel verzichten konnte, musste er wohl oder übel einen kleineren Job annehmen. Geboten bekam er selbigen durch den Dichterenkel Gustav Willibald Freytag, der ihn als Bibliothekar seiner privaten Büchersammlung anstellte und später als Dramaturg weitervermittelte. In Anbetracht der gesundheitlichen Probleme seines Mentors begab sich Schuler Ende 1914 auf die Suche nach anderen Einkommensquellen. Er fand sie, unterstützt durch Freytag, als Vortragender für eine erlesene Zuhörer- und vor allem -hörerinnenschaft. Organisiert durch die »Kriegshilfe«-Gründerin Elsa Bruckmann hielt er vorgefertigte Reden und erschlug mit seiner

»Sprachgewalt« die seinen Ausführungen Lauschenden beinah. Die Malerin Hedwig Jaenichen-Woermann etwa vermerkte: »Schuler ist ein Berg, und ich [bin] ein ganz klein geplagtes Ding.«[21]
Den ersten Auftritten im Februar/März 1915 folgten weitere zwischen Dezember 1917 und März 1918 in München, im April/Mai des Folgejahres in Dresden. Als Themen wählte er »Über die biologischen Voraussetzungen des Imperium Romanum«, »Im Zeichen des Eros«, »Caesarismus und Ausgleich«, »Im Zeichen des schwarzen Rades«, also des Gegenstückes der »hellen« Swastika, und »Vom Wesen der Ewigen Stadt«. Der Vortragende verstand sich als »erotischer Werber«, der auf »innere Lichtquellen im Hörer«, auf »Begattung und Lichtgeburt« zielte.[22] Zum Abschluss seiner Redefolge erklärte er: »Die Zeit wird kommen / da der Name in Fleisch tritt / das Geheimnis der Lampe sich erfüllt und Nero auf dem Gespanne des Helios über dem Neubruch dampfenden Ackerlandes als die alte Seelenröte heraufzieht.«[23]
Über seine Vorträge hinaus verstand sich Schuler als »Urgebirg« und Prophet eines »neuen Zeitalters«. In diesem Sinne verkündete er der Menschheit nicht nur das Weltenende, sondern auch die Heraufkunft einer neuen Zeit. Die dargebotenen Sprachfloskeln stellten eine Mischung aus Nietzsche-Zitaten und esoterischen Versatzstücken, die er aus Papus-Briefen, insbesondere den ihm zugesandten »Grünen Heften«, entnommen hatte. Schuler nahm mit seinen Auftritten in manchen Punkten die Botschaften der nach dem Weltkrieg in Deutschland vielerorts in Erscheinung tretenden messianischen Erlösergestalten vorweg. Wie bei diesen zeigte sich auch bei ihm eine Überhöhung der eigenen Person, die im tatsächlichen Leben freilich immer mehr den Realitätssinn verlor. Während er sich, wie Ludwig von Pigenot vermerkte, in häuslichem Umfeld »kauzig und wunderlich« benahm, suchte er, von seinem Sexus getrieben, quer durch Schwabing nach »Soldaten, Schlächtergesellen und Schusterjungen«.[24] Homoerotik in einer Form, wie sie bis heute in rechtsextremem Umfeld gepflegt wird.
Von den Kindern in der Nachbarschaft wurde Schuler immer wieder gehänselt und verspottet, nahm es aber hin als Preis für sein Genie. Er hauste weiter in jener Wohnung, die er einst mit seiner Mutter bezogen hatte, und kümmerte sich um deren Kater, in seinen Augen ein »ägyptischer Katzengott«, bis zu dessen Hinscheiden. Ein kleines Licht am Ende der Einsamkeit, unter der er in zunehmendem Maße

Alfred Schuler auf dem Totenbett, 1923

litt, bedeutete die Anerkennung, die ihm nach seinen Vorträgen im Frühjahr 1918 entgegengebracht wurde. Immerhin fanden sich der Dichter Rainer Maria Rilke sowie der Maler Oskar Kokoschka unter seinen Bewunderern, und der Schwede Bertil Malmberg machte sein Werk auch außerhalb der Grenzen Deutschlands bekannt.

Nach dem Krieg verkehrte Schuler bis Ende 1922 weiter im Salon Bruckmann, wo ihm angeblich auch Adolf Hitler andächtig gelauscht haben soll. Von der politischen Bühne und den gerade in München tobenden Machtkämpfen hielt er sich indes fern. Und mit der aufkommenden nationalsozialistischen Bewegung hatte er ganz offensichtlich keine Freude. So soll er Bekannten gegenüber geäußert haben: »Mit wachsendem Entsetzen bemerke ich, wie dieses altehrwürdige Zeichen der Swastika heute profaniert wird. Wer ist eigentlich dieser Herr Hitler? Wie ich höre, ein Kriegsoffizier. Das klingt in meinen Ohren nicht gut.« Und in seinem Nachlass fanden sich Sätze wie: »Der nationalsozialistische Tumor [...] ist die trunkene Todesfackel, welche den Völkern ins Schlachthaus voran leuchtet.«[25] Aber mit Brandsätzen wie »Ans Herz schlich der Marder Juda« aus seinem »Jahwe-Moloch« hatte er selbst die Zündschnur gelegt.

Im März 1923 hielt Schuler einen letzten Privatvortrag im Atelier des Schweden Malmberg in München. Sein körperlicher und geistiger Zustand verschlechterte sich zu jener Zeit aber immer mehr und so sprach er häufig in finsteren Vorahnungen von seinem Tod. Nach einem körperlichen Totalzusammenbruch wurde er Anfang April 1923 in ein Münchner Spital eingeliefert und sofort am Darm operiert. Am 8. April 1923 starb der »blutleuchtende Meister« an den Folgen dieses Eingriffs. Da er sich zuletzt für einen Römer aus der Zeit Neros hielt, wurde Alfred Schuler in seinen römischen Gewändern beigesetzt. Die Grabbeilegung des einbalsamierten Katers seiner Mutter wurde von der zuständigen Behörde jedoch untersagt.

Angesichts seiner Bedenken gegenüber der nationalsozialistischen Bewegung hielt sich die posthume Verehrung des Dichters in Grenzen. Erst 1930 versuchte ihn Wilhelm Deubel als in seinen Augen genialen, aber zeitlebens verkannten »Seher, der uns in Bildern tiefste Geheimnisse des Altertums offenbart«, der Vergessenheit zu entreißen.[26] Nach 1933 wurde Schuler von Nationalsozialisten vereinzelt als Vordenker ihrer Weltsicht gefeiert. Seine markigen Sprüche, sein Hang zum Soldatischen, seine Lobpreisung der Swastika, sein Antisemitismus – damit hatte er viele Elemente der NS-Weltsicht vorweggenommen. Seine Vordenkerschaft hatte aber keine nachhaltigen Auswirkungen im Hinblick auf eine Steigerung der Verehrung seiner Person. Die Veröffentlichung seiner »Fragmente aus dem Nachlass« im Jahr 1940 fand – kriegsbedingt – nur wenig Interesse. Immerhin würdigte ihn Max Baumann als Besitzer kosmischer Geheimnisse und Kuno Renatus sah in ihm einen »heidnischen Gnostiker« im Sinne der nationalsozialistischen Weltanschauung. Mit der Publikation von Klages' bewundernder biografischer Studie unter dem sinnreichen Titel »Der Geist als Widersacher der Seele« begann in den 1950er-Jahren eine kleine Schuler-Renaissance. In Klages' Werk erscheint der »blutleuchtende« Dichter als »weitaus Wissendster um die Geheimnisse des Altertums« und Schöpfer eines neuen Heidentums. Anhänger fand er mit seiner ausschweifenden, antisemitischen »Totenerotik« letztlich aber nur wenige.

DIETRICH ECKART

der Ziehvater Hitlers

Er war ein Deutscher der brutalsten Art, so richtig nach dem Geschmack der ihn später als einen ihrer Stammväter verehrenden Nazis: »rau und kernig«, herrisch, jähzornig, von kämpferischer Natur. Als Antisemit und Verfechter von Zucht und Ordnung entwickelte er eine Durchschlagskraft, die selbst seine Kumpane bisweilen in Bedrängnis brachte. In die Geschichte eingegangen ist Dietrich Eckart als Vorkämpfer eines kriegsversessenen Deutschtums, vor allem aber als erster Mentor und Förderer Hitlers.

Geboren wurde der nachmalige »Paradedeutsche« am 23. März 1868 im oberpfälzischen Neumarkt. Seine Mutter Maria Anna Theresia Henriette Eckart war die Tochter des Oberförsters Wilhelm Heinrich Bösner, der wiederum einer Münchner Bürgerfamilie entstammte und seine Ahnenlinie auf das Augsburger Geschlecht der Welser zurückführte. Dietrichs Vater, Georg Christian Eckart, Jahrgang 1820 und Sohn eines Tabakfabrikanten, war Königlicher Notar und nachmals Justizrat. Dieser getreue Diener des bayerischen Märchenkönigs Ludwig II. hatte den Ruf eines nicht grad umgänglichen Beamten und eines noch weniger verträglichen Familienpatriarchen. Laut seinem NS-Biografen P. H. Wiedeburg war sein Wesen geprägt durch »kantige Schroffheit, raupolternde Gutmütigkeit« und »jähe Stimmungsausbrüche«.[1] Albert Reich, ein Kunstmaler und Freund der Familie, schilderte Papa Eckart als einen »gefürchteten und doch geachteten Folterer« von unbändig cholerischem Temperament. Diese Charaktereigenschaft färbte offensichtlich schon früh auf Jung-Dietrich ab.

Der Bub dürfte eine recht wilde, ungebundene Jugend verbracht haben. Mit ein Grund dafür war, dass er 1878, knapp zehnjährig, die Mutter verlor und ihm deshalb fortan eine »leitende Hand« fehlte.[2] Dietrich reagierte seine seelischen Nöte in rüden Wutorgien ab und war oft in Streitereien verwickelt. Die sich häufenden tatkräftigen Auseinandersetzungen mit dem väterlichen »Eisenschädel«, aber auch mit Burschen seiner Altersklasse ließen ihn immer mehr zum Einzelgänger – oder besser Einzelkämpfer – werden. In den Gymnasien von Nürnberg, Schwabach und Regensburg erwies er sich allem persönlichen Ungemach zum Trotz als recht guter Schüler, zumindest im geisteswissenschaftlichen Bereich.

Nach bestandenem Abitur begann Dietrich an der Universität von Erlangen Medizin zu studieren. Sein Ehrgeiz dabei hielt sich freilich in Grenzen – sehr zum Ärger des gestrengen Vaters –, und alles in allem scheint er kaum eine Prüfung mit positivem Erfolg abgelegt zu haben. Was in Anbetracht seiner permanenten Abwesenheit bei den Vorlesungen nicht verwundert. Der unstete Draufgänger liebte das flotte Leben und Wirtshausraufereien mehr als eine akademische Laufbahn. Außerdem beteiligte er sich an schlagenden Korps, ließ sich mit »Säbelmensuren« versehen, wurde aber wegen seiner überbordenden Aggressivität wieder ausgestoßen. Ebenso schief lief seine erste intensivere Frauenbeziehung. Seit 1888 mit der Tochter eines Gymnasialprofessors aus Regensburg verlobt, löste er die Verbindung zwei Jahre später wieder auf. Kurz nach diesem Einschnitt im Beziehungsleben beendete er auch seinen Versuch, Mediziner zu werden.

Mit dem Wintersemester 1890/91 brach Eckart sein Studium ab. Der von seinen späteren NS-Biografen dafür angegebene »offizielle« Grund war eine schwere Krankheit, in deren Zusammenhang er zum Morphium als Schmerzbekämpfungsmittel griff. Vermutlich aber war es eher umgekehrt und übermäßiger Morphiumgenuss bildete den eigentlichen Grund für die Krankheit. Wahrscheinlich hatte er schon in Jugendjahren versucht, seine psychischen Probleme mit diesem Suchtgift niederzukämpfen. Wie sein später Bewunderer Alfred Rosenberg schrieb, nahm er tagtäglich »Portionen zu sich, an denen ein gewöhnlicher, nicht so bärenstark veranlagter Mensch gestorben wäre«.[3] Eckart überlebte, musste aber 1891 in eine Nervenheilanstalt eingewiesen werden. Dort fand er nebst einer vorübergehenden Genesung wesentlichen Stoff für sein zukünftiges literarisches und politisches Schaffen. Die heilanstaltlichen, für sein weiteres Wirken prägenden Erkenntnisse bezeichnete er später als den »Wahn und Sinn« des Lebens.

Nach seiner Entlassung ließ sich Eckart als freier Schriftsteller und Reporter im oberpfälzischen Neumarkt nieder. Mit seinen künstlerischen und journalistischen Ambitionen stieß er in dem »Provinznest« jedoch auf nur sehr geringes Verständnis, wie ihm überhaupt die Ignoranz der Landleute fast sein ganzes Leben lang zu schaffen machte. Über das Schweinehüten, stellte er später fest, wäre er in seinem Heimatort wohl kaum hinausgekommen. Ungeachtet dessen schrieb der junge Eckart wie besessen vor sich hin und lieferte als erste literarische Produkte Liebes- und Naturgedichte, die von seinem Lieblingspoeten Heinrich Heine beeinflusst waren. Mit ihrer »volksliedhaften Schlichtheit« wiesen sie noch in keinster Weise jene »klassische Vollkommenheit« auf, die von NS-Verherrlichern nachmals an ihm so bejubelt wurde. Sprich, sie waren frei von jenem völkischen Gepräge, das für seine späteren Werke kennzeichnend war. Und seine Biografin Margarete Plewnia wunderte sich, dass »der streitbare Propagandist Eckart solch innige Verse zu schreiben im Stande war«.[4]

1893 veröffentlichte er als Erstlingswerk das Gedicht »In der Ferne«, und 1895 übernahm ein Leipziger Verlag »Tannhäuser auf Urlaub, ein Sommermärchen«. Diese frühen literarischen Produkte Eckarts waren Misserfolge und wurden von der Kritik zum Teil nicht einmal beachtet. Der darob schwer enttäuschte und deprimierte Autor nahm ab 1894 Mitarbeiterstellen bei kleineren Lokalzeitungen an, hielt sich längere Zeit in Leipzig, Berlin und Regensburg auf und schrieb unter anderem für die »Augsburger Abendzeitung« Kritiken über die Bayreuther Festspiele von 1894/95. Angetan vom Werk Richard Wagners veröffentlichte Eckart die »Bayreuther Briefe« und schob 1899 den Band »Parsifal, literarisches Essay. Zur Einführung in Richard Wagners Dramen« nach. Der germanische Heldenglaube, den er durch Wagner vorgesetzt bekam, scheint ihn aber wenig beeinflusst zu haben. Denn im »Tannhäuser auf Urlaub« setzte er sich noch für eine »Verbrüderung der Menschheit« ein und »mokierte sich über die ›säbelrasselnden‹ deutschen Patrioten.«[5]

Als sein Vater im Jahr 1895 starb, erbte der nach wie vor gern durch Wirtshäuser streunende junge Journalist und Liebesgedichteschreiber ein größeres Vermögen, das ihn für kurze Zeit seiner finanziellen Sorgen entledigte. Seine Trunksucht und außergewöhnliche Freigiebigkeit ließen ihn jedoch schon nach wenigen Jahren wieder in materielle Probleme torkeln. In dieser Situation wollte Eckart, vom Aussehen her grimmig, verwegen, schon früh seiner Haarpracht ledig, endgültig weg aus der verlogenen ländlichen Idylle. Im Herbst 1899 übersiedelte er in die Reichshauptstadt. Zum Abschluss seiner bayerischen Jugendjahre veröffentlichte er in der »München-Augsburger Abendzeitung« einen Artikel über »Die Kunst des 19. Jahrhunderts«. Er rechnete darin in radikaler Weise mit vergangenen Kunstströmungen ab und ließ nur noch solche Formen gelten, die sich mit sozialen und politischen Problemen befassten und davon ausgehend den »Fortschritt der Menschheit« im Auge hatten. Mit solchen Idealen wollte er in der großen Stadt ein neues Leben beginnen. Aber was kam, waren, so Plewnia, reihenweise Enttäuschungen und »zwölf Hungerjahre, die er in Berlin zubrachte. Seinem Freund Rosenberg hat Eckart oft von dieser Zeit erzählt, in der er manchmal ohne einen Pfennig in der Tasche, obdachlos, [etliche] Nächte auf Parkbänken zubringen musste.«[6]

Der Zuwanderer vom Land arbeitete als Zeitungsausträger, »Schriftsteller, Propagandist eines industriellen Unternehmens, kurze Zeit als Redakteur im ›Lokal-Anzeiger‹« und nahm immer wieder Kurzzeit-Jobs unterschiedlichster Art an. 1901 schrieb er mehrere Artikel und Gedichte für die Zeitung »Der Morgen«. Als Nebenprodukt der Tätigkeit dort entstand sein einziger Roman, »Zeitungskönig«. Sein Versuch, diese literarisch verklärte umfassende Kritik des Journalismus als Fortsetzungsgeschichte im »Morgen« unterzubringen, stieß jedoch auf wenig Gegenliebe. Außer kurzen Auszügen ist nichts davon erschienen.

Ausgehend von der Erkenntnis, dass ihm die Romanform nicht die Möglichkeit zu jener prägnant scharfen Darstellung bot, die ihm für seine zeitkritischen Arbeiten vorschwebte, entschloss sich Eckart um-

Dietrich Eckart, 1900

zusatteln. 1902 schrieb er sein erstes Drama, »Dr. Übelacker«, eine theatralische Abrechnung mit dem ihm verhassten ignoranten und intriganten Bürgertum. Das Stück fand freilich nur wenig Gefallen und wurde von sämtlichen Bühnen, denen er es antrug, abgelehnt. Nichtsdestotrotz blieb der Schreiber bei seinem neuen Metier und verfasste im Jahr darauf eine »romantische Komödie« in drei Aufzügen mit dem Titel »Der Froschkönig«. In späteren Versionen hieß die Geschichte »Dunkle Wege«, hatte aber weder unter der originalen noch unter der zweiten, dem Stück eher entsprechenden Bezeichnung Erfolg. Eckart dichtete dennoch unbeirrt weiter und schrieb als Nächstes die beiden Lustspiele »Der kleine Zacharias« und »Ein Kerl, der spekuliert«. Walter, die Hauptperson des letzteren Stücks, war wie er selbst ein abgehalfterter Mediziner, der sich als Schriftsteller durchschlug und seinen Unterhalt mit Werbetexten verdiente. Das tragische Schicksal, das über dem Leben des Dramenhelden schwebte, glich dem des Autors: Er konnte sich nicht mit Halbem zufrieden geben und rannte deshalb ständig gegen die Mauern einer unverständigen Gesellschaft.

1905 entstand »Familienväter«, eine »tragische Komödie« mit ebenfalls drei Aufzügen. Eckart schlüpfte darin in die Rolle des an sich lebenslustigen »Heidenreich«, der als Journalist bei der »Universalzeitung« arbeitete. Im Rahmen dieser Tätigkeit gelangte er – wie der Autor im wirklichen Leben – zu der Erkenntnis, dass man sich prostituieren musste, um erfolgreich zu sein. Als sich Heidenreich diesem Zwang verweigerte und ein Stück, das er verfasst hatte, nach der erfolgreichen Premiere wieder abgesetzt wurde, brachte er sich um. In dieser letzten Konsequenz folgte Eckart seinem abbildhaften Dramenhelden jedoch nicht, sondern ging einen gänzlich anderen Weg. Statt zu resignieren schrieb und polemisierte er gegen die verkommene Gesellschaft und wandte sich in diesem Zusammenhang mit zunehmender Schärfe gegen die Juden, denen er die Schuld für seinen Misserfolg in die Schuhe schob. Dabei berief er sich unter anderem auf eine Erfahrung, die er mit dem »Froschkönig« gemacht hatte. Ein jüdischer Theaterdirektor hatte das Stück nämlich abgelehnt, weil sich Eckart geweigert hatte, die in der Figur des Backofenfabrikanten Moritz Silberstrahl dargelegte Judenverunglimpfung zu streichen.

Sein Scheitern lag indes nicht nur an missgünstigen Bühnenleitern, sondern auch am unverständigen Publikum. Als 1907 Eckarts Stück »Der Erbgraf« am Königlichen Schauspielhaus in Berlin uraufgeführt wurde, zischten und pfiffen die Zuschauer den Autor aus. Trotz derartiger Unmutsbekundungen hielt sein Intendant Graf Hülsen-Haeseler weiter zu ihm und unterstützte ihn auch finanziell. Kleinere Zuwendungen erhielt Eckart zudem von Kaiser Wilhelm II., der seine Bettelbriefe als »Meisterwerke der Pumpkunst« bezeichnete und schon allein deshalb für belohnenswert hielt. Trotz der vielseitigen Unterstützung, die der Dichter erfuhr, war er nicht zufrieden. Vor allem die Ablehnung durch die Zuschauer förderte seine Frustration, noch dazu, wo er von seiner »Weltsendung« zutiefst überzeugt war. Und diese Enttäuschung schürte in ihm, wie sich schrittweise anhand seiner Schriften nachzeichnen lässt, einen tiefgründigen »Hass auf Juden und Marxisten, denen er sein eigenes Versagen« anlastete.[7] In diesem Zusammenhang stürzte er auch sein einstiges Idol Heine vom Thron der Verehrung. Mit zunehmender Deutschvertümelung verkam er in seinen Augen zum Paradejuden und Zersetzer des Deutschtums und wurde von ihm schließlich als »Possenreißer voll Bosheit und Niedertracht« tituliert.[8]

Zur selben Zeit wandelte sich Eckart immer mehr vom Gesellschaftskritiker zum »Philosophen, der sich selbst in seiner Beziehung zur Umwelt deutete und verklärte«. Seine Stücke spiegelten diese Entwicklung wider und ließen Lebensbilder voller Tragik erstehen. Außenseiter der Gesellschaft traten darin als Projektionen seiner selbst auf und wurden zu Helden, die belastet waren mit dem »Fluch höherer Erkenntnis«. Oder wie es eine der Personen im »Froschkönig« ausdrückte: »Je mehr einer erkennt, desto weniger hält er es aus, gemeinsame Sache mit den Menschen zu machen, desto mehr drängt es ihn, zu protestieren.«[9] Eckart drängte es aber nicht nur zu protestieren. Er wollte mehr sein, sah sich als »Auserwählten« und »Kind des Lichts«, dem es aufgetragen wäre, die Welt von dunklen Mächten zu erlösen. Und dabei wurde ihm vor allem der »Kampf gegen Juda« zu einem Kernanliegen, das in immer wahnhaftere Züge ausartete. Deutlich spürbar ist dies unter anderem in »Ein X-beliebiger Mensch«, ein Stück, das er 1910 in nur neun Tagen ins Geschäftsbuch seines Freundes, des Kunstmalers Rumpl, schrieb. Durch dessen Aufführung kam Eckart erstmals zu etwas Geld, mit dem er sich wirtschaftlich einigermaßen sanierte.

Der Hauptumgang des antisemitischen Dichters war unterdessen ein Künstlerkreis, den Ernst Rossius-Rhyn, der nachmalige Präsident der Dietrich-Eckart-Gesellschaft, »Die Kommenden« nannte. Mit von der Partie waren die Brüder Hart, Wilhelm Bölsche, Leo Frobenius, Hans Pfitzner, August Strindberg und Karl Hauptmann. Eckart interessierte sich aber nicht nur für Kunst, sondern auch für moderne Technik und wurde 1909 Mitglied der »Neuen Aeroplan-Baugesellschaft« des mit ihm befreundeten Flugzeugbauers Bomhard. Im politischen Bereich schließlich verkehrte er mit den Aktivisten des »Deutschbundes«, allen voran Theodor Fritsch, Friedrich Lange und Jürgen von Ramin.[10] In diesem Umfeld und quer durch die Berliner Wirtshausszene führte Eckart über viele Jahre hinweg ein ausschweifendes Leben.

Nach einem neuerlichen Zusammenbruch begab sich der Dichter im

Sommer 1913 zu Erholungszwecken ins Sanatorium Schwarzeck nach Bad Blankenburg im Thüringer Wald. Dort kam er in Kontakt mit der Schwester des Anstaltsbesitzers, der »nicht unvermögenden« Witwe und dreifachen Mutter Rose Marx geb. Wiedeburg. Die beiden fanden offensichtlich rasch Gefallen aneinander und heirateten kurz entschlossen am 13. September. Diese Ehe gab dem Alkohol- und Morphiumsüchtigen für kurze Zeit etwas Halt, änderte jedoch nichts an seiner abwertenden Grundeinstellung gegenüber Frauen. »Das Weib« war für ihn, wie Rosenberg vermerkte, »Natur, nicht mehr [...] Eckart sah einen Hang zum Nichtigen als das Wesentliche beim Weibe an, erklärte sie für unfähig, das Tiefe richtig zu erfassen, sprach ihr gelegentlich das Wollen hierzu gänzlich ab. Höflichkeit der Frau gegenüber hatte er eine besondere Antipathie.«[11] Keine unbedingt guten Voraussetzungen für ein gedeihliches Zusammenleben. Aber immerhin hielt es ihn eine Zeit lang im Thüringerland und damit fern vom gesundheitlich ruinösen Berliner Großstadttrubel.

Nach dem Kriegsausbruch im Sommer 1914 fand sich der Dichter wieder in der Reichshauptstadt ein – und polemisierte schärfer denn je gegen Juden, Sozialisten und die unverständige Gesellschaft im Allgemeinen. Der Krieg bot ihm die Gelegenheit, mit den linken Kulturbanausen und parasitären Freigeistern abzurechnen. Eckart kämpfte – das militärische Schlachtfeld anderen überlassend – mit der Feder gegen die deutschtumszersetzenden Feinde an. Er veröffentlichte 1914 das bereits drei Jahre zuvor »in treu-deutschem Sinne« umgedichtete Drama »Peer Gynt« von Henrik Ibsen und als Erläuterung dazu »Ibsen, Peer Gynt, der große Krumme und ich«. Darin deutete er die Gestalt des Peer Gynt nach rassischen Gesichtspunkten um und machte aus dem tölpelhaften Bauernburschen Ibsens einen »germanischen Faust«.[12] Die im Februar 1914 uraufgeführte »Peer Gynt«-Nachdichtung war das einzige Stück Eckarts, das nachhaltig Erfolg hatte. Was seinen Grundärger jedoch nicht dämpfte, wie sein Kommentar zeigt: »Und wiederum in unserer Zeit suchten sich die ›Trolle‹ der ganzen Welt ebenfalls zum ›großen Krummen‹ zu verdichten, um das deutsche Volk, das einzige metaphysisch gerichtete Volk, das es gibt, um die deutsche Seele zu verheeren.«[13]

1915 veröffentlichte Eckart in Berlin-Steglitz »Heinrich der Hohenstaufe«, eine »deutsche Historie in vier Vorgängen«. Kurz danach übersiedelte er mit seiner Familie nach München, kam hier durch Michael Georg Conrad in Kontakt mit den lokalen völkisch-literarischen Kreisen, übernahm im Mai 1916 den Hoheneichen-Verlag und sicherte sich damit die Grundlage für seine weitere publizistische Tätigkeit. Die Stoßrichtung dieser Tätigkeit, wie er sie etwa in der 1915 veröffentlichten Streitschrift »Abermals vor der Höhle des großen Krummen« darlegte, war klar. Hinter der »sich krümmenden und windenden« Krückengestalt verbarg sich niemand Geringerer denn der »meuchelmordend und Blut saugend« durch die Lande ziehende »jüdisch-bolschewistische« Weltverschwörer. Als dessen weltanschauliche Grundlagen machte Eckart, der Argumentation des Volkswirtschaftlers Werner Sombart folgend, Kapitalismus und Kommunismus namhaft und gab wie der spätere NS-Ideologe Gottfried Feder der Zinswirtschaft die Schuld an der Misere Deutschlands. Die hinter all dem Übel steckenden Juden wären als »Kind[er] der Welt« dem »metaphysisch gerichteten und darum fragilen Deutschen an Zähigkeit überlegen.« Das ihnen eigene hohe »Maß an Erdgebundenheit« befähigte sie Eckarts Ansicht nach »dazu, die ›Größten und glorreichsten Völker‹ zu überleben.« Eine Gefahr, die nun auch für das deutsche Volk bestünde, das – »idealistisch, arbeitsam, ehrlich und leider auch einfältig« – auf Grund »seines verinnerlichten Wesens« einer apolitischen Weltsicht fröne.[14] Ein angebliches Faktum, dem Eckart mit allem Nachdruck Abhilfe schaffen wollte.

Etliche seiner völkischen Freunde begannen sich unterdessen in germanisch-neuheidnischen Okkultvereinigungen und deutschnationalen Kampfverbänden zu organisieren. Eckart, ursprünglich Sympathisant der Deutschen bzw. Bayerischen Volkspartei, suchte Anschluss zu diesen Gruppen, trat jedoch nie einer bestimmten Organisation bei. Seine Stärke lag nicht im tatkräftigen Handeln, sondern im Wort, in der kraftvollen Sprache. Im Verlauf des Jahres 1918, als sich Deutschlands Niederlage, für Eckart ein Produkt der »dämonische[n] Herrschsucht der Juden«, abzeichnete, erfasste ihn eine wahre Schreibwut.[15]

Als deren Produkte veröffentlichte der antisemitische Autor unter anderem eine weitere »Einführung in Ibsens Peer Gynt« sowie »Lorenzaccio«, sein wohl bedeutendstes dramatisches Werk. In dieser Tragödie beschrieb er in beinah prophetischen Tönen seine Sehnsucht nach einem neuen Deutschen Reich und einem Mann, der dieses zu führen im Stande wäre: »Keiner, der im Sturm und Wetter / Aufrecht ginge, oh, nicht einer! / Unser Führer, unser Retter / Keiner, keiner, keiner, keiner!«[16] Von derartigen Klagetönen ausgehend rechnete er in dem Stück mit allem ab, was seiner männlich-deutschen Idealwelt entgegenstand: mit Linken, Juden und unwilligen Frauen. Wobei die ihm selbst angetraute eben dabei war, sich wieder von ihm zu trennen. Dem angeblich verschwörerischen »jüdischen Pack« widmete er 1919 eine weitere verunglimpfende Schrift: »Das ist der Jude!«, eine »Laienpredigt über Juden- und Christentum«. Dabei verlieh er einmal mehr seiner Überzeugung Ausdruck, dass dieses »Ungeziefer« in der »Menschheitsgeschichte die finsteren Kräfte revolutionärer Umtriebe« hevorgebracht hätte und zudem »dafür verantwortlich« wäre, »dass der Mensch vom Pfade der Natur abgewichen sei«.[17]

Bei der im November 1918 gegründeten Thule-Gesellschaft hatte Eckart, eingeführt durch Julius Kneil, den Status eines »Gastes« und tat bei einzelnen Aktionen mit. Eine engere Verbindung kam auf Grund persönlicher Differenzen mit Thule-Gründer Rudolf von Sebottendorff[18] jedoch nicht zu Stande. Unterdessen stießen erste, durch Karl Reichsgraf von Bothmer vermittelte Auftritte als politischer Agitator bei völkischen Gruppierungen auf erstaunlichen Widerhall. Eckart fühlte sich dadurch »zu Höherem« angespornt und glaubte letztlich doch die Massen für seine Ideale mobilisieren zu können. Zu diesem Behufe mischte er sich als Deutschnationaler unter sozialistische Arbeiter und entging im April 1919 nur knapp einer Verhaftung als »Rätegeisel«[19]. Die sozialdemokratische »Münchner Post« charakterisierte den »wütenden Antisemiten Eckart« damals »als einen Mann, der am liebsten täglich ein halbes Dutzend Juden auf dem Sauerkraut verspeisen würde«.[20] Diese Geisteshaltung machte ihn nicht zuletzt auch für die im Januar 1919 gegründete Deutsche Arbeiterpartei, ab Februar 1920 NSDAP, interessant, deren Führer Anton Drexler sich nachdrücklich darum bemühte, den Agitator für die eigene Bewegung einzuspannen.

Ab Dezember 1918 gab Eckart die deutschnationale, verhetzend antisemitische Wochenschrift »Auf gut deutsch« heraus und veröffentlichte darin Artikel über Deutsch-, Juden- und Christentum, Ursozialismus und die »rote Gefahr«. In diesem Zusammenhang attackierte er »den Versailler Vertrag, jüdische Kriegsgewinnler sowie den Bolschewismus und die Sozialdemokratie«.[21] Besonders abschätzig beurteilte er die Weimarer Nationalversammlung. In Heft 17 vom Juni 1919 schrieb er ihr ins Stammbuch: »Wie jämmerlich das alles ist, / Der ganze Dunst aus Lug und List. / Das nickt sich zu und winkt sich zu, / Und jeder denkt: Du Schurke du! / Und jeder denkt: Du fauler Bauch, / Und fühlt: so denkt der andre auch.«[22] Eckart dachte natürlich ganz anders als die demokratischen Kräfte und machte sich auf die Suche nach Symbolen und Schlagwörtern, die für die deutschvölkische Bewegung brauchbar waren. Dabei stieß er auf den Begriff »Drittes Reich«, den er vermutlich aus ariosophischen Schriften, aber auch von Ibsens »Peer Gynt« her kannte. In einem »Auf gut deutsch«-Artikel vom Juli 1919 mit dem Titel »Luther und der Zins« verwendete er ihn erstmals als politreligiösen Kampfausdruck: »Zeichen und Wunder geschehen, aus der Sintflut will sich eine neue Welt gebären […] Die Befreiung der Menschheit vom Fluche des Goldes steht vor der Türe! Nur darum unser Zusammenbruch, nur darum unser Golgatha! Heil ist uns Deutschen widerfahren, nicht Jammer und Not, so arg wir's auch jetzt noch empfinden. Nirgends auf Erden ein anderes Volk, das fähiger, gründlicher wäre, das dritte Reich zu erfüllen, denn unseres, Veni creator spiritus!«[23]

Nach drei Erscheinungsjahren wurde »Auf gut deutsch« vom »Völkischen Beobachter« übernommen, der am 17. Dezember 1920 unter tatkräftiger Mithilfe Eckarts in den Besitz der NSDAP übergegangen war. Zum engeren Mitarbeiterstab des deutschnationalen Frontkämpfers gehörten damals vor allem Gottfried Feder und der Baltendeutsche Alfred Rosenberg. Letzterer war am 12. Januar 1893 in der lettischen Hauptstadt Reval zur Welt gekommen und im Oktober 1917 aus dem revolutionären Russland geflohen. Die Tänzerin Edith von Schrenck hatte ihm den Kontakt zu Eckart vermittelt und der nahm sich des nachmaligen Parteiphilosophen und ukrainischen Reichsverwalters – er wurde am 16. Oktober 1946 als Kriegsverbrecher gehenkt – beinah väterlich an. Bei ihm und anderen Deutschtumsideologen fand Eckart endlich das, was ihm die Öffentlichkeit bis dahin immer verwehrt hatte, nämlich »künstlerische Anerkennung«. Er wurde sogar so etwas wie ein »Dichter der Bewegung« – und steuerte ihr vor allem essayistische Hasstiraden und endzeitliche Prophezeiungen bei. »Ich finde, dass viele unter uns wie blind sind. Mein Wunsch ist es, sie sehend zu machen, damit sie die Welt richtig anschauen, damit sie eine richtige Weltanschauung bekommen.«[24] Und er lieferte der natio-nalsozialistischen Bewegung Schlachtgesänge, dessen bekanntester, »Deutschland erwache!« – die Schlusszeile seines von Hans Ganser vertonten NSDAP-Kampfgesangs »Sturm, Sturm, Sturm« –, noch heute über Nazi-Stammtische hinweg gegrölt wird.

Eckart aber gab sich mit Gesängen nicht zufrieden, er wollte mehr, nämlich die Macht im Staat, und er suchte einen »starken Mann«, der dies bewerkstelligen sollte. In der Münchner Weinstube »Die Brennessel« erklärte er seinen Leuten, wie dieser »Führer« aussehen sollte: »Ein Kerl muss an die Spitze, der ein Maschinengewehr hören kann. Das Pack muss Angst in die Hosen kriegen. Einen Offizier kann ich nicht brauchen, vor denen hat das Volk keinen Respekt mehr. Am besten wäre ein Arbeiter, der das Maul auf dem richtigen Fleck hat [...] Verstand braucht er nicht viel, die Politik ist das dümmste Geschäft auf der Welt und so viel wie die in Weimar weiß bei uns in München jedes Marktweib. Ein eitler Affe, der den Roten eine saftige Antwort geben kann und nicht vor jedem geschwunge-nen Stuhlbein davonläuft, ist mir lieber als ein Dutzend gelehrter Professoren, die zitternd auf dem feuchten Hosenboden der Tatsa-chen sitzen [...] Ein Junggeselle muss es sein, dann kriegen wir die Weiber.«[25]

Zunächst glaubte Eckart, ein in deutschnationalen Kreisen mittler-weile anerkannter »visionärer Dichter und Seher«, in Wolfgang Kapp diesen Mann gefunden zu haben. Nach dessen gescheitertem Putschversuch vom März 1920 wandte er sich jedoch von ihm ab und konzentrierte sich ganz auf Adolf Hitler. Während er in dem Ex-Soldaten eine Art »Heilbringer für das deutsche Volk« und »Erfüller des Dritten Reiches« zu erkennen glaubte, wurde Eckart umgekehrt für Hitler zu einer überdimensionalen Vaterfigur. Der spätere »Füh-rer« verehrte ihn tief und blickte zu ihm auf »als seinem Lehrer«. Eckart war es denn auch, der Hitler 1920 »in die Münchner Gesell-schaft einführte«, ihm »bessere Umgangsformen und besseres Deutsch beibrachte, ihn als eine Art Messias aufbaute und in seinen nationalistischen, antisemitischen Vorstellungen noch bestärkte.«[26] Angesichts seiner Suggestionskraft war Eckart sicherlich weit mehr noch als Jörg Lanz von Liebenfels ein »Mann, der Hitler die Ideen gab«. Er führte mit dem Kriegsheimkehrer endlose Gespräche über den Lauf der Weltgeschichte, darüber, dass Revolutionen und Demokratien das »Machwerk der Juden« wären und darüber, dass das Christentum »entjudet« werden müsste. Zu »seinem Geburtstage am 20. April 1923« schrieb der Mentor über seinen Schützling aus Braunau: »Die Herzen auf! Wer sehen will, der sieht! Die Kraft ist da, vor der eine Macht entflieht!«[27] Der Geehrte zeigte sich dankbar und widmete Eckart die Erstausgabe seines Hauptwerkes »Mein Kampf«. Hitler ehrte darin seinen Lehrer, »der als der Besten einer sein Leben dem Erwachen seines, unseres Volkes gewidmet hat im Dichten und im Denken und am Ende in der Tat«.[28]

Beim Münchner Putschversuch vom 8./9. November 1923 marschierten Lehrer und Schüler noch Seite an Seite, doch war Eckarts Gesundheit zu diesem Zeitpunkt bereits schwer angegriffen – eine Folge der langjährigen Alkoholexzesse und seines anhaltenden Morphiumgenusses. Für wenige Tage wurde der deutschnationale Dichter in Stadelheim inhaftiert, auf Grund seiner Krankheit aber bald wieder freigelassen. Enttäuscht wegen der mangelnden Unterstützung der nationalsozialistischen Bewegung durch das deutsche Volk schrieb Eckart am 21. November ein letztes Gedicht: »Blödes Volk! Du schmähtest jeden, / Der sich treulich um dich mühte, / Mit gotteslästerlichen Reden. / Lohntest du auch Hitlers Güte, / Grunztest, als die Pharisäer / Hinterrücks ihn niederzwangen. [...] Gott sei Dank, was Hitler plante, / Wurde ja ihm abgegraben, / Und ihm bleibt erspart die Schande, / Dich, du Pack, befreit zu haben!«[29]

Am 26. Dezember 1923 starb Eckart in Berchtesgaden und wurde vier Tage später auf dem Friedhof des Ortes zu Grabe getragen. Im Jahr darauf erschien, gleichsam als sein Vermächtnis, in München das Buch »Der Bolschewismus von Moses bis Lenin. Zwiegespräche zwischen Adolf Hitler und mir«. Es wurde zu einem der wichtigsten Werke der frühen nationalsozialistischen Bewegung. 1927 legte Alfred Rosenberg als Ergänzung dazu Eckarts »Vermächtnis« vor. Nach und nach erschienen weitere Schriften, Gedichte wie Dramen. Im NS-Staat wurde Eckart als wichtiger Vordenker der Bewegung verehrt und in regimetreu künstlerischen wie akademischen Kreisen ausgiebig gewürdigt. So schrieb etwa der über ihn dissertierende P. H. Wiedeburg 1939: »In der Geschichte des Anbruchs eines neuen deutschen Zeitalters, der durch den Sieg der nationalsozialistischen Bewegung gekennzeichnet ist, gebührt Dietrich Eckart ein entscheidender Platz.«[30]

Nach 1945 hielt sich das geschichtswissenschaftliche Interesse an Eckart in Grenzen. In Arbeiten über den Nationalsozialismus wurde er als kleine Randfigur zumeist bloß gestreift. Erst Margarete Plewnia stellte ihn 1969/70 in seiner vollen, nicht nur für Hitler wegweisenden Bedeutung dar. Esoterische Kreise betrachteten Eckart freilich schon viel früher als Drahtzieher des Nationalsozialismus und zentrale Persönlichkeit in der »spirituellen Entwicklung« Hitlers. Für Pauwels/Bergier etwa war er das Bindeglied zwischen den irdischen »Legionen« der Braunhemden und geistigen Sphären. Die beiden französischen Okkultautoren beschrieben ihn als einen »Prophet[en] des magischen Sozialismus«, der der »medialen Seele Hitlers« die für deren weiteres Wirken notwendigen »Mythen [...] einimpfte«.[31] Der spekulative Gralsmystiker Trevor Ravenscroft sah ihn gar als leibhaftige Verkörperung des Bösen und verteufelte ihn als »astralen Initiator« Hitlers. Ein ganz anderer »Meister Eckart« also im Vergleich zu seinem mittelalterlichen Namensvetter, einem Mystiker, der in der heutigen esoterischen Szene wie ein Heiliger verehrt wird.

GUIDO VON LIST

der Großmeister der armanischen Heerscharen

Zu Beginn der 1980er-Jahre wurde im Umfeld der so genannten New-Age-Bewegung auch angeblich altes, esoterisches »Weistum der Germanen« verbreitet. Neben den Göttersagen der »Edda«, einer in Island von christlichen Mönchen im 12./13. Jahrhundert niedergeschriebenen Sammlung mythischer Texte, kamen damals vor allem »Runen« in Mode. Wegen ihrer nationalsozialistisch belasteten Vergangenheit waren sie von Okkultisten jahrzehntelang in untersten Schubladen verstaut worden. Nun aber erlebten diese germanischen Schriftzeichen in neu gewandeter, esoterischer Ausdeutung eine erstaunliche Renaissance. Dabei wurde immer wieder betont, dass es sich bei den Runen um kein nationalsozialistisches Ideengut, sondern um »urtümliches Wissen« handelte. Bei genauerer Einsicht entsteht freilich ein etwas anderes Bild. Da verliert sich die vorgebliche Urtümlichkeit der Runenesoterik nämlich sehr rasch und der Suchende landet bei einem Mann, der mit seinen Ideen den okkulten Untergrund des Nationalsozialismus vor einem knappen Jahrhundert ganz wesentlich mitgeprägt hat: Guido von List.
Geboren wurde der spätere Runenforscher und Vordenker des modernen germanischen Heidentums unter dem Namen Guido Karl An-

ton List am 5. Oktober 1848 in Wien. Er war der älteste Sohn des aus einer Gastwirtfamilie stammenden Lederwarenhändlers Karl Anton List. Seine Mutter Maria List war die Tochter des Baustoffhändlers Franz Anton Killian, der als »Kommandant der ersten Wiener Bürgergarde während der Revolution von 1848« Dienst tat.[1] Seine Kindheit und Jugend verbrachte Guido im zweiten Bezirk, dem »Judenviertel« der habsburgischen Hauptstadt. Die Erziehung des Buben erfolgte nach streng konservativ-katholischen Richtlinien, ließ aber doch einigen Freiraum zur Entfaltung eigenständiger Interessen. Dass es sich die Familie leisten konnte, beim Kunstmaler Anton von Anreiter ein Aquarellporträt des Dreijährigen in Auftrag zu geben, lässt vermuten, dass die Lists als vergleichsweise reiche Familie dem gehobenen Bürgertum zuzurechnen waren.

Nachhaltigen Eindruck beim jungen Guido hinterließen die in Begleitung der Eltern unternommenen Ausflüge in die Umgebung Wiens und nach Mähren. Dabei entwickelte er eine starke Liebe zur Natur und begann, gefördert durch seinen Vater, zu malen. Die frühesten erhaltenen Skizzen, entstanden im 14./15. Lebensjahr, zeigen eine deutliche Vorliebe für Landschaften und alte Bauten. Und eine Ausbildung als Landschaftsmaler wurde in der Folgezeit denn auch zum ersten Berufsziel des Jungen. Späteren Selbstdarstellungen zufolge entwickelte Guido unterdessen auch eine ausgeprägte Empfindsamkeit gegenüber spirituellen Eindrücken. Besonders nachhaltig blieb ihm diesbezüglich ein Erlebnis aus dem Jahr 1862 in Erinnerung. Damals besuchte er zusammen mit seinem Vater und Freunden der Familie die Katakomben unterhalb des Wiener Stephansdoms und erlebte dort eigenem Bekunden zufolge seine erste große Schauung. Die Kirche, so hätte es ihn an jenem Tag erleuchtet, ruhe nämlich auf alten heidnischen Fundamenten, und ihm wäre nun die Aufgabe übertragen, die verschütteten »urreligiösen Wurzeln unserer Kultur« bloßzulegen. Vor »einem zerstörten Altar in der Krypta« fiel er damals angeblich auf die Knie und legte dabei das Gelübde ab, einen Tempel für Wotan, den obersten Gott der Germanen, zu errichten, sobald er erwachsen sei.[2]

Fürs Erste aber hatte der junge Guido noch die schulischen Niederungen durchzustehen. Und Weisungen wurden ihm nicht von irgendwelchen göttlichen Schicksalsmächten, sondern vom eigenen Vater erteilt. Der wiederum wollte vor allem das Geschäft fortgeführt sehen und hielt seinen Ältesten daher an, eine kaufmännische Ausbildung zu absolvieren. Die Hartnäckigkeit, mit der Papa List dieses Anliegen vortrug, scheint zu gröberen Auseinandersetzungen zwischen ihm und seinem Sohn geführt zu haben. Der nämlich sah sich mehr als Künstler und Gelehrter denn als Lederwarenhändler und er wollte lieber Brauchtum und Vergangenheit erforschen statt Lederzeug verscherbeln. Letztendlich aber fügte er sich dem väterlichen Wunsch – widerwillig, aber doch – und besuchte eine Handelsschule.[3]

Als Ausgleich zur wirtschaftlichen Ausbildung und der Mitarbeit im väterlichen Geschäft schuf sich Guido künstlerische und sportliche Schlupflöcher. So verbrachte er viel Zeit in der Natur, durchstreifte reitend das Umland von Wien, malte und brachte seine Eindrücke in Prosa und Gedichtform zu Papier. Zusätzlich zu diesen freizeitlichen Vergnügungen leitete er von 1868 bis 1870 die kleine Privatbühne »Walhalla«. Um dieselbe Zeit wurde Guido List Mitglied des Wiener Rudervereins »Donauhort« und erhielt 1871 die Stelle eines Sekretärs des Österreichischen Alpenvereins, in dessen »Jahresbericht« er damals seinen ersten Artikel veröffentlichte. Durch die Führung dieses damals betont nationalistisch eingestellten Vereins angeregt, suchte der junge, im Grunde eher einzelgängerisch veranlagte List in den folgenden Jahren Kontakt zu deutschvölkischen Kreisen, deren Weltanschauung er zunehmend sympathischer fand. Umgekehrt hatte er bei ihnen den durchaus positiven »Ruf eines einsamen Wolfes und Mystikers« mit Hang zu außergewöhnlichen Handlungen. So soll er 1874 trotz heftigen Gewitters die Sonnwendnacht in der Hügelfestung am Geiselberg verbracht und dabei seltsame Rituale zelebriert haben. Das wiederum machte okkult Interessierte auf ihn aufmerksam, und so verbrachte er die nächstjährige Sonnenwende nicht mehr allein. Zusammen mit Gleichgesinnten ruderte List von Wien donauabwärts bis Carnuntum und feierte dort am 24. Juni 1875 gleichzeitig mit dem Höchststand der Sonne den »1500. Jahrestag des Sieges germanischer Stämme über die Römer«. Im Rahmen dieses Festes vergrub die Gruppe unter dem Heidentor »acht Weinflaschen in Form einer Swastika«.[4] Für List waren solche Veranstaltungen mehr als bloße Weltflucht. Wie er später schrieb, wollte er die »Zauberschleier« des Daseins lüften, und jeder, der dies wollte, sollte »solche Orte fliehen, wo das Leben pulsiert«. Er solle stattdessen »einsame Stätten auf[suchen], an denen unbeeinflusst von der Hand des Menschen die Natur alleine waltet«.[5] Als sein Vater 1877 starb, fühlte sich Guido nicht länger an familiäre geschäftliche Interessen gebunden. Er beendete seine kaufmännische Laufbahn, verließ den väterlichen Laden und beschloss, fortan auf der Grundlage eines kleinen ererbten Vermögens als freier Journalist zu arbeiten.

Am 26. September 1878 heiratete List Helene Förster-Peters und hatte die erste Zeit über hart zu rackern, um den familiären Unterhalt zusammenzubekommen. Aber er tat sein Bestes und veröffentlichte während der folgenden Jahre Artikel über »Österreichs Landleben, Volksbräuche und Heraldik« in Magazinen völkischer Prägung, etwa »Heimat«, »Deutsche Zeitung«, »Neue Welt« und »Neue Deutsche Alpenzeitung«. List berief sich in seinen Darstellungen auf Autoritäten wie Friedrich von Schmidt, den Dombaumeister zu Sankt Stephan, mit dem er bis zu dessen Tod im Jahr 1891 freundschaftlich verkehrte. Das von dieser architektonischen Autorität vermittelte Wissen floss in viele seiner späteren Werke ein. Die zwischen 1879 und 1890 entstandenen Artikel handelten allerdings weniger von großartigen Bauwerken, sondern vielmehr von den Landschaften der Alpen und der Donau, die List als Sinnbilder »nationaler Identität« darstellte. »Ströme, Wiesen und Hügel« betrachtete er in diesem Zusammenhang »als Wesen der teutonischen Mythen und Folklore«.[6] In seiner Funktion als österreichischer Alpenvereinssekretär knüpfte der germanophile Jung-Journalist in den 1880er-Jahren enge Beziehungen zur deutschen AV-Sektion und trug auf diese Weise neben seinen Artikeln ganz wesentlich zur »Völkisierung« des Bergsteig- und Wanderklubs bei.

Nach einem eher verunglückten ersten Romanversuch mit dem Titel »Ellida« aus dem Jahr 1884 erschien 1888 in einem Berliner Verlag Lists literarisches Erstlingswerk: »Carnuntum. Historischer Roman aus dem 4. Jahrhundert n. Chr.« List beschrieb darin, romantisch stilisiert, den Kampf zwischen Römern und Germanen, der im Jahr 375 zum Fall der Stadt geführt hatte. Er stellte davon ausgehend eine hoch stehende germanische Kultur der verkommenen römisch-christlichen Welt gegenüber und zielte damit vor allem auf die katholische Kirche. Mit seiner nationalistisch überzeichneten Darstellung gesellschaftlicher Verhältnisse gelang List der Durchbruch im völkischen Lager. Der Brünner Verein »Deutsches Haus« um Friedrich Wan-

48

nieck holte ihn nun ebenso als Vortragenden und Artikelautor zu sich wie deutschvölkische Vereinigungen in Horn und Salzburg. Deren Zeitschriften, der »Bote aus dem Waldviertel« und der »Kyffhäuser«, druckten Lists Berichte ab, und Stammtischverbände luden ihn zu Diskussionsabenden ein.

1890, im Todesjahr seiner Frau Helene, veröffentlichte List erstmals Artikel in Georg Ritter von Schönerers »Unverfälschter Deutscher Warte« und Karl Hermann Wolfs »Ostdeutscher Rundschau«. Schönerer und Wolf gehörten als Reichsrats-Abgeordnete zu den herausragenden Persönlichkeiten der alldeutschen Bewegung in Österreich und beide waren sie von Lists Arbeiten angetan. Dessen 1891 in zwei Bänden veröffentlichten »Deutsch-Mythologischen Landschaftsbilder« fanden ebenso ihr Interesse wie das 1892 in Salzburg erschienene Buch über »Tauf-, Hochzeits- und Bestattungsgebräuche und deren Ursprung«. In beiden Werken durchforstete List mittelalterliche Überlieferungen und kam dabei zu mitunter ungewöhnlichen, aber durchaus dem Zeitgeist entsprechenden Schlussfolgerungen. Etwa jener, dass mittelalterliche Wappenbilder auf »magische Runen« zurückzuführen wären, oder dass germanisches Brauchtum über »geheime Kalander« weitergegeben worden wäre, oder dass Handwerksgilden auch »okkultes Wissen« besessen hätten. Ein umfassendes Gesamtgebäude für diese Ideen blieb er freilich vorerst schuldig.

Die deutschgläubigen Zuhörer und Leser schätzten List wegen seines rednerischen Elans und seiner brillianten Formulierkunst. Eine Resonanz, die ihn anspornte. Und so verfasste er bald auch politische Artikel für Zeitungen und Zeitschriften aus dem Umfeld der Schönerer-Bewegung. Im Oktober 1893 etwa erschien in der »Ostdeutschen Rundschau« ein Artikel über die »Götterdämmerung«, in dem er seinen Germanenglauben erstmals mit politischen Ansprüchen verknüpfte. Ansatzweise tat er dies auch in seinen Studien über »nationales Handwerk«, Wappenkunde, Brauchtum und »Schöne Frauen«, vor allem aber in der Artikelserie über »Die Juden als Staat und Nation«.[7] Gerade in diesen Reportagen waren immer wieder antisemitische Auslassungen und rassistisch untermauerte Anklänge an germanische Überlieferungen zu finden. Den Kernpunkt Letzterer bildete ein alter Wotanskult, auf den der Autor bei seinen Recherchen gestoßen war und dessen Priesterschaft später zu einer zentralen Idee seiner politischen Mythologie werden sollte.

List war unterdessen nicht nur politisch und journalistisch aktiv. 1893 gründete er zusammen mit Fanny Wechiansky die »Literarische Donaugesellschaft« nach dem Vorbild der »Litteraria sodalitas Danubiana«, einer von dem germanentümelnden Renaissance-Dichter Konrad Celtis um 1500 geschaffenen »Sodalität«. Zu den Zielen dieser Gesellschaft gehörte die »Hebung des deutschen Nationalbewusstsein« und List steuerte dazu im selben Jahr eine umfassende Grundlagenstudie bei. Durch den großen Anklang, den die »Sodalität« fand, fühlte sich List zu weiteren eigenen Dichtungen angeregt. So erschienen 1894 in Wien »Der Wala Erweckung. Ein skaldisches Weihespiel« und in Brünn »Jung Diether's Heimkehr. Eine Sonnwend-Geschichte aus dem Jahre 488 nach Christus«. 1895 folgten die »Walküren-Weihe«, eine »epische Dichtung«, und »Pipara. Die Germanin im Caesarenpurpur«, ein »historischer Roman« in zwei Bänden »aus dem 3. Jahrhundert n. Chr.«. Alle diese literarischen Werke waren stark von Richard Wagner beeinflusst, sie zeichneten sich laut Inge Kunz »durch eine Mischung aus sadistischen Morden, Hinrichtungen, Opferungen und Selbstopferungen« aus und quollen über vor »süßlicher Sentimentalität«.[8] Ihr germanophil-rassistischer Unterton machte sie in deutschvölkischen Kreisen zu heißen Insidertipps.

Wichtig für Lists weitere Entwicklung war vor allem seine Freundschaft mit Franz Xaver Kießling, dessen »archäologische Forschungen« ihn stark beeinflussten. Kießling, dem seit 1959 ein eigenes Museum in niederösterreichischen Drosendorf gewidmet ist, wurde am 4. April 1859 in Wien geboren. Von 1886 an veröffentlichte er Broschüren über Sport und Politik, darunter eine über »Feinde deutscher Turnerei« sowie eine Reihe größerer und kleinerer Studien über »Denkstätten deutscher Vorzeit im niederösterreichischen Waldviertel«. 1902/03 folgten zwei Werke, die bis heute von Suchern bodenständiger Kulte gern gelesen werden: »Das deutsche Weihnachtsfest in Beziehung zur germanischen Müthe« und »Das deutsche Fest der Sommersonnenwende«. Zunächst mit List bloß in ideeller Verbindung stehend, war Kießling von 1911 an in verschiedenen Vereinigungen seines Freundes aktiv. Die 1923 veröffentlichte Kießling-Studie »Über das Rätsel der Erdställe. Ein Beitrag zur Kennzeichnung des Wesens, vermutlichen Alters und ursprünglichen Zweckes dieser künstlichen Höhlen«[9] gilt heute nicht nur in ariosophischen Kreisen als Standardwerk. In den 1930er-Jahren engagierte sich der Waldviertler Forscher mit großem persönlichem Einsatz für die in Österreich damals illegale nationalsozialistische Bewegung. Er starb am 20. Oktober 1940 in Krems.

List, nicht nur von Kießling als Autorität in Sachen deutsche Vorgeschichte anerkannt, war von 1894 an im »Bund der Germanen« aktiv. Diese von K. H. Wolf und dem alldeutschen Journalisten Karl Iro gegründete Vereinigung verknüpfte die Wiederbelebung alten deutschen Brauchtums mit politischen Forderungen. Am 3. Dezember 1894 wurde bei einer Abendveranstaltung dieses Bundes in rituellem Rahmen Lists Stück »Der Wala Erweckung« aufgeführt. Die Veranstaltung war laut Vermerk auf der Eintrittskarte »Nicht für Juden« zugelassen.[10] Ende 1895 hielt List beim Julfest des Leopoldstädter Zweiges des »Deutschen Turnvereins« eine umjubelte Rede über »Deutsche Treue«, die kurz darauf in »Der Hammer«, der betont antisemitischen Beilage der »Ostdeutschen Rundschau«, veröffentlicht wurde. Beim Frühlingsfest des Wiedener Sängervereins am 6. Juni 1896 kam dann ein weiteres Stück von ihm zur Aufführung, nämlich seine »melodramatische Mythendichtung ›Ostaras Einzug‹«, die so viel Lob erntete, dass der gleiche Verein am 7. April 1897 ein eigenes List-Fest ausrichtete.

Während der gefeierte Autor die politischen Ziele der Deutschvölkischen nach wie vor rückhaltlos teilte, ging er im religiösen Bereich zunehmend eigene Wege. Seine Zielvorstellung war nicht wie beim Schönerer-Kreis ein deutsch-protestantisches Christentum, sondern eine aktualisierte Form des germanischen Heidentums. Sein 1898 in Wien veröffentlichtes Werk »Der Unbesiegbare. Ein Grundzug germanischer Weltanschauung« bildete eine Art Katechismus deutschen Glaubens. Das Thema war für ihn allerdings keine reine Glaubenssache, sondern er hielt sie auch für »wissenschaftlich« belegbar und in der Volkskultur »erspürbar«. Und so floss diese Thematik auch in seine anderen Veröffentlichungen ein wie etwa sein 1898 in Wien publiziertes »Niederösterreichisches Winzerbüchlein«. Eine gewisse Anerkennung fand List mit seiner Glaubenslinie auch bei den Altkatholiken, deren böhmischer Bischof Nittel von Warnsdorf ihm laut Johannes Balzli im Januar 1898 für die Einleitung »einer neuen Epoche in der Religionsgeschichte« ausdrücklich dankte.[11]

Was den privaten Bereich betrifft, so hatte List 1894 bei der Aufführung eines seiner Stücke die aus Stecky in Böhmen stammende »junge, schöne« Anna Wittek kennen gelernt. Die beiden verstanden sich auf Anhieb gut und die Deutschböhmin wurde dem Deutschaktivisten alsbald eine kongeniale Interpretin seiner sentimental-nationalistischen Dramenwerke. Im August 1899 heirateten sie im Sinne Schönerers nach protestantischem Ritus und List widmete sich in der Folgezeit ganz seiner Dichtkunst. Als Erstes entstand das im selben Jahr zu Brünn veröffentlichte »deutsche Königsdrama ›König Vannius‹«. Im Frühjahr 1900 beschrieb er in einer programmatischen Broschüre mit dem Titel »Der Wiederaufbau von Carnuntum« das alte römische Amphitheater als Wunschszenario nicht nur für die Aufführung eigener Stücke, sondern auch für die Abhaltung von »Things«, sprich »Gauversammlungen« nach altgermanischem Ritus, von sportlichen Wettkämpfen »in deutschem Geist«, Bardenfestspielen und »Weihehandlungen«. Carnuntum sollte eine Art österreichisches Bayreuth werden, eine Stätte von List- und Wagner-Aufführungen im Geiste eines wiedererstarkenden germanischen Heidentums. An Dichtungen fabrizierte List 1901 den »Sommer-Sonnwend-Feuerzauber«, ein »skaldisches Weihespiel«, sowie »Die blaue Blume«, ein »modernes Märchenspiel«, dazu das Lustspiel »Der Lügenrächer« und die Oper »Walpurgis«. 1903 folgten »Das Goldstück« und die »Alraunen-Mären. Kulturhistorische Novellen und Dichtungen aus germanischer Vorzeit«.

Zur Zeit, da diese Dichtungen entstanden, erfuhr Lists Leben jedoch eine dramatische Wendung. 1902 erkrankte er an Schichtstar, wurde operiert und war daraufhin elf Monate lang blind. In den »Tagen der Dunkelheit« hatte er, wie er später berichtete, unzählige Visionen, die seine germanische Religion langsam Gestalt annehmen ließen. Die einsamen Stunden, die er damals durchleben musste, nutzte er dazu, über den Ursprung der Sprache und der Runen nachzusinnen und sich das Schicksal der alten Germanen vor das innere Auge zu führen. Im April 1903 sandte er, wieder sehend geworden, ein Manuskript über die von ihm rekonstruierte angebliche »arische Ursprache« an die k.u.k. Akademie der Wissenschaften zu Wien, erhielt die Arbeit aber umgehend zurückgeschickt. Mehr Glück hatte er mit seinen Ideen indes in okkulten Kreisen. Im September 1903 veröffentlichte »Die Gnosis« seinen Artikel über »Die esoterische Bedeutung religiöser Symbole«, in dem er »den Prozess der Erschaffung des Universums« skizzierte und als eines der wichtigsten Sinnbilder in diesem Zusammenhang die Swastika beschrieb.

Über »Die Gnosis« kam List in Kontakt mit dem 1894 von Franz Hartmann gegründeten deutschen Zweig der Theosophischen Gesellschaft. Hartmann, am 22. November 1838 in Donauwörth geboren, hatte in München und Washington Medizin studiert, sich in den 1870er-Jahren für den Spiritismus begeistert und war in dessen Umfeld Helena Petrowna Blavatsky begegnet. Von deren Persönlichkeit eingenommen, wurde er zu einem ihrer engsten Vertrauten, lebte mit ihr eine Zeit lang im indischen Adyar und widmete sich danach ganz der Umsetzung des von der Adeligen grundgelegten theosophischen Weltbildes. Dass Blavatsky in ihrer 1888 publizierten »Geheimlehre« die arische Wurzelrasse mit der germanischen Unterrasse als die höchste Entwicklungsstufe der Menschheit betrachtete, war für deutsche Esoteriker ein besonders nachhaltig wirkender weltanschaulicher Anknüpfungspunkt. List jedenfalls übernahm diese und andere Ideen Blavatskys in der Interpretation Hartmanns, fügte sie in sein Glaubensgebäude ein und schuf so die Grundlagen für eine eigene okkulte Richtung, die so genannte Ariosophie, zu Deutsch »Arierweisheit«. Es ist dies die Lehre, dass die Arier die allein kulturschöpfende Rasse wären, als solche den Höhepunkt der menschlichen Entwicklung bildeten und von daher auch zur Weltherrschaft bestimmt wären. In diese Ideologie eingefügt wurden okkulte Werke wie etwa jene des Moritz von Egidy, dazu ein mit angeblichen naturwissenschaftlichen Erkenntnissen gemixter, extrem rassistisch ausgelegter Sozialdarwinismus sowie Sagen, Legenden und eigenwillige archäologische Befunde. Die Aufgabe seines »Wuotanismus sah er vorwiegend darin, die arische Rasse zu erhalten und eine ›Edelrasse‹ heranzuziehen.« Als »einzige Kulturgründer waren die ›Arier‹ für List im Besitz der Ursprache, aus der alle anderen Sprachen hervorgegangen« wären. Und sie hätten auch die Ursymbolik und Urschrift, nämlich die Runen, geschaffen, deren Grundbedeutung List rekonstruiert zu haben glaubte. Die dabei entstandene Runenesoterik bildete den Kern seiner Lehre.[12]

Während List den deutschen Okkultismus damit um eine radikalrassistische Nuance erweiterte, fand er mit seinem politischen Engagement eine erstaunliche öffentliche Würdigung. Im Dezember 1904 legten fünfzehn Wiener Honoratioren, angeführt von Rudolf Berger, dem Parlament eine »Interpellation« zur öffentlichen Anerkennung seines »Forschungswerkes« vor. Die Mehrheit der kaiserlichen Autoritäten konnte damit zwar nicht überzeugt werden, aber der »Erberinnerer« und »intuitive Schauer« erhielt eine Publizität wie nie zuvor. Namhafte Persönlichkeiten wie Wiens Bürgermeister Karl Lueger, der Zeitungsherausgeber Adolf Harpf, die Gutsbesitzer und späteren List-Sponsoren Friedrich und Else Wannieck, der völkische Gesundheitsorganisator Ludwig von Bernuth und der deutschnationale Sprachforscher Ferdinand Khull ließen ihm ihre Unterstützung ebenso angedeihen wie »Adelige, Großbürgerliche, Akademiker und Militärs«, die dem deutschvölkischen Lager nahe standen. Lists Freundes- und Anhängerkreis umfasste darüber hinaus rassistische Okkultisten wie den »Theozoologen« Jörg Lanz von Liebenfels, Spiritisten und vor allem Theosophen. Zur List-Fangemeinde gehörten aber nicht nur Österreicher, sondern auch Deutsche wie etwa der preußische Offizier und Wappenkundler Bernhard Koerner und der württembergische Adelsspross Friedrich Freiherr von Gaisberg. Fünfzig dieser Personen unterzeichneten 1905 einen Appell zur Gründung einer Guido-von-List-Gesellschaft. Nach längeren Geburtswehen ist diese Kerntruppe der List-Verehrer am 2. März 1908 offiziell ins Leben gerufen worden. Weit über ihren Sitz Wien hinaus wirkend, gehörten zu ihren Aufgaben die Förderung der »Forschungen dieses verdienten Mannes« und die Publikation seiner Schriften. Das »von« im Namen hatte sich der Germanenmystiker bereits 1903 zugelegt mit der Behauptung, »niederösterreichischem und steirischem Adel« zu entstammen. Per Gerichtsbeschluss vom 2. Oktober 1907 wurde ihm die »Führung des Titels« zwar untersagt, doch bestand er inoffiziell auch weiterhin darauf, Guido von List genannt zu werden. Als solcher veröffentlichte er eine Reihe von Artikeln, die sich ausnahmslos mit germanisch-religiösen Themen befassten – 1904 »Vom Wuotanismus zum Christentum« in der Zeitschrift »Der Deutsche«, 1906 »Das Geheimnis der Runen« in der »Neuen Metaphysischen Rundschau« und ebenfalls 1906 »Von der Armanenschaft der Arier« im selben Magazin. Zwischen 1908 und 1911 folgten dann in der »Guido List-Bücherei« seine sechs esoterischen Grundlagenwerke: »Das Geheimnis der Runen«, »Die Armanenschaft der Ario-Germanen«, »Die Rita der Ario-Germanen«, »Die Namen der Völkerstämme Germaniens und deren Deutung«, »Die

Religion der Ario-Germanen in ihrer Esoterik und Exoterik« und »Die Bilderschrift der Ario-Germanen (Ario-Germanische Hieroglyphik)«. Als Ergänzung dazu erschien 1914 »Die Ursprache der Ario-Germanen und ihre Mysteriensprache«. Außerhalb dieser Reihe veröffentlichte List 1911 in Zürich eine überarbeitete Fassung seines Artikels »Der Übergang vom Wuotanismus zum Christentum«, 1912 im Magazin »Die Nornen« einen Essay über »Ursprung und Symbolik der Freimaurerei« sowie weitere kleinere Beiträge zur »Ario-Germanischen Religion«. Ein lang geplantes Werk über »Armanismus und Kabbala« konnte er nicht mehr zu Ende führen.

Das ariosophische Weltbild Lists – der »Wuotanismus«, wie er es nannte – kreiste um den Gott Wuotan, der, wie der Glaubensschöpfer vermerkte, die Welt in allen ihren Erscheinungsformen durchdringe. Die Menschen ihrerseits hätten Teil an den ihnen auf Grund ihrer Entwicklungsstufen, der so genannten »Geistringe«, jeweils zustehenden göttlichen Kräfte. Zu diesen Kräften gehörten der Erden-, Sonnen- und Weltgeist, aber auch Rassen- und Volksgeister. Der Wuotanismus hätte nun die Aufgabe, zum Wohle der gesamten Menschheit eine arische Edelrasse heranzuziehen. Denn die Arier – in Bezug auf ihre angebliche skandinavische Urheimat auch »nordische Menschen« genannt – wären nicht nur die einzigen Kulturschöpfer gewesen, sondern auch jene, die Sprache und Schrift hervorgebracht und letztlich die für die armanische Ritualistik wichtigen Runen geschaffen hätten.

Diese »Urweisheiten« erkannt zu haben wurde von seinen Anhängern in zahlreichen Reden und Artikeln gewürdigt, so etwa vom Präsidenten der List-Gesellschaft in einer Ansprache aus dem Jahr 1909: »Guido von List war es vorbehalten, die Arbeit der Germanisten zu krönen durch die Entdeckung der Esoterik des Germanentums, durch Auffindung einer erhabenen Philosophie und Geheimlehre, welche den Symbolen der germanischen Mythen und Skalendichtung zugrunde lag und deren Hauptlehrsätze durch die Urbedeutung der Runen und anderer germanischer Heilszeichen festgelegt waren. Durch Lists Arbeiten ist somit erst die religiös-metaphysische Grundlage gegeben für die Bestrebungen der großen deutschen Kulturbewegung, die es sich zum Ziele setzt, alle Gebiete unseres kulturellen Lebens mit deutsch-germanischem Geiste zu erfüllen.«[13]

Guido von List fand mit seinen Ideen bei Okkultgläubigen auch jenseits rein ariosophischer Ausrichtung Anklang. Für Franz Hartmann und andere deutsche Theosophen war der österreichische »Forscher« so etwas wie ein »nationalistischer Vervolkstümlicher« der Lehren Blavatskys. Karl Heise bezeichnete ihn in diesem Zusammenhang als »seinen liebsten Lehrer« und Karl Engelhardt gar als »Lehrer der Gottheit«. Max Seiling und Lists späterer Biograf Johannes Balzli schließlich sahen in ihm den Vordenker einer »Religion der Zukunft«. Neben diesen ausgewiesenen Esoterikern priesen auch durchaus irdisch ausgerichtete Zeitungen wie das »Neue Wiener Tagblatt«, das »Grazer Wochenblatt« und »Der Tag«, eine Berliner Tageszeitung, List und seine Weltanschauung. Und sein Ruf eilte über die Grenzen des deutschsprachigen Raumes hinaus. Als »martialische, bärtige Erscheinung des Armanentums« etwa wurde List von einer französischen Zeitschrift zum »Lehrer des mystischen Imperialismus« hochstilisiert.[14]

Im Rahmen der Sommersonnwendfeier 1911 gründete der innere Kreis seiner Anhänger in Wien den »Hohen Armanen-Orden«, kurz HAO. Eine der ersten Handlungen dieser Gemeinschaft war eine »Pilgerfahrt« zu heiligen Plätzen des »Landes Ostara«. Dabei besuchte die aus zehn Personen bestehende armanische Kerngruppe unter anderem die Katakomben unterhalb des Stephansdoms, den Kahlenberg, Leopoldsberg, Klosterneuburg, Brühl bei Mödling, die Burg Kreuzenstein und natürlich Carnuntum. Der Orden verstand sich als Speerspitze zur Errichtung eines »neuen spirituellen Deutschland«. Zu seinen Mitgliedern gehörten Jörg Lanz von Liebenfels, Karl Hellwig, Georg Hauerstein, Bernhard Koerner, Eberhard von Brockhusen und bis zu seinem Tod am 7. August 1912 Franz Hartmann. Beim Armanen-Treffen vom April 1915 waren über den engeren Mitgliederkreis hinaus zahlreiche Persönlichkeiten des öffentlichen Lebens Österreichs anwesend, was der sektenartig agierenden Gemeinschaft eine gesellschaftspolitische Wichtigkeit verlieh.

Während des Ersten Weltkriegs zogen Lists Ideen neben überzeugten Germanentümlern vor allem »Menschen an, die religiöse Erklärungen für die Mühsal und die Prüfungen suchten«, die sie durch die kriegerischen Auseinandersetzungen zu erdulden hatten. Der Armanen-Chef erhielt laut seinem Biografen Johannes Balzli »viele Briefe von Männern an der Front, die ihre Dankbarkeit über seine erfreulichen Entdeckungen ausdrückten; Geschichten über Runen und alte arische Symbole, die auf Steinen fern der Heimat gefunden wurden, gaben ihnen Hoffnung auf den schlussendlichen Sieg der Ariogermanen. Lists Bücher gingen durch die Reihen der Männer in den Schützengräben und Feldhospitalen.«[15]

Eine wichtige Rolle in Bezug auf die messianische Sendung, die List zu jener Zeit für sich in Anspruch nahm, spielte Ernst Lauterer alias »Tarnhari«, ein Pseudonym, das »verborgener Herr« bedeuten sollte. Tarnhari gab sich bei seiner Kontaktaufnahme mit List im Jahr 1911 als Bote aus ferner Vergangenheit zu erkennen und verstärkte den Armanenschaftsbegründer in seinem endzeitlichen Sendungsbewusstsein, wie es erstmals in Lists Schauung eines »kommenden großen Krieges« aus dem Jahr 1908 zum Ausdruck gekommen war: »Ja, noch einmal sollen die Funken aus den ario-germanisch-deutsch-österreichischen Schlachtschiffen stieben, noch einmal sollen Donars Schlachtblitze aus den Kolossalkanonen unserer Dreadnoughts zischelnd züngeln, noch einmal sollen unsere Völkerheere [...] wettern, um [den Feind] zu schlagen [...] damit Ordnung geschaffen werde.«[16] Und weiter: »Alle militärischen Vorbereitungen müssen in vollständigen Einzelheiten getroffen werden, um diesen unvermeidlichen Krieg zu führen, der kommen wird, weil er kommen muss. [...] Es wird der Tag kommen, an dem die gesamte Mischlingsbrut, die die Sitten, die Religion und die Gesellschaft zerstört, vom Antlitz der Erde hinweggefegt werden muss.«[17]

Angesichts der »großen Ereignisse«, die Europa ab dem Sommer 1914 erschütterten, bezog List immer wieder klar und deutlich Stellung zu politischen Fragen. 1916 erschien in der »Österreichischen Illustrierten Rundschau« sein Beitrag über »Neuzeitliche Einherier«, womit er »vortreffliche Streiter« bzw. auf dem Schlachtfeld des Ersten Weltkriegs gefallene Krieger meinte, die von den Walküren nach Walhall ins germanische Endzeitparadies gebracht wurden. 1917 folgten im Magazin »Prana« die politagitatorischen Artikel »Wer ist der Starke von Oben?« und »Über die Möglichkeit eines ewigen Weltfriedens«. Seine Vision vom Endsieg der Zentralmächte über die Alliierten in Europa wurde für List zum Ansatzpunkt apokalyptischer Prophezeiungen, in denen er ein den endzeitlichen Kämpfen folgendes »Zeitalter allgemeiner Blüte« voraussah. Armanische Spuren wären in diesem Zusammenhang »sowohl Relikte alter göttlicher Fügung wie auch Herolde der neuen Ordnung«.[18] Dass sich seine

Schauungen nicht erfüllten, war für ihn selbst bloß ein kurzfristiges Werk dunkler Kräfte. Als im Oktober 1918 die Habsburgermonarchie zusammenbrach, flüchtete der Visionär aus Österreich und suchte Trost bei Eberhard von Brockhusen auf dessen Landsitz im brandenburgischen Langen. Die Niederlage des deutschen Volkes, so erklärte er, wäre bloß eine notwendige Läuterung vor der letztendgültigen Errettung der Ariogermanen.

Die aber blieb aus und List erkrankte. In dieser Phase rückte neben seinem Biografen Balzli und dem Herausgeber seiner Werke Felix Havenstein der deutsche Antisemit Philip Stauff zur führenden Persönlichkeit der List-Bewegung auf. Am 26. März 1876 im oberpfälzischen Moosbach geboren, hatte dieser spätere Parade-Ariosoph eine Ausbildung zum Volksschullehrer absolviert und war als solcher in Oberbayern tätig gewesen. Von 1907 an gab der mittlerweile fest im deutschnationalen Lager verankerte Stauff in Enzisweiler am Bodensee ein eigenes Magazin, »Wegweiser und Wegwarte«, heraus und veröffentlichte unter anderem 1908 ein Buch über »Entartung und Zuchtwahl«. 1910 begann er mit der Herausgabe »völkischer Schriften« und stieß dabei auf List und Lanz von Liebenfels. 1912 wurde er offizielles Komitee-Mitglied, später sogar Vorsitzender der Guido-von-List-Gesellschaft. Um dieselbe Zeit entstand unter seiner Ägide der »Germanen-Orden«, ein »antisemitischer Geheimbund«, der nur Männern »germanischer Abstammung« offen stand. Diese auch politisch aktive Gemeinschaft pflegte »von Wagner und freimaurerischen Zeremonien geprägte Rituale« und war personell verknüpft mit dem politisch radikalen »Reichshammerbund«. Von 1913 an veröffentlichte Stauff eine Reihe antisemitischer Hetzschriften und leitete eine Reihe spiritistischer Séancen zur Herbeirufung erlauchter germanischer Gottpriester aus vorchristlicher Zeit. Während des Krieges hielt er sich hauptsächlich in Berlin auf, wo er 1916 nach der Abspaltung des »Germanenordens Walvater« den »Germanen-Orden« nach Listschen Vorgaben neu formierte. Ende 1918 kam er in Kontakt mit der »Thule-Gesellschaft«, deren deutschnational-revolutionären Ideen er sich zutiefst verbunden fühlte. 1920 veröffentlichte Stauff in Berlin den List-Sammelband »Armanische Beweisarbeiten« sowie als letztes Werk 1922 die Autobiografie »Meine geistig-seelische Welt«. Am 17. Juli 1923 beging Stauff in Berlin Selbstmord.[19]

Zu diesem Zeitpunkt weilte auch sein »großer Lehrer« Guido von

List bereits in Walhall. Trotz »aller Anfechtung, trotz allen Spottes, ja trotz aller Verachtung, die ihm von seinen Gegnern entgegengebracht wurde«, blieb er laut Felix Havenstein »aufrecht und hoffnungsfroh bis zum letzten Augenblick«.[20] Am 17. – nach anderen Angaben 19. – Mai 1919 starb er während eines Ausflugs nach Berlin an den Folgen einer Lungenentzündung. Sein Leichnam wurde in Leipzig eingeäschert und am Wiener Zentralfriedhof in einem Urnengrab beigesetzt. In seinem Nachruf im »Münchner Beobachter« vom 24. Mai schrieb Stauff, dass Lists Ideen »unseres Volkes Zukunft erfüllen [werden], als Vergangenheitsverstehen und Zukunftsziel, als Selbstbegreifen und als Gotterfassen«.[21]

In diesem Sinne posthum die Ehre erwiesen haben ihm während der folgenden beiden Jahrzehnte nicht nur weltentrückte Germanenmystiker, sondern auch handgreiflich tätige Nationalsozialisten. Die Guido-von-List-Gesellschaft, zur Zeit der NS-Herrschaft eine eher kleine, aber eingefleischte Gemeinschaft von Ariosophen, hielt sich über den Zweiten Weltkrieg hinaus. In den 1960er-Jahren wurden Lists Schriften und sein Gedankengut vor allem durch germanentümelnde »Neuheiden« wieder aufgegriffen. Irgendwann zwischen 1967 und 1971 – die Angaben hierzu schwanken – gründeten Adolf Schleipfer und seine 1940 geborene Frau Sigrun, als Freifrau von Schlichting heute eine der Integrationsfiguren der neuheidnischen Szene Deutschlands,[22] die »(Neue) Armanenschaft« mit dem »Armanen-Orden« als innerem Kern. Dieser versteht sich laut Eigendarstellung als »das gesamte Germanen- und Keltentum in seiner geistigen, seelischen und körperlichen Eigenart. Der Armanen-Orden verkörpert die wahre Erkenntnis der göttlichen Weltordnung auf der Grundlage des germanischen und keltischen Weistums [...] Die Erweckung des Armanen-Ordens ist für das Germanen- und Keltentum die Wiedergeburt einer Lebensgestaltung auf seiner natürlichen Grundlage.«[23] Das Ordensblatt »Irminsul« – so genannt nach der »Weltsäule« der alten Germanen – ist seitdem zugleich das Organ der 1969 in neuem Gewand erstandenen Guido-von-List-Gesellschaft. Über die 1991 geschaffene »Arbeitsgemeinschaft naturreligiöser Stämme Europas«, kurz ANSE, versuchen die Armanen die neuheidnische Szene auch über die Grenzen Deutschlands hinaus in den Griff zu bekommen.

JÖRG LANZ
VON LIEBENFELS

und die Abgründe von Tschandala

Auf dem Penzinger Friedhof in Wien sind alljährlich zu Hitlers Geburtstag am 20. April düstere Aufmärsche zu beobachten. Burschenschafter in Uniform und verschrobene Okkultisten treffen da mit verklärten Esoterikern zusammen. Der Anlass ist nicht nur das Gedenken an den einstmaligen Führer brauner Massen, sondern auch an jenen Mann, der ihm, wie der Psychologe Wilfried Daim einst titelte, »die Ideen gab« und dessen Todesdatum sich zwei Tage später jährt: Adolf Joseph Lanz. Unter dem fantasievoll aristokratisierten Namen Jörg Lanz von Liebenfels ist er in der deutschgläubigen Szene des frühen 20. Jahrhunderts als Schöpfer des »Neuen Templerordens« und Verkünder der Heraufkunft eines blond-blauäugigen Endzeitparadieses in Erscheinung getreten. Als »arioheroischer« Rassenfanatiker hat er die so genannte Ariosophie – »Arierweisheit« – mitbegründet und Hitlers Massenvernichtungsmaschinerie wichtige weltanschauliche Impulse beigesteuert.

Wann und wo der spätere Ariosophen-Vordenker zur Welt kam, ist zwischen Anhängern und unabhängigen biografischen Forschern umstritten. Lanz selbst gab den 1. Mai, also den Walpurgistag des Jahres 1872 als Tag und Messina als Ort seiner Herniederkunft an

und lieferte damit eine der vielen Verklärungen, die er bezüglich seiner Person in die Welt gesetzt hat. Möglicherweise tat er es auch, um jüdische Vorfahren zu überdecken, auf jeden Fall aber wollte er, wie sein späterer Freund Theodor Czepl alias F. Dietrich zugab, mit solchen Falschangaben die »Leute [...] in die Irre führen«.[1] So bleibt eine Eintragung in der Geburtsmatrikel der Pfarre Penzing, seinem tatsächlichen Geburtsort, als einziges Dokument zum Beleg seiner Geburt und Herkunft. Dieser Urkunde entsprechend ist sein offizielles Geburtsdatum der 19. Juli 1874. Als seine Eltern werden der Lehrer Johann Lanz und Katharina geb. Rottenreich, die Tochter eines tschechischstämmigen Käse- und Salami-Erzeugers, angegeben. Ersteren adelte Adolf Joseph alias Jörg später zum »Baron Johann Lancz de Liebenfels« hoch, Letztere benannte er in eine gebürtige »Skala« um. In Anlehnung an die Aristokratisierung des Vaters erhielten auch Adolfs jüngere Brüder Herwig und Fridolin als nachmalige Ariosophen und Neutempler einen entsprechenden Adelsnamen. Ersterer zum Beispiel wird in »Kürschners Deutschem Literaturkalender« des Jahres 1915 als »Herwik Lanz von Liebenfels« geführt.[2] Die Lanz-Kinder wurden streng katholisch erzogen, besuchten in Wien-Penzing die Grundschule und anschließend das Gymnasium in der Rosasgasse. Der vom klösterlichen Geist angetane Adolf Joseph interessierte sich bereits in jungen Jahren für den mittelalterlichen Orden der Tempelritter. In seinem »Arithmosophoikon« vermerkte er später dazu: »Schon seit meinen Kinderjahren war es mein sehnlicher Wunsch, ein Tempeleise zu werden und eine Tempeleisenburg, oder mehrere zu besitzen und wiederherzustellen.«[3] Diese Begeisterung für das Kreuzrittertum sollte sein ganzes Leben prägen.
In beharrlicher Weiterführung seines Kindheitstraumes beschloss Adolf Joseph in seinem 19. Lebensjahr, Mönch zu werden. Am 31. Juli 1893 trat er als Novize unter dem Namen »Georgius Adolphus Lanz« bzw. »Frater Georg(ius)« in die Zisterzienserabtei Heiligenkreuz ein. Unter den Fittichen des Abtes Nivard Schlögl beschäftigte sich der frisch gebackene Mönch intensiv mit den Überlieferungen der Templer und Benediktiner. Schlögl »verabscheute die Juden des Alten Testaments als arrogante und exklusive religiöse Gruppe«.[4] Er hat Lanz' diesbezügliche Vorurteile, aber auch sein Interesse an Bibelstudien gefördert und später selbst eine »Dem Deutschen Volke« gewidmete, kommentierte Neuübersetzung herausgegeben.

Als 1894 der Grabstein eines gewissen Berthold von Treun aus der Zeit um 1230 gefunden wurde, war dies für Frater Georgius alias »Schurl«, wie ihn seine Mitbrüder nannten, ein wichtiger Schritt im Rahmen seiner Entwicklung zum Ariomystiker. Denn das Relief des Steins zeigte sinnbildhaft einen kraftvollen, bärtigen, »arischen Menschen« mit einer sich »krümmende[n] Fratzengestalt« zu seinen Füßen. Lanz deutete diese Darstellung in einer für die »Berichte und Mitteilungen des Altertumsvereines zu Wien« verfertigten Studie so: »Es ist das böse Prinzip, mit dem der Mensch sein ganzes Leben, in jeder, auch in der höchsten Würde [...] stets zu kämpfen hat.«[5]

Auch Frater Georgius hatte, wie er später eingestand, in wachsendem Ausmaß mit diesem »bösen Prinzip« zu kämpfen, genoss aber vorerst noch das Vertrauen seiner Vorgesetzten. Trotzdem er nur einfacher Klosterbruder war, schickten sie ihn 1896 los, um mit dem Kastellan der Burg Werfenstein bei Grein in Oberösterreich Kaufverhandlungen zu führen. Auch gestatteten sie es ihm, Mitglied im Verein für Landeskunde Niederösterreichs zu werden. Unterdessen ging es mit seiner Klosterkarriere steil bergauf. Am 1. August 1896 erfolgte die »einfache«, am 12. September 1897 die »feierliche – ewige – Profess«, am 10. Juli des Folgejahres die Übergabe des Diakonats, am 24. Juli die Verleihung der Priesterwürde, am 15. August die Primiz und am 19. September 1898 die Ernennung zum »Alumnorum Magister«, sprich Stiftslehrer.

Bald danach fand die klösterliche Laufbahn jedoch ein jähes Ende. Wegen seiner Aktivitäten für die Los-von-Rom-Bewegung Georg Ritter von Schönerers, vielleicht auch auf Grund weltlicher Gelüste wurde der angehende Zisterzienserbruder am 24., nach anderen Angaben 27. April 1899 aus dem Kloster entlassen. In den Heiligenkreuzer Annalen wurde dazu angemerkt, dass er »verführt durch die Nichtigkeit der Welt und befangen in fleischlicher Liebe« aus dem Kloster verstoßen wurde. Möglicherweise ging er auch einfach von selbst, »ohne vorher den Abt des Stiftes oder den Prior in Kenntnis zu setzen«. Allerdings hat er zuletzt noch zwei Briefe an den Stiftsvorstand verfasst, in denen von »steigender Nervosität«, »Gereiztheit und nervöse[r] Zerstreuung« die Rede war. Der Abt hat den Austritt »des Capitular-Priesters P. Georg Lanz« aus Kloster und Orden Mitte Mai dem Fürstbischöflichen Ordinariat kommentarlos zur Kenntnis gebracht.[6]

Etwa um diese Zeit muss es gewesen sein, da in Lanz die Idee zur Gründung eines eigenen, arisch-christlichen Herrenordens reifte. Dem Stift Heiligenkreuz entflohen, erwarb er zunächst drei Patente, die sich kurzfristig recht gut bezahlt machten. Bei diesen Patenten handelte es sich um ein Kriegsspielzeug sowie zwei »technische Erfindungen [...] eines automatischen Eisenbahnblocksystems ›Telebinet‹ (Fernbetätiger) und des ›Diskotraches‹ (Scheibenrad-Propeller), eines Universal-Wendeflügelrades für Flugzeuge, Segel- und Unterseeboote, Segelschlitten, Segel-Rennwagen und in Umkehrung für vom Wind getriebene Windturbinen«.[7] Mit den durch diese Patente erlangten materiellen Mitteln machte er sich daran, den geplanten Orden in die Praxis umzusetzen.

Zu diesem Zweck tat er sich mit seinen Brüdern Herwig und Fridolin zusammen und gründete in ihrem Beisein am 25. Dezember 1900 »ganz formlos«, wie er später vermerkte, den »Ordo Novi Templi« bzw. »Neutemplerorden«, kurz ONT. Konkrete Tätigkeiten lassen sich freilich erst ab dem Jahr 1904 belegen, was Lanz-Kritiker dazu veranlasste, spätere Gründungsdaten – irgendwann in der Zeit zwischen 1902 und 1905 – anzunehmen. Wie auch immer, in dem um 1905 erstellten und 1921 veröffentlichten »Regularium Fratrum Ordinis Novi Templi« wurde als Ziel des Ordens die »Neubelebung der alten arioheroischen Idee eines auf Rassengleichheit aufgebauten Männerverbandes, andererseits als Wiedererneuerung (Restauration) des alten Tempelherrenordens [...] und der mit diesen ursprungsverwandten spanischen Zisterzienser-Ritter-Orden« angegeben.[8] Wobei der Tempelritterorden laut Lanz bereits seinerzeit – von der Gründung 1119 bis zur Auflösung im Jahr 1312 – eine der Rassenreinheit verpflichtete Ordensgemeinschaft gewesen wäre. Ebenso soll auch »Sankt Georg« alias »Jörg«, sein klösterlicher Namensgeber, der »Rassenzucht« verpflichtet gewesen sein.

Um seinen Status anzuheben, gab sich Lanz damals zunächst einen Doppelnamen – 1902 bezeichnete er sich erstmals als »Georg Lanz-Liebenfels«. Von 1905 an nannte er sich dann in typisch esoterischer Aristokratisierungsmanier Georg Lanz von Liebenfels bzw. Georg Lancz de Liebenfels, in den 1930er-Jahren auch Don Jorge Lanza di Leonforte – ein arischer Don Quijote, der gegen die Windmühlen einer seiner Ansicht nach rassisch verunstalteten Gesellschaft ankämpfte. Was den Namensteil »Liebenfels« angeht, so behauptete

Lanz später, ihn sich angeheiratet zu haben, aber weder dafür noch überhaupt für ein Adelsgeschlecht »von Liebenfels« gibt es Belege.[9] Ebenso unbelegbar ist seine angebliche Dissertation über ein prähistorisches Thema, auf deren Grundlage er sich ab 1902 verschiedentlich als »Doktor« betitelte.[10] In seinem Neuen Templerorden nannte er sich unterdessen ganz unspektakulär »Fra Jörg« – ein einfacher Bruder unter Brüdern, die alle nur das eine wollten: die Welt vom Übel des »Tschandalismus« erretten – Tschandalen, das war der an ein Strindberg-Wort angelehnte Ausdruck für die »minderrassige Menschheit«.

In den Jahren 1901 bis 1903 verkehrte Lanz viel in wissenschaftlichen, vor allem theologischen, bibelforschenden Kreisen und wurde Mitglied von mindestens zwei gelehrten Gesellschaften. Spätestens von 1903 an widmete er sich dann ganz seinem »arisch-okkulten Christentum«. In einer damals in Frankfurt veröffentlichten Schrift mit dem Titel »Katholizismus wider Jesuitismus« grenzte er sich mit aller Entschiedenheit vom herkömmlichen, in seinen Augen »verjudeten« Christentum ab. Im Gegensatz zu diesem sollte die »christliche Kirche« für ihn »ein ariosophisches Institut für sakrale heroische Rassenzucht« sein.[11] In einem in der »Berliner Vierteljahrschrift für Bibelkunde« veröffentlichten Artikel mit dem Titel »Anthropozoon biblicum« baute er seine diesbezüglichen Ideen weiter aus. Er untersuchte zu diesem Zweck antike Mysterienkulte und kam zu dem Schluss, dass »die antiken Zivilisationen ein Mysterium bewahrt hätten, das mit der Sexualität in Verbindung stand.« Seiner Ansicht nach hätte hier »die arische Rasse mit [...] niederen Rassen, die von einem früheren und unterschiedlichen Zweig der tierischen Evolution abstammten, Sodomie betrieben. [Die] Schriften der Alten [...] schienen diese schreckliche Praxis der Rassenmischung zu bestätigen.«[12] Für Lanz waren diese »Erkenntnisse« einmal mehr Anlass, gegensteuernde Maßnahmen zu ergreifen.

Mit seinem im Jahr darauf erschienenen Hauptwerk, »Theozoologie oder Die Kunde von den Sodoms-Äfflingen und dem Götter-Elektron« legte der Neutemplerbruder den Grundstein für seine radikal-rassistische Weltanschauung und wurde damit neben Guido von List zum Begründer einer neuen »ariosophischen« Rassenideologie. Ausgangspunkt der theozoologischen Ausführungen Lanz' bildete der, wie er schrieb, »alte Bund mit dem alten Gott«. Dieser Bund führte auf Grund der Erbsünde, der Sodomie, sprich »Paarung zwischen Tier und Mensch«, über die »Sodomssteine und Sodomswässer« in die Niederungen der »Sodomsfeuer und Sodomslüfte«. Seit jeher hätten laut Lanz niedere Rassen versucht, die Arier mit Hilfe der Promiskuität, also des Geschlechtsverkehrs mit ständig wechselnden Partnern, auf der Evolutionsleiter hinunterzuziehen. »Der neue Bund und neue Gott« wäre nun eine diesen Praktiken entgegenwirkende Verbindung des »Götter-Vaters und Götter-Geistes« mit den arioheroischen Menschen, was für diese »Unsterblichkeit in Materie und Geist [...] Keim und Rasse« und damit eine neue »unsterbliche Götterkirche« mit sich brächte. Voraussetzung für deren Verwirklichung wäre die »Ausrottung des Tiermenschen und Entwicklung der höheren Neumenschen«. Die dem Gottvater unterstellten Götter deutete Lanz – ausgehend von einer Bemerkung des populären zoologischen Schriftstellers Wilhelm Bölsche – als »lebendige elektrische Kraft- und Sendestationen«. Sie bildeten die »ältere[n] Stammformen des Menschengeschlechtes und der Menschenrasse [...]. Die ›neue, jetzt sich aus der arioheroischen Rasse entwickelnde Menschenrasse‹ wird wieder die alten göttlichen ›elektro-magnetisch-radiologischen‹ Organe besitzen und mit Hilfe dieser ›allwissend, allweise und allmächtig werden und wie in der Urzeit [...] die ganze Erde mit ihrer Flora und Fauna neu beleben‹«.[13]

Zur genaueren Erläuterung seiner Ideen gab Jörg Lanz-Liebenfels zwischen 1905 und 1918 die Zeitschrift »Ostara« mit insgesamt hundert Nummern heraus. Unter den Titeln finden sich programmatische Vorgaben wie »Rasse und Weib und seine Vorliebe für den Mann der niederen Artung«, »Der Gefahren des Frauenrechtes und die Notwendigkeit der mannesrechtlichen Herrenmoral«, »Das Geschlechts- und Liebesleben der Blonden und Dunklen«, »Die Kunst schön zu lieben und glücklich zu heiraten, ein rassenhygienisches Brevier für Liebesleute«, »Das Mannesrecht als Retter aus der Geschlechtsnot der Weiberwirtschaft«, »Die rassentümliche Wirtschaftsordnung und die Befreiung der Blonden aus der Schreckensherrschaft der tschandalistischen Ausbeuter«, »Die entsittlichte und verbrecherische Weiberwirtschaft unserer Zeit«, »Der Wiederaufstieg der Blonden zu Reichtum und Macht. Eine Einführung in die Rassensoziologie« und »Rassenmetaphysik oder die Unsterblichkeit des höheren Menschen«.[14]

Als immer wiederkehrendes Motto in diesen Artikeln forderte er:

Die Titelseite von Lanz' »Theozoologie«

Nieder mit der Weiberei! Steht als rassenreine Männer standhaft zum blonden Ariertum! Und: »Bekämpf zuerst den Tschandalen in Dir, dann erst den Tschandalen um Dir!« – wie Lanz es in »Brief Nr. 11« als Ergänzung zu den für »blonde Männer« bestimmten »Ostara«-Heften formulierte. Zu seinen Forderungen gehörten unter anderem Sonderrechte und Eheprämien für Blonde, die Schaffung so genannter »Blondenreservate« und »Reinzuchtkolonien«, die Versklavung von »Minderrassigen« sowie die Verwendung ebenselbiger als »Kanonenfutter« und »medizinische Versuchsobjekte«. Im Mittelpunkt seiner »Rassenkultreligion« stand der »Arioheroiker Frauja«, in »bolschi-jüdischer« Diktion Jesus Christus, mit der ihm ergebenen »Johanneskirche, der Kirche des Heiligen Grals«, als gemeinschaftliche Grundlage. Lanz' Ziel war die Heranzüchtung einer reinrassigen, arioheroischen Heerschar. »Denn nur dann, wenn ein edelrassiger Mann ein edelrassiges Weib liebt, lebt«, wie es sein treu-

er Gefolgsmann Johann Walthari Wölfl in der zweiten Ostara-Serie ausdrückte, »das Göttliche in ihrer Nachkommenschaft fort.«[15]
So abstrus diese Ideen auch erscheinen mögen, es gelang Lanz ab 1904 tatsächlich, eine kleine Jüngerschaft um sich zu scharen. Die zur Blütezeit des ONT maximal 400 Ordensmitglieder und -sympathisanten – eine reine Männerrunde – trugen alle Decknamen, die in ihrer Gesamtheit wohl nur Lanz selbst bekannt waren. Die ersten Mitglieder nach seinen leiblichen Brüdern waren nicht, wie zu vermuten, weltfremde Spinner, sondern durchaus honorige Herrschaften.[16] So stieß als Erster der 1846 in Wien geborene ausgemusterte Leutnant Reichsfreiherr Schweiger von Lerchenfeld zu den Neutemplern und nahm dort den Namen Fra Armand an. Fra Aemilius, der Zweite im Bunde, war angeblich »Spross eines alten Baseler Patriziergeschlechts«. Fra Alberich, das dritte familienfremde ONT-Mitglied, soll der vordem bereits in christlichen Ordenszugehörigkeiten bewanderte »österreichische Hofkurier Alois Fischer« gewesen sein.[17] Mit Fregattenkapitän Friedrich Schwickert alias Fra Gonsalvo, dem General der Infanterie und Generalstabschef Gotthard von Schemua alias Fra Gotthard und Feldmarschall-Leutnant Dietrich von Nordgothen alias Fra Rudolf stießen drei Schwergewichte der k.u.k. Armee zur Lanzschen Brüderschar. Mitglieder im Neutemplerbund wurden später aber auch Dichter, allen voran der »schwedische Goethe« August Strindberg alias Fra August, Fritz von Herzmanovsky-Orlando alias Fra Archibald und Wilhelm Diefenbach alias Fra Carl. Für die Pflege und Weiterentwicklung des ariosophischen Ideenguts von spezieller Bedeutung waren neben Lanz vor allem Guido von List alias Fra Guido und Theodor Czepl alias Fra Dietrich bzw. Theoderich.
Mit von der Neutempler-Partie waren, wohl unter Vermittlung Lists, auch mehrere Theosophen, allen voran Harald Arjuna Grävell von Jostenoode. Dieser 1856 geborene und in Heidelberg ansässige Publizist schrieb im Juli 1906 und Juli 1908 zwei Beiträge für die »Ostara«, die ariosophische und theosophische Ideen mit politischen Anliegen verknüpften: »Die Reichskleinodien zurück nach dem Reich! Völkische Richtlinien für unsere Zukunft« sowie »Das Ariertum und seine Feinde«. Der Ansicht des Schreibers nach sollte durch die Wiederherstellung des Heiligen Römischen Reiches Deutscher Nation die »arische Autorität in der Welt« untermauert und die Grund-

lage für das endzeitliche Paradies geschaffen werden. Grävell, ein enger Gefolgsmann Franz Hartmanns, des Präsidenten der deutschen Theosophischen Gesellschaft, blieb bis zu seinem Tod im Jahr 1932 ein Vorkämpfer für deutschnationale Esoterik.

Der Neutempler-Orden machte unterdessen eine beachtenswerte Entwicklung durch. Unter Ausnutzung alter Kontakte erwarb Lanz für ihn am 14. Februar 1907 die Burg Werfenstein im Strudengau, einer Donaulandschaft in Oberösterreich. In einem Reiseführer über »Die Donau von Passau bis zum Schwarzen Meer« aus dem Jahr 1910 stand über die »Festung Werfenstein« zu lesen: »Die angeblich von Karl dem Großen gegründete Burg war gewiss schon in grauer Vorzeit eine germanische Opferstätte, wozu sie schon ihre einzigartige Lage prädestinierte. Jetzt gehört die Burg dem Rassenforscher Dr. Lanz von Liebenfels […] Der jetzige Besitzer hat den hohen Bergfelsen zu einem altgermanischen Heroenheim umgestaltet, von dem aus man einen ganz unvergleichlichen Blick in die romantische Stromlandschaft genießt.«[18] Und wer den Blick nach oben wandte, dem wehte eine »blaue, goldumrahmte, mit einem goldenen Hakenkreuz und vier roten Lilien in den Ecken versehene Ordensfahne« entgegen. Die Idee zu dieser Flaggenwahl hatte Lanz vermutlich von seinem ariosophischen Mitstreiter List übernommen.[19] In Ergänzung zu der als Ordenszentrum ausgebauten Burg erwarb der deutsche Neutempler Detlef Schmude am 9. Februar 1914 das »Priorat« Hollenberg bei Aachen. Hier trafen sich über Jahre hinweg die deutschen Neutempler, bis der Ordensbesitz im April 1926 wegen finanzieller Schwierigkeiten wieder veräußert werden musste.

Als Richtungweiser für die weitere Zukunft des Ordens verfasste Lanz 1908 die ordensritualistischen »Elektrotheologischen Handschriften«. Gleichzeitig warb er verbissen um neue, esoterisch versierte Mitglieder für seine Gemeinschaft. Innerhalb der Okkultszene des frühen 20. Jahrhunderts verstärkte Lanz durch seine rassistischen Darbietungen deren völkisch-antisemitische Tendenzen und gab den Anstoß für immer rassistischere Ansätze auch außerhalb seiner Ordensgemeinschaft. Auf diese Weise gewann er große Bedeutung für die Entwicklung des okkulten deutschnationalen Untergrundes. Seit 1905 stand Lanz in Kontakt mit völkischen und antisemitischen Parteien und schrieb unter anderem Beiträge für die von Theodor Fritsch herausgegebene rassistische und weltverschwörungsgläubige Zeitschrift »Der Hammer«. Seine persönlichen Beziehungen reichten aber noch viel weiter. Um 1909 etwa soll er mit Adolf Hitler zusammengetroffen sein und ihm die zwei in seiner Sammlung fehlenden »Ostara«-Hefte geschenkt haben. Laut eigenen Angaben lernte der neutemplerische Ordensgroßmeister auch Lenin und Lord Kitchener persönlich kennen und ging in so manch hochnoblem Haus ein und aus.

Mit der Zeit radikalisierte sich die Neutempler-Bewegung immer mehr und nahm dabei einen endzeitlichen Charakter an. Die Erlösung der Welt durch den »Arioheroiker Frauja« sollte laut Lanz unmittelbar bevorstehen. In den »Ostara«-Heften der Jahre 1913 bis 1915 wurde die Heraufkunft eines »alldeutschen, rassischen und hierarchischen Paradieses« für die allernächste Zukunft prophezeit. »Unter dem Jubel der befreiten Gottmenschen [werden] wir den ganzen Erdball erobern. [Das Feuer] soll geschürt werden, bis die Funken aus den Schloten deutscher Schlachtschiffe stieben und die Feuerstrahlen aus deutschen Geschützen zucken [...] und Ordnung gemacht wird unter der zänkischen Udumubande«.[20] Nach dem Endsieg der Arier sollte als deren gesellschaftliche Grundlage die alte »Kastenordnung des Manu« wieder eingeführt werden. In eigenen »Zuchthäusern« sollten dann »Brutmütter [...] von reinblütigen, arischen ›Ehehelfern‹ ›gedeckt‹ werden«. Für »Minderrassige« würde die Errichtung eines arischen Endzeitparadieses hingegen bedeuten: »Deportation nach Madagaskar, Versklavung, Verbrennung als Gottesopfer und Verwendung als Lasttiere«. Eine schreckliche Vision, deren giftige Früchte in deutschnationalen Gefilden einen guten Boden fanden. Die Idee einer Deportation der Juden nach Madagaskar etwa sollte später noch in NS-Konzepte Eingang finden. Vorerst aber wütete der Erste Weltkrieg, den Lanz 1915 als die »eschatologische Phase des manichäischen Kampfes zwischen Blonden und Dunklen« deutete.[21] Diese »Phase« verlief freilich nicht so, wie es sich der Neutempelbruder gewünscht hätte.

Gegen Ende des Jahres 1918 verließ Lanz das brodelnde (Deutsch-)Österreich, um sich in Ungarn niederzulassen. Als Mitglied der patriotischen, antikommunistischen und antisemitischen Geheimgesellschaft »Ebredö Magyarok« (»Erwachendes Ungarn«) wurde er zu Ostern 1919 verhaftet, angeblich zum Tod verurteilt, dann aber doch wieder frei gelassen. Anfang 1920 arbeitete er sodann für eine christlich-nationale Presseagentur und schrieb reaktionäre Artikel für Budapester Zeitungen. Mit der ihm eigenen Überheblichkeit trat er in konservativen Kreisen als »verbannter deutscher Baron« auf[22] und schaffte es auf diese Weise, die nötigen Mittel zum Erwerb eines neuen Priorats für seinen Orden zusammenzubekommen. Die Einrichtung des »Neutempleisenpriorats Marienkamp« zog sich allerdings noch einige Jahre hin. In der Zwischenzeit verkündete Lanz seinen Neutempel-Brüdern das nahende Ende: »Die Zeit ist gekommen! Verkommen und verelendet ist die alte Sodomsbrut in Vorderasien und um's ganze Mittelmeer herum [...] Nie war das Leben der Menschen trotz aller technischen Errungenschaften so armselig wie heute. Teuflische Menschenbestien drücken von oben, schlachten gewissenlos Millionen Menschen in mörderischen Kriegen. [...] Was wollt ihr da noch eine Hölle im Jenseits! Ist die, in der wir leben und die in uns brennt, nicht schauerlich genug?«[23] Lanz war zutiefst davon überzeugt, dass eine jüdisch-bolschewistisch-freimaurerische Weltverschwörung für die Zerstörung der aristokratischen Ordnung verantwortlich wäre. Letztendlich aber, so glaubte er, hätten sie keine Chance. Denn aus dem flammenden Inferno würde eine neue »urheilige Göttererde« auf dem Boden Deutschlands erstehen und die einzig wahre »Kirche des heiligen Geistes«, nämlich der Neue Templer-Orden, würde die »Sodomsäfflinge« vernichten und eine »Insel der Seligen« errichten.

1921 begab sich Lanz nach München und suchte dort vermutlich Kontakt zu den deutschnationalen, konterrevolutionären Kräften rund um die Thule-Gesellschaft. Seinem Versuch, als Vorkämpfer einer arischen Apokalypse in Deutschland Fuß zu fassen, war jedoch kein Erfolg beschieden. Unmittelbar nach Erscheinen der ersten Nummer der Magdeburger Reihe seiner »Ostara«-Hefte – sie trug den Titel »Die Ostara und das Reich der Blonden« – wurde er 1923 von »linken Kräften«, wie er in Briefen an Freunde vermerkte, aus dem Land getrieben. Es folgten Reisen in die Schweiz, zurück nach Österreich und wieder nach Deutschland. Im Oktober 1925 weihte er für den ONT das »Neutempleisenpriorat Marienkamp«, eigentlich Szent Balasz, in Ungarn ein. Ende 1927 folgte das »Erzpriorat Staufen« in Dietfurt bei Sigmaringen und im November 1928 das »Presbyteriat Hertesburg mit der Templeisenkirche bei Prerow«. Von 1926 an arbeitete Lanz eng mit dem in Düsseldorf, später Pforzheim ansässigen Verleger Herbert Reichstein zusammen. Als erstes Lanz-Werk veröffentlichte der 1892 im schlesischen Haynau geborene und seit Herbst 1925 im Orden aktive Publizist das »Buch der Psalmen teutsch«, ein »Gebetbuch der Ariosophen«. Es folgten die bis 1930 erscheinende »Ariosophische« bzw. »Ariomantische Bücherei« sowie 14 neue Ausgaben der »Ostara«, in denen von der anbrechenden »Herrschaft des blonden Patriziates« berichtet wurde. Daneben beschäftigte sich Lanz mit Jakob Lorber, dem 1864 verstorbenen »Schreibknecht Gottes«, den er 1928 vierteilig als »das größte ariosophische Medium der Neuzeit« beschrieb. Ein weiteres Lieblingsthema jener Zeit war Wulfila, in seiner Diktion Ulfilas, dessen Überlieferungen er 1930 in mehreren Bänden der »Ariosophischen Bücherei« für den ONT uminterpretierte.

Zum Neutempler-Orden stießen unterdessen drei Persönlichkeiten, die wichtige Beiträge zur Weiterentwicklung der ariosophischen Weltanschauung beisteuern sollten: Rudolf John Gorsleben alias Fra Rig, Frodi Ingolfson Wehrmann und Ernst Issberner-Haldane alias Fra Yvo. Ersterer war als Kind begüterter Eltern am 16. März 1883 in Metz zur Welt gekommen und hatte schon als Schuljunge ab etwa 1895 Kontakt mit der zu jener Zeit erstarkenden pangermanischen Bewegung, die seine politischen Gedankengänge entscheidend prägte. Über das fränkische Dinkelsbühl nach München gelangt, veröffentlichte er 1913 sein erstes und einziges Theaterstück, »Der Rastaquär«, eine »ernsthafte Komödie« um einen deutschen »Freibeuter«. Nach seinem Weltkriegseinsatz im Dienste der türkischen Armee stieß Gorsleben zur Münchner Thule-Gesellschaft. Neben arierverherrlichenden Artikeln in der Zeitschrift »Die Republik«, nachmals »Deutsche Freiheit«, veröffentlichte er 1921 die antisemitische Hetzschrift »Überwindung des Judentums in uns und außer uns« und wurde Gauleiter des »Deutschvölkischen Schutz- und Trutzbundes«. Etwa um dieselbe Zeit trat er Lanz' ONT bei und gründete als Ergänzung dazu am 29. November 1925 gemeinsam mit Werner von Bülow auf seinem Dinkelsbühler Bauernhof die »Edda-Gesellschaft«, deren »Kanzler« er bis zu seinem Tode blieb. Als Gründungsmitglieder waren 21 Personen aufgelistet, darunter Mathilde Ludendorff und der Geomant Otto Siegfried Reuter. Das 1930 in Leipzig veröffentlichte Hauptwerk Gorslebens trug den Titel »Hoch-Zeit der Menschheit. Das Weltgesetz der Drei oder Entstehen – Sein – Vergehen in Ursprache – Urschrift – Urglaube«. Dieses Buch voller rassistischer, antisemitischer, sexistischer und elitaristischer Auslassungen war – ganz im Sinne Lanz' – durchdrungen von Wortspielereien der übelsten Art. Die drei »jüdischen Unterkategorien« Sem, Ham und Japhet etwa interpretierte er als »Sem = simia = Affe, Ham = Hämling, hämisch = Teufel, Ham-pelmann = halber Mann, Hama-dryas = eine Affenart« und »Japhet = Affe, mögliche Ableitungen: Japan, Japs, Afghanistan«. Gorsleben starb am 23. August 1930 in Bad Homburg an Herzversagen. Sein in den 1980er-Jahren neu aufgelegtes Hauptwerk wurde zu einem Geheimtipp im Randbereich der New-Age-Szene.[24]

Frodi Ingolfson Wehrmann, Jahrgang 1889, war Friese und soll während des Ersten Weltkriegs in der deutschen Armee als Hauptmann der Artillerie gedient haben. Von 1918 bis 1923 war er in verschiedenen deutschnationalen Freikorps aktiv und begann sich nebenbei mit Astrologie, Numerologie, der Karmalehre, Runen und nordischer Geschichte zu beschäftigen. Dabei stieß er auf Jörg Lanz von Liebenfels, den er 1929 in einem Artikel in Reichsteins »Zeitschrift für Geistes- und Wissenschaftsreform« als »unser[en] Führer und Lehrer« bezeichnete: »Der Erleuchtete [...], durch den wir gewürdigt wurden, diesen unzerstörbaren Felsengrund wirklicher und höchster Lebensbefähigung zu finden und das Sonnenland der Zukunft zu erschauen, ist der Begründer des auferstehenden, göttlichen Ariochristentums als [...] Lehre von der Zeugung der Gottmenschen, ist der von den in Deutschland herrschenden Tschandalen 1921 ausgewiesene Dr. Jörg Lanz von Liebenfels.«[25] Unter den eigenständigen ariosophischen Werken Wehrmanns fand vor allem das 1927 entstandene »Garma der Germanen« größere Beachtung. Nach innerariosophischen Querelen machte sich Wehrmann 1930 selbstständig und gab bis 1933 ein eigenes Magazin heraus, dem er den sinnigen Namen »Der Wehrmann« gab. Seine gleichzeitig aktiv gewordene »Wehrmann-Gesellschaft« vertrat laut ihren Statuten nicht nur esoterisch-ariosophische Inhalte, sondern auch praktisch-politische Ziele, die im Wesentlichen mit denen des Nationalsozialismus identisch waren. Nach 1933 widmete sich Fredo J. Wehrmann, wie er sich nunmehr nannte, ganz seiner militärischen Laufbahn, baute in Pforzheim eine lokale Zweigorganisation der Sturmabteilung (SA) auf und dürfte später etliche seiner einstigen ariosophischen Mitstreiter »ver-

nadert« haben. Im Februar 1945 flüchtete Wehrmann nach Calw, erkrankte dort an Lungenentzündung und starb am 19. April 1945.[26]
Mit Ernst Issberner-Haldane, dem dritten Weiterentwickler der Ariosophie, handelte sich Lanz für seine »arische« Gemeinschaft möglicherweise einen »tschandalischen« Unterwanderer ein. Denn der als Charakterkundler bekannt gewordene Okkultist hatte vermutlich einen jüdischen Elternteil. Am 11. Juni 1886 in Kolberg, heute Kolobrzeg an der polnischen Ostseeküste, geboren, absolvierte er zunächst eine Kaufmannslehre und begab sich anschließend in militärische Dienste. Von der Schießerei angewidert, beschloss er 1910 nach Australien auszuwandern. Dort blieb er allerdings nicht lange und nach Umwegen über Brasilien und Peru landete er 1914 wieder in Deutschland. Hier gab er an, von etlichen wunderlichen Personen ebenso wunderliche Dinge wie etwa das Lesen in Auren, den »Strahlungshüllen« der Menschen, gelernt zu haben. Was wiederum recht gut ins ariosophische Weltbild passte und den Weitgereisten mit Lanz ins Gespräch brachte. Wegen Verdachts der Spionage landete Issberner-Haldane 1920 kurzzeitig im Gefängnis. Wieder in Freiheit entwickelte er die von Lanz angeregte Idee zur Schaffung eines »rasrereinen Utopia« weiter und plante es im australischen Queensland oder in Kalifornien zu verwirklichen. Jahre später konnte er seine Pläne dann auch tatsächlich umsetzen, allerdings nicht in weiter Ferne, sondern als »Lebensschulgemeinschaft« in Arkona auf der deutschen Ostseeinsel Rügen. Die von Issberner-Haldane 1921/22 veröffentlichte zweibändige »Wissenschaftliche Handlesekunst« gilt in einschlägigen Kreisen bis heute als Standardwerk. 1926 wurde der Autor Ehrenmitglied der in Barcelona ansässigen »Flamogenischen Gesellschaft«, während er gleichzeitig eng mit dem ariosophischen Verleger Herbert Reichstein zusammenzuarbeiten begann und auf dessen Anregung hin von 1926 bis 1929 die Vierteljahresschrift »Die Chiromantie« herausgab. 1927 trat Issberner-Haldane samt seiner »Lebensschule« als »Fra Yvo, Presbyter ad Arcona« Lanz' Neuem Templerorden bei und diente Lanz in der Folgezeit als »charakterologischer Ratgeber«, der rassische Verwicklungen einer Person unter anderem aus deren Handlinien herauszulesen verstand. Sein ariosophischer Einsatz blieb jedoch nicht unwidersprochen. 1930 geriet Issberner-Haldane in gröbere Auseinandersetzungen mit dem Frodi Ingolfson Wehrmann. 1939 wurde er als Folge dieses Konflikts bei

der Gestapo denunziert, im Mai 1941 verhaftet und ins KZ Sachsenhausen eingeliefert. Seine Bücher standen fortan auf dem NS-Index, und die Arkoner »Lebensschule« ging zu Grunde. Nach 1945 nahm Issberner-Haldane seine frühere Tätigkeit als Handleser und Charakterdeuter wieder auf und griff dabei auch auf alte ariosophische Ideen zurück. 1954 gab er in diesem Zusammenhang Reichsteins »Praktisches Lehrbuch der Kabbala« neu heraus. Seine letzten Lebensjahre verbrachte er in Frankfurt am Main, wo er am 31. Dezember 1966 starb.[27]

Während der zahlreichen Reisen Lanz' in den 1920er-Jahren übernahm sein engster Vertrauter, der 1918 zum Orden gestoßene Wiener Industrielle Johann Walthari Wölfl, die Ordensführung. Der »Ordensgroßmeister« selbst veröffentlichte, um den Kontakt mit seinen Schülern nicht abreißen zu lassen, immer wieder Lehrartikel, so etwa im Jahr 1930 in der Schweiz die »Luzerner Briefe an meine Freunde«. Zur selben Zeit nahm er das mehrbändige Monsterwerk »Bibliomystikon«, eine ariosophische Umdeutung der Bibel, in Angriff. Nebenbei pflegte er auch weiterhin zum Teil recht enge Beziehungen zu deutschnationalen Gruppen und Ideologen wie dem aus dem Baltikum stammenden ehemaligen Hochschullehrer Gregor Schwartz-Bostunitsch, der mit antisemitischen und antifreimaurerischen Pamphleten die Stimmung im Land aufheizte. Die politische Entwicklung in Deutschland bis zur Machtübernahme durch die Nazis beobachtete Lanz mit sympathisierender Anteilnahme.

Im November 1932 gründete er als »Vorhof« seines Ordens in Wien den »Lumen-Club«, laut Vereinsstatuten ein »Zusammenschluss von Menschen, die sich dem Unschönen, Krankhaften und Faulen unserer heutigen Scheinkultur entgegenstellen« wollten. Der Verein entwickelte sich zu einem »Sammelpunkt für nationale und völkische Elemente«[28] und galt bis zur Einverleibung Österreichs durch das Deutsche Reich im März 1938 als wichtige Vorfeldorganisation der illegalen NSDAP. 1933/34 veröffentlichte Lanz insgesamt zur rituellen Unterweisung seiner Schüler sechs »Hertesburger Flugschriften«. 1935 hielt er sich längere Zeit in Oerlikon in der Schweiz auf, wo mehrere »Ariomantische Briefe« entstanden. 1937 erwarb der ONT das »Neutempleisenpresbyteriat Heiligenkreuz«, eigentlich Szent Kreszt, in Ungarn. Den Einmarsch Hitlers nach Österreich begrüßte der ariosophisch fundierte Deutsch-Österreicher Lanz noch enthusiastisch, doch bedeutete dieses Ereignis für den »Ideengeber Hitlers«, wie er sich selbst gerne sah, nichts Gutes. Der so hoch verehrte Führer wollte nämlich nichts mehr mit ihm zu tun haben. Am 2. Dezember 1938 erhielt er offiziell Schreibverbot. An ONT-Mitglieder verschickte er daraufhin bis 1942 aus dem Untergrund etwa 20 »Werfensteiner Freundesbriefe«. Als am 4. März 1942 nach dem ONT auch der »Lumen-Club« verboten wurde, zog er sich ganz zurück und beweinte sich als Opfer einer tschandalischen Herrscherclique. Nach dem Krieg führte Lanz ein zurückgezogenes Leben in Wien. Der ONT war weitgehend zerschlagen und lediglich ein paar Bände des »Bibliomystikon« wurden in neuer Form publiziert. Wilfried Daim lernte den verhärmten Ariomystiker im Jahr 1951 noch persönlich kennen und beschrieb ihn in einer mehrfach neu aufgelegten Studie als weltanschaulichen Wegweiser Hitlers. Lediglich eine Hand voll Verehrer hielt ihm bis zuletzt die Treue. In den Morgenstunden des 22. April 1954 starb der Ex-Mönch, Ordensgründer, »theozoologische Tschandalenforscher« und okkulte Vordenker des Nationalsozialismus Jörg Lanz (von Liebenfels) in Wien, ohne die Sterbesakramente der katholischen Kirche empfangen zu haben.

Ein kleiner Kreis um die Wiener Ariosophen Josef Tobias und Rudolf J. Mund führte die Lanzsche Tradition fort. Irgendwo in den geheimen Abgründen des nur noch im Verborgenen wirkenden neuen Templertums soll noch eine Autobiografie des okkulten NS-Vorläufers herumschwirren. Ariosophische Eingeweihte vermuten darin einen Sprengstoff, der unser gesamtes Gesellschafts- und Geschichtsbild durcheinander wirbeln könnte.[29] Fürs Erste freilich reicht uns jenes Dynamit, das Lanz als neutemplerisch ordinierter Wegbereiter des Nationalsozialismus Hitler und Co in die ideologischen Hände drückte. 1996 verfilmte der engagierte Wiener Regisseur Petrus Van der Let den Stoff unter dem Titel »Mein Krampf« – und leistete damit ungewollt einen (wenn auch abgründigen) Beitrag zur Renaissance des Stammvaters der Neutempler. Alles in allem ist wohl kaum anzunehmen, dass der Zustrom auf den Penzinger Friedhof anlässlich der Hitlerschen Geburtstags- und Lanzschen Todesfeiern abnehmen wird. Ganz im Gegenteil – Lanzens Ideen kommen gerade in den letzten Jahren in gewandelter Verkleidung wieder in Mode.

RUDOLF VON SEBOTTENDORFF

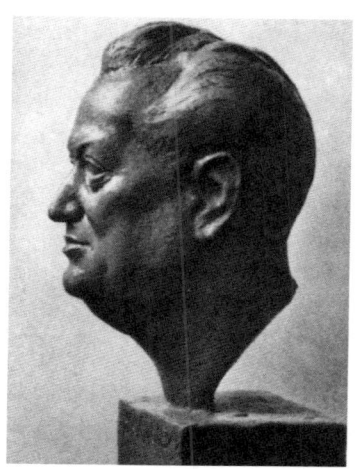

und die Mordsgesellschaft von Thule

Adam Alfred Rudolph Glauer, bekannt geworden unter dem Namen Rudolf Freiherr von Sebottendorff, gilt als eine der geheimnisumwittertsten Gestalten des deutschen Okkultismus. Er soll Drahtzieher mehr oder weniger dunkler Mächte gewesen sein, schlagkräftiger antisemitischer Agitator und Spion der Nazis, dazu Adoptivadeliger, Techniker, Astrologe, Freimaurer, Theosoph, Rosenkreuzer, Sexualmagier, Satanist und dergleichen mehr – insgesamt gesehen also eine vielgestaltige, zwielichtige Persönlichkeit. Bei genauerem Hinsehen wird hinter seinem oft überzeichneten Ruf ein Mensch sichtbar, der voller Widersprüche steckte und in seiner Gesamtheit nur schwer zu greifen ist.

Geboren wurde der nachmalige Freiherr am 9. November 1875 als Sohn des Lokomotivführers oder auch simplen Bahnangestellten Ernst Rudolph Glauer und dessen Frau Christine Henriette geb. Müller in Hoyerswerda nahe Görlitz in der Oberlausitz. Sein Urgroßvater war eigenen Angaben zufolge der unter Napoleon Bonaparte dienende französische Leutnant Torre. Nach dessen Verheiratung und damit einhergehender schlesischer Verwurzelung soll der frankophone Name in Glauer eingedeutscht worden sein. In Erinnerung an die-

77

sen Ahnherrn nannte sich Rudolph später in seinem autobiografischen Roman »Der Talisman des Rosenkreuzers« Erwin Torre.
Vorerst aber hieß er noch Glauer – Adam oder lieber Rudolph – und erhielt vermutlich eine Erziehung in kleinbürgerlichem Geist. Von der Religionszugehörigkeit her war er Protestant, Lutheraner, kein unbedingt gläubiger, aber romkritisch wie seine Umgebung. Von 1885 an besuchte er eigenen Darstellungen folgend in seinem Heimatort das Progymnasium, schloss es 1892 mit dem Abitur ab und begann anschließend ein Studium am Technikum von Ilmenau. Albrecht Götz von Olenhusen, nach Ellic Howe der wohl versierteste Biograf des nachmaligen »Freiherrn«, vermutet demgegenüber, dass er nach der Grundschulbildung bloß »eine Art Gewerbeschule« besuchte und anschließend eine Mechanikerlehre bei der Firma J. E. Christoph in Niesky nahe Görlitz absolvierte.[1] Dank der Hinterlassenschaft seines im Juni 1893 verstorbenen Vaters konnte Rudolph eigenen Andeutungen zufolge sein Studium bis 1895 weiterführen. Ob dies tatsächlich der Fall war und ob er das Studium sogar, wie ebenfalls behauptet, abgeschlossen hat, ist allerdings fraglich.
Als seine ererbten materiellen Mittel erschöpft waren, arbeitete Rudolph als technische Hilfskraft in verschiedenen Fabriken und besuchte vom Herbst 1896 an das Polytechnikum in Berlin-Charlottenburg. Im Sommer 1897 brach er die Ausbildung dort wieder ab und meldete sich am 1. Oktober als einjährig Freiwilliger bei der Marine. Sein Aufnahmeansuchen wurde jedoch auf Grund eines Untauglichkeitsattests abgelehnt. Diesem zufolge litt der junge Mann an Hernie, einem immer wieder aufbrechenden Eingeweidebruch. Angesichts dieses Gebrechens war er gezwungen, kurzfristig umzusatteln. So verdingte er sich bis März 1898 als Privatlehrer – nach eigener Diktion »Privatdozent« – in Hannover, verlor den Posten aber wieder, nachdem er mit der Mutter eines Schülers »zu unerlaubten Liebesabenteuern nach Nizza, Monte Carlo, Genua und Luzern gefahren war«.[2]
Ohne Chance auf einen einigermaßen qualifizierten Arbeitsplatz entschloss sich Rudolph Glauer zur See zu gehen. Am 2. April heuerte er in Bremerhaven als Heizer auf der nach New York auslaufenden »H.H. Meier« an. Im September 1899 wechselte er auf die »S.S. Ems«, verließ das Schiff jedoch in Neapel wieder und nahm eine Stelle als Elektriker auf der nach Sydney in Australien auslaufenden

»S.S. Prinzregent Luitpold« an. Noch bevor Rudolph am Zielort ankam, verließ er das Schiff jedoch wieder und machte sich zusammen mit einem Matrosen-Kumpel von Freemantle aus auf den Weg zum North Coolgardie Goldfield am Rand der Great Victoria Desert. Glauer hoffte dort große Goldfunde zu machen und als reicher Mann nach Deutschland zurückzukehren. Das Unternehmen verlief jedoch äußerst ungünstig und endete mit dem Tod des Freundes im Juni 1900. Enttäuscht brach er das Abenteuer ab, kehrte nach Freemantle zurück und schiffte sich nach Ägypten ein.[3]

Im Juli kam Glauer in Alexandria an und trat kurz entschlossen als Techniker in den Dienst des örtlichen Khediven, des türkischen Vizekönigs Abbas Hilmi alias Hussein Pascha. Nach einmonatigem Aufenthalt in Kairo reiste er in Begleitung seines Herrn über Piräus und Izmir nach Istanbul. Von dort aus ging es weiter zum Landsitz des Paschas nach Çubuklu nahe Beykoz.[4] Während seiner Zeit an der Seite des mächtigen Mannes machte er sich nicht nur mit der türkischen Sprache, sondern auch mit den örtlichen politischen Gegebenheiten vertraut. Im Oktober 1900 übernahm Glauer für ein Jahr die Stelle eines Aufsehers für Husseins anatolische Güter von Bandirma und Yenikiöy bei Bursa. Hier entwarf Glauer »Pläne, um die vorhandenen primitiven Hütten durch einfache Häuser zu ersetzen. Ein kleines Ziegelwerk und eine Säge wurden errichtet, ein Vertrag mit der Firma Nestlé abgeschlossen und eine Straße vom Dorf nach Bursa gebaut.«

Das eigentliche Interesse des deutschstämmigen Gutsaufsehers scheint aber schon damals okkulten Themen gegolten zu haben. Über Hussein Pascha kam er in Kontakt mit Vertretern des Sufismus – dem mystischen Zweig des Islam – und den »Mevlevije« bzw. »tanzenden Derwischen«. Diese von dem berühmten türkischen Sufi und Dichter Jalal ud-Din Rumi im 13. Jahrhundert gegründete Bruderschaft verfügte im Osmanischen Reich über einigen gesellschaftspolitischen Einfluss. Abseits dieser wichtigen persönlichen Kontakte wurde Rudolph Glauer durch seinen Begleiter Ibrahim mit »der kosmologischen und der numerologischen Bedeutung der Pyramiden« vertraut gemacht. Eine besonders wichtige Rolle in seiner spirituellen Entwicklung aber spielte eine aus Saloniki stammende jüdische Familie, die er in späterer autobiografischer Rückschau »Termudi« nannte. Durch sie lernte er die Kabbala, die Grundprinzipien der Alchemie und das Rosenkreuzertum kennen. Eine besonders enge Verbindung scheint zum Patriarchen der Sippe bestanden zu haben. Von ihm ist Glauer eigenen Angaben zufolge im Herbst 1901 in eine geheime, liberal-revolutionär orientierte Freimaurerloge – »Memphis« oder »Misraim« – eingeführt und mit einer umfangreichen okkulten Büchersammlung beerbt worden.[5]

Nach dem Tod des alten Termudi zu Beginn des Jahres 1902 kehrte der weit gereiste Lokführersohn nach Deutschland zurück. Hier verdingte er sich zunächst als Monteur, dürfte aber auch verschiedene Geschäfte am Rand der Legalität betrieben haben. Dabei bleibt unklar, wo er sich zunächst aufhielt. Am 9. Februar 1903 war Glauer laut polizeilichen Angaben in der Münchener Dreimühlenstraße wohnhaft, siedelte aber immer wieder um und meldete sich am 14. Juni im thüringischen Probstzella an.

Für seine weitere spirituelle Entwicklung von Bedeutung war seine damals geschlossene Bekanntschaft mit dem 1870 geborenen Leipziger Zahnarzt Richard Hummel. Unter dem Namen »R. H. Laarss« gab dieser umtriebige Esoteriker später die »Magischen Blätter« heraus und veröffentlichte zwei äußerst fehlerhafte, dennoch bis heute viel gelesene Bücher über »Amulette und Talismane« sowie Éliphas Lévi, einen der bedeutendsten Wegbereiter der modernen abendländischen Esoterik. Über Hummel dürfte Glauer oberflächliche Einblicke in die damals modischen okkulten Überlieferungen gewonnen haben und in Verbindung mit astrologischen Kreisen gekommen sein.[6]

Weit mehr als an Astrologen war der reisefreudige Monteur damals aber am weiblichen Geschlecht interessiert. Nach einigen kleineren diesbezüglichen Abenteuern heiratete er am 25. März 1905 in Dresden kurz entschlossen die aus dem sächsischen Bischofswerda stammende Bauerntochter Klara Voss. Die Ehe hielt jedoch nicht lang und schon am 5. März 1907 wurden die beiden in Berlin wieder geschieden. In der Zeit dazwischen hielt sich Glauer des Öfteren in Zürich auf, wo er eigenen Angaben zufolge das Polytechnikum besuchte und 1906 den Titel eines Ingenieurs verliehen bekam.[7] Konkrete Belege für diesen Rangerwerb gibt es allerdings nicht.

In Deutschland scheint Rudolph Glauer unterdessen in einige dunkle Geschäfte verwickelt gewesen zu sein. Jedenfalls suchte ihn die Berliner Staatsanwaltschaft wegen Urkundenfälschung und Betrugs.[8] Um einer Verhaftung zu entgehen, siedelte Glauer zunächst nach Freiburg im Breisgau über, fühlte sich aber auch dort unsicher und beschloss daher, Deutschland wieder zu verlassen. Seine Flucht im Frühjahr 1908, die Zugfahrt von Breslau nach Konstanza und seine nachherigen türkischen Unternehmungen beschrieb Glauer später in dem autobiografischen Fortsetzungsroman »Erwin Haller«. Diesem zufolge bezog er, in der Türkei angekommen, zunächst eine Wohnung in Istanbul. Im Juli 1908 erlebte er die jungtürkische Revolution samt nachfolgender Umgestaltung des Staates aus nächster Nähe mit – und fand die neuen Machtverhältnisse durchaus zuträglich. Um sich eine profitable wirtschaftliche Basis zu schaffen, versuchte Glauer im deutsch-schweizerischen Importhandel Fuß zu fassen. Er scheiterte jedoch mit dieser Unternehmung und verdingte sich daraufhin als Lehrer in einer aus Kiew stammenden jüdischen Kolonie nahe Üsküdar, heute Skutari in Albanien.

Zurück in Istanbul wurde er zu Ostern 1909 Zeuge des erfolglosen Umsturzversuchs von Sultan Abdul Hamid II. Dass Glauer auch selbst in die Ereignisse verwickelt war, ist durchaus möglich, denn die Loge, deren Mitglied er acht Jahre zuvor geworden war, dürfte »eine lokale Gruppe der vorrevolutionären Geheimen Gesellschaft der Union und des Fortschritts« gewesen sein.[9] Aus dieser wieder ausgetreten – oder ausgestoßen –, gründete der deutsche Geheimbündler am 25. Dezember 1910 in Istanbul eine eigene »mystische Loge« nach Freimaurer-Vorbild. Zum Zwecke des Lebensunterhalts hielt er zu jener Zeit angeblich esoterische Unterrichtsstunden ab und schrieb ein Buch über die Baktâschi-Derwische. Dieser machtpolitisch einflussreichen Ordensgruppe wurden enge Verbindungen zu den Freimaurern nachgesagt. Walter Ulrich Paul Schwidtal, Sekretär der türkischen Botschaft in Bern, hat ihre »orientalischen Okkultpraktiken« für eine kleine westliche Schülerschar aufbereitet und 1913 ein Buch dazu verfasst, dessen Manuskript später in den Besitz Glauers überging und vermutlich die Vorlage der von diesem später neu aufbereiteten »geheimen Übungen der türkischen Freimaurer« lieferte.[10]

Im Jahr 1911 verwandelte sich Edwin Torre, die autobiografische Hauptfigur von Glauers »Rosenkreuzer-Talisman«, in den »inkognito«-deutschen Okkultschreiber Erwin (von) Neudorf. Es ist dies wohl eine sinnbildhafte Umschreibung für jene Wandlung, die der

Autor durchmachte. Der nämlich wurde damals vom einfachen Eisenbahnersohn zum »Baron« Rudolf Freiherr von Sebottendorff. Wie er zu diesem Namen gekommen ist, konnte nie einwandfrei geklärt werden. Eigenen Angaben zufolge gelangte Glauer auf Grund der Adoption durch einen gewissen »Baron Heinrich von Sebottendorff« in den Adelsrang – und gleichzeitig auch in den Besitz der türkischen Staatsbürgerschaft. Ob der genannte adelige Herr nun tatsächlich existierte oder nicht, die reale Familie Sebottendorff, ein altes Adelsgeschlecht, nahm den Akt, damit konfrontiert, in stillem Einvernehmen zur Kenntnis. Reichsfreiherr Siegmund Sebottendorff von der Rose soll den Adoptionsvorgang sogar zwecks juristischer Absicherung 1914 in Wiesbaden wiederholt haben. Diese durch Urkunden freilich nicht belegte Annahme an Kindes statt gab dem damals in die Heimat zurückgekehrten Justizflüchtling die Berechtigung, sich fortan ganz offiziell »Rudolf Adam Glandek, Freiherr von Sebottendorff« zu nennen.[11]

Der frisch gebackene Adoptivadelige scheint sich unterdessen nicht nur intensiv für okkultes Wissen interessiert, sondern mit der Zeit auch starke Sympathien für das gleichzeitig damit vermittelte autokratische Weltbild entwickelt zu haben. Was wiederum Folgen in Bezug auf sein politisches Handeln hatte. 1912 nahm Glauer-Sebottendorff, wiederum eigenen späteren Angaben zufolge, auf türkischer Seite am Balkankrieg teil, wurde verwundet und geriet in Gefangenschaft. Von einem nicht näher lokalisierbaren Internierungslager aus gelang ihm im Jahr darauf die Flucht nach Deutschland, wo er sich neuerlich mit undurchsichtigen Geschäften durchschlug. Fürs Erste hielt er sich vor allem in Breslau auf, ließ sich anschließend in Berlin nieder und zog von dort weiter über Freiburg im Breisgau nach Wiesbaden. Auf diesem Rundweg durch Deutschland traf er immer wieder mit Okkultisten und Okkultistinnen zusammen und fand offensichtlich einigen Gefallen an der von Richard Hummel ausgebildeten »Hellseherin« Liesbeth Seidler.

Durch nicht näher bekannte Unternehmungen zu einigem Reichtum gekommen, finanzierte Glauer-Sebottendorff im Jahr 1913 den von F. W. Goebel entworfenen Tank der »ersten rad- und gleislosen Eisenbahn«, doch erwies sich das Unternehmen für alle Seiten als Fehlschlag. Materiell dadurch ein wenig in Bedrängnis geraten, fand Glauer-Sebottendorff in der geschiedenen Bertha Anna Iffland geb.

Müller, der Tochter eines begüterten Berliner Kaufmanns, eine reiche Gönnerin. Am 15. Juli 1915 schlossen die beiden einen Ehebund, der beiden Seiten offensichtlich das einbrachte, was sie begehrten – ihm ein ansehnliches Vermögen und ihr einen Adelstitel. Das Ehepaar »Baron« Rudolf und Bertha bzw. »Freifrau Anna« von Sebottendorff ließ sich zunächst in Dresden nieder und erwarb in dessen Vorort Kleinzschachwitz eine pompöse Villa. Auf Grund einer »üblen Gerüchtekampagne« zogen die beiden Ende des Jahres jedoch wieder weg, hielten sich für kurze Zeit in Berlin auf und übersiedelten anschließend nach München.[12]

Nach wie vor esoterisch interessiert, beschäftigte sich Rudolf »von Sebottendorff« zu jener Zeit vor allem mit Theosophie und Rosenkreuzermystik. Zu der für seinen weiteren spirituellen Weg bestimmenden Ariosophie kam er vermutlich über den Rechtsanwalt Georg Gaubatz im Frühjahr 1916. Später behauptete er, schon in der Türkei zu der Überzeugung gelangt zu sein, dass »die islamische Mystik und die Runen dieselben arischen Wurzeln haben müssten«. Weltanschaulich umgesetzt hat er derartige Ideen allerdings erst ab Sommer 1916. Unter dem Einfluss der Lehre Guido von Lists betrachtete er die Runen seit damals als »die esoterische Urkraft« schlechthin. Um diese Kraft auch praktisch ausüben zu können, suchte er Kontakt zu ariosophischen Gruppierungen und stieß dabei über Gaubatz auf die damals nur noch in verstreuten Kleinstgruppen dahinvegetierenden Reste des 1912 von den beiden Antisemiten Theodor Fritsch und Hermann Pohl begründeten »Germanenordens«. Im September 1916 trat er in Berlin einer von Letzterem und G. W. Freese geleiteten Abspaltung dieser okkulten Gruppierung, dem »Germanenorden Walvater«, bei.

In dem aus Magdeburg stammenden Eichmeister Pohl fand Sebottendorff einen Okkultpartner, der ihn nicht nur in die esoterischen Welten der Ariosophie, sondern auch in die politischen Sphären des Deutschnationalismus einführte. Unter seinen Fittichen wandelte sich der Neo-Adelige zum Antimaterialisten, Antibolschewisten, Germanentümler und radikalen Antisemiten. Und Sebottendorff stürzte sich mit vollem Elan ins ariosophische Geschehen. Er finanzierte das vereinsinterne Mitteilungsblatt »Allgemeine Ordensnachrichten«, gab die »Runen – Zeitschrift für germanische Geistesoffenbarung und Wissenschaft« heraus und war als Streiter für Pohls Germanenorden in Bayern so erfolgreich, dass er bei der Weihefeier vom 21. Dezember 1917 den Titel eines »Meisters der Bayerischen Ordensprovinz« verliehen bekam. Und »Baron« Sebottendorff schuf sich über seine Germanenordenstätigkeit hinaus einen viel beachteten Namen als Runenexperte und Astrologe. Grundgelegt hat er diesen in Vorträgen und einer Reihe von Manuskripten zu okkulten Themen, die er später in der »Astrologischen Rundschau«, in »Ringende Jugend« und im »Münchener Beobachter« veröffentlichte. Wichtige Mitstreiter bei seinen Aktivitäten waren neben Gaubatz und Pohl der Schulvereinsvorsitzende Wilhelm Rohmeder, der im kämpferisch antisemitischen Hammerbund aktive Johannes Hering und der Kunststudent Walter Nauhaus.

Letzterer war am 29. September 1892 als Sohn eines deutschen Missionars in Botsabelo im südafrikanischen Transvaal zur Welt gekommen und hatte während des Burenkriegs von Juli 1901 bis Juni 1902 in Middelburg in der Nähe eines englischen Strafgefangenenlagers gelebt. Ab 1906 in Berlin wohnhaft, war er in einer völkischen Jugendgruppe tätig und diente von August bis November 1914 als Freiwilliger bei einem pommerschen Regiment. Als Kunststudent in Berlin kam er durch Vermittlung Professor Wackerles zu Pohls »Germanenorden Walvater« und stieg dort bis zum »Sippenwart« auf, der für die Prüfung der »Rassenreinheit« der Mitglieder verantwortlich war. Im April 1917 übersiedelte Nauhaus nach München und lernte dort Rudolf von Sebottendorff kennen.[13]

Der war in der Zwischenzeit wieder einmal ins Visier der deutschen Behörden geraten. Später machte er dafür seine Bekannte Frau Seidler, die seiner Ansicht nach nicht nur hellsah, sondern auch »Polizeiagentin« war, und deren neuen Kompagnon Rudolf Steiner, den Begründer der Anthroposophie, verantwortlich. In Wirklichkeit stapelten sich mittlerweile Anzeigen unterschiedlichster Art gegen ihn. 1916 wurde er wegen früherer Betrügereien verhaftet, auf Grund seines türkischen Passes aber nach wenigen Tagen wieder freigelassen. Die Rechtsstreitigkeiten zogen sich über einige Zeit hin und endeten 1917 mit seiner Entmündigung. Wegen Verschwendungssucht stand der »Freiherr« von nun an unter »gerichtlicher Geschäftsaufsicht«, doch fühlte er sich in seinen Aktivitäten dadurch nicht weiter beeinträchtigt. Die Familie Sebottendorff nahm die Sache allerdings weit weniger locker und verbot ihm für alle Zukunft die Führung ihres

Namens.[14] In Ignorierung des diesbezüglichen Gerichtsurteils übersiedelte der Germanenbund-Propagandist zunächst nach Frankfurt am Main, kurzzeitig wieder nach Berlin und schließlich ins bayerische Bad Aibling. Von dort war es nicht weit bis München, wo Glauer-Sebottendorff am 1. Juni 1918 fünf leer stehende Klubräume im Hotel »Vier Jahreszeiten« mietete. Hier richtete er sein Germanenordensbüro ein und traf mehrmals mit Gaubatz, Nauhaus und dem Grafikstudenten Walter Deicke zusammen. Letztere beide hatten im Januar 1918 eine Gruppe gegründet, der sie den Namen »Thule« gaben – nach dem angeblichen germanischen Ur- und Endzeitparadies. Am 17. August 1918 wurde in Sebottendorffs Hotelbüro die Thule-Gesellschaft als »äußerer Ring des Germanenordens« neu geschaffen. Während des Einweihungsakts waren die »Logenräume [...] mit Hakenkreuzen geschmückt und jeder Teilnehmer der festlichen Runde hatte auch eine Bronzenadel anstecken, ›die auf dem Schilde das von zwei Speeren durchkreuzte Hakenkreuz zeigte‹.« Als »Wahrsprüche« wählte man politische Kampfformeln wie »Bedenke, dass Du ein Deutscher bist« oder »Halte dein Blut rein« und gegrüßt wurde vereinsintern mit »Heil und Sieg«.[15] Zusammen mit Walter Nauhaus erarbeitete Glauer-Sebottendorff die grundlegenden Richtlinien der Gesellschaft, und er kümmerte sich auch intensiv um Mitgliederwerbungen. Am 17./18. August 1918 schrieben sich die ersten 30 Aktivisten in die Vereinsliste ein, darunter unter anderem Johannes Hering von der Münchner Rückversicherungsgesellschaft und Wilhelm Rohmeder. Die Leitung des verschwörerischen, als »Verein zur Erforschung von Edda, Sagas usw.« getarnten Geheimbundes übernahmen Sebottendorff, Nauhaus und Deicke. Während Nauhaus dem gegen die Räterepublik kämpfenden Verein wichtige politische Konzepte, die Grundsymbolik und das Vereinsabzeichen, ein Schwert im Hakenkreuz, beisteuerte, sorgte Sebottendorff für dessen esoterische Untermauerung, wie er sie etwa in seiner Rede vom 7. November 1918 darlegte:
»Unser Gott ist Walvater, seine Rune ist die Aarrune. Und die Dreiheit: Wodan, Wili, We ist die Einheit der Dreiheit. Nie wird ein niederrassiges Gehirn diese Einheit in der Dreiheit begreifen. Wili ist wie We die Polarisation Walvaters und Wodan das göttliche immanente Gesetz. Die Aarrune bedeutet Arier, Urfeuer, Sonne, Adler [...] Die Juden wissen nur zu gut, dass sie den Aar zu fürchten haben.«

Was die durch kommunistische Erhebungen gekennzeichnete labile politische Situation betraf, konstatierte er: »Wir sind alle gefährdet, die wir im Kampfe stehen, denn uns hasst der Feind mit dem grenzenlosen Hasse der jüdischen Rasse [...] Die gestrige Revolution, gemacht von Niederrassigen, um den Germanen zu verderben, ist der Beginn der Läuterung. Von uns allein wird es abhängen, wie lange oder wie kurz diese Läuterung sein wird.« Deshalb »wollen wir sagen, dass der Jude unser Todfeind ist, von heute ab werden wir handeln«.[16]

Sebottendorff bemühte sich, eine möglichst schlagkräftige Front gegen die in ganz Deutschland aus dem Boden spießenden roten Revolutionsverbände zu Stande zu bringen und nebenbei die Massen zu mobilisieren. Zu diesem Zweck erwarb er bereits im Juni 1918 – mit Käthe Bierbaumer als Eigentümer-Strohfrau (möglicherweise seine Schwester) – den »Münchener Beobachter«, der später als »Völkischer Beobachter« das Zentralorgan der NSDAP werden sollte, und er gab im Herbst den Anstoß zur Gründung eines Arbeitervereins, der im Oktober 1918 unter dem Namen »Politischer Arbeiter-Zirkel« konkrete Gestalt annahm. Zu dessen Führungsclique gehörten unter anderem der gelernte Schlosser Anton Drexler, Jahrgang 1884, und der 29-jährige Sportreporter Karl Harrer. Die Gruppe traf sich regelmäßig in den Klubräumen der Thule-Gesellschaft, doch trat Sebottendorff selbst dabei nur am Rand in Erscheinung. Sein Anliegen war der aktive Kampf. So beteiligte er sich im November 1918 an der Gründung einer Münchner »Bürgerwehr« und organisierte Thule-Aktionen. Zu Weihnachten 1918 nahm er in Berlin an der Sonnwendfeier des Germanenordens Walvater teil und knüpfte bei dieser Gelegenheit Kontakte zu lokalen Widerstandskämpfern.

Bei seiner Rückkehr nach München brachte Sebottendorff den Programmentwurf der von Berliner Aktivisten gegründeten »Deutsch-Sozialistischen Partei« mit und veröffentlichte ihn in den Nachrichten des Germanenordens. Auf dieser Grundlage entwickelte Anton Drexler das Konzept für eine eigenständige »Deutsche Arbeiterpartei«, die als Vorgängerorganisation der NSDAP historische Bedeutung erlangen sollte. Am 5. Januar 1919 wurde diese Gruppierung im Fürstenfelder Hof formell gegründet, am 18. Januar erfolgte in den Thule-Räumen der eigentliche Konstituierungsakt mit Drexler und Harrer als Vorsitzenden. Erst viel später, im September 1919, stieß Adolf Hitler, ein »Gast«, aber nie Mitglied der Thule-Gesellschaft, zu dieser Gruppe, und ab Februar 1920 hieß sie offiziell Nationalsozialistische Deutsche Arbeiterpartei. Sebottendorff ging unterdessen andere Wege, hielt im Auftrag des Germanenordens eine Reihe von Vorträgen und beteiligte sich an der von Major Knecht geführten »Freiburger Einwohnerwehr«.[17] Im April 1919 trat er in Bamberg dem Freikorps Oberland bei – möglicherweise war er auch an dessen Gründung beteiligt – und rekrutierte dafür während der folgenden Monate im Raum Treuchlingen/Eichstätt Freiwillige.[18] In der Zwischenzeit entwickelte sich die per Beschluss vom 10. November 1918 zum »Kampfbund« umgewandelte Thule-Gesellschaft zur machtvollsten Organisation der völkischen Szene. Innerhalb des ersten Bestandsjahres traten ihr angeblich 1500, zum Großteil durchaus angesehene Persönlichkeiten bei – bayerische Adelige, finanziell potente Wirtschaftstreibende und politische Aktivisten, darunter zahlreiche spätere führende Nationalsozialisten. Am 21. März 1919 gab sich der Verein zwecks Verschleierung seiner politischen Absichten den offiziellen Namen »Thule-Gesellschaft zur Erforschung deutscher Geschichte und Förderung deutscher Art«. Als im April selben Jahres die Münchner Rätebehörden gegen die konspirative Gruppe vorzugehen begannen, tauchte Sebottendorff unter. Am 26. April wurden die Räume der Thule-Gesellschaft durchsucht und in den Tagen danach insgesamt 20 Personen verhaftet. Am 30. April sonderte man Nauhaus, Deicke, die Vereinssekretärin Gräfin Heila von Westarp und vier weitere Mitglieder der Gesellschaft von den übrigen im Luitpold-Gymnasium untergebrachten Thuleaner-»Geiseln« ab und führte sie vor ein Erschießungskommando. Sebottendorff beobachtete diese Ereignisse von einem sicheren Versteck aus und rührte sich eine Zeit lang nicht. Der nach den so genannten Geiselmorden eingesetzte neue Thule-Vorstand war ihm wegen seiner »Feigheit vor dem Feind« nicht sonderlich gewogen. Ja, er machte ihn sogar für die Weiterreichung der Mitgliederlisten verantwortlich und gab ihm damit die Mitschuld an den Erschießungen. Auf Grund dieser Querelen und einer davon unabhängigen gerichtlichen Verfügung gegen ihn wegen Hochstapelei entschloss sich der »Freiherr« im Juni 1919 die Thule-Gesellschaft zu verlassen.

In der Folgezeit betätigte sich Sebottendorff als deutschnational-ariosophischer Untergrundwühlarbeiter, hatte nebenbei aber vor allem

Auseinandersetzungen mit den Behörden auszustehen. In einer Eintragung beim Amtsgericht München vom 11. Dezember 1919 wurde er mehrerer Vergehen beschuldigt und zur Fahndung ausgeschrieben. Er musste aus Bayern flüchten, fand fürs Erste in Freiburg Unterschlupf, wurde aber auch von dort per Verfügung vom 20. Juli 1920 durch das Badische Innenministerium ausgewiesen. Seinen Tätigkeiten in okkulten Bereichen taten diese Turbulenzen unterdessen kaum Abbruch. Im Oktober 1920 wurde Sebottendorff, eben erst nach Bad Sachsa im Harz übersiedelt, als Nachfolger Ernst Tiedes Herausgeber der »Astrologischen Rundschau«. Bis 1923 veröffentlichte er sodann insgesamt sieben astrologische Bücher, darunter eine »Geschichte der Astrologie« und zuletzt »Sonnen- und Mondorte 1850–1923«. Daneben unternahm er Vortragsreisen durch Deutschland und nach Zürich. Als eine Art »völkischer Wanderprediger«[19] referierte er dabei zu okkulten Themen mit antisemitischen und antibolschewistischen Untertönen. Politisch scheint er sich im Großen und Ganzen während dieser Zeit aber eher vorsichtig verhalten zu haben. Dennoch wurde dem mittlerweile durch Maria Freifrau von Sebottendorff geb. Freiin von Zehmen neu adoptierten »Baron« seine Auftritts- und sonstige Tätigkeit behördlicherseits ziemlich schwer gemacht. Er hatte mehrere Prozesse »wegen falscher Namensführung, Entmündigung und Meineid« durchzustehen, bis er von der »System-Herrschaft«, wie er den Staatsapparat abschätzig nannte, endgültig genug hatte. Bereits 1923 kündigte er an, nach Konstantinopel übersiedeln zu wollen. Ehe er abreiste, publizierte er 1924 in Pfullingen den autobiografischen Roman »Der Talisman des Rosenkreuzers« und in Leipzig »Die geheimen Übungen der türkischen Freimaurer«, ein bis heute immer wieder neu aufgelegtes Bändchen über angebliche »orientalische Freimaurer« und deren »Verständnis der Alchemie«. Bis Ende 1924 hielt sich Sebottendorff vermutlich in der Schweiz auf und traf dort mit Bô Yin Râ alias Joseph Anton Schneiderfranken zusammen, der laut eigenen Angaben genauso wie der deutschlandflüchtige »Baron« einer »Weißen Loge« angehörte.[20] Irgendwann im Verlauf des Jahres 1925 reiste der »Freiherr« dann in Richtung Türkei ab.

Dort nahm er seine alten Verbindungen wieder auf, fungierte von 1926 bis 1928 als mexikanischer Ehrenkonsul und versuchte sich nebenbei mit diversen undurchsichtigen Geschäften materiell über

Die Titelseite von Sebottendorffs Hauptwerk

Wasser zu halten. Eigenen Angaben zufolge wurde er irgendwann
während dieser Zeit Mitglied der »Ritterschaft des Kaiserlich Konstantinischen Ordens«, einer »royalistisch-ritterlichen Vereinigung,
deren antibolschewistische Ideologie und Hauch von Noblesse ihm
sehr gelegen gewesen sein müssen«.[21] Irgendwann zu jener Zeit, vermutlich 1928, erfolgte die Scheidung von seiner schon seit längerem
getrennt lebenden Frau Bertha Anna. Sebottendorff war unterdessen
offensichtlich viel unterwegs und bereiste unter anderem von 1929
bis 1931 Mexiko und die Vereinigten Staaten.
Auf Schleichwegen nach Deutschland zurückgekehrt, dürfte der »Baron« 1931 der von Adolf Brinkmeyer in Düsseldorf nach dem Vorbild Max Heindels, eines 1919 verstorbenen Gegenspielers von Rudolf Steiner, gegründeten »Rosenkreuzer-Gemeinschaft« beigetreten
sein. Im selben Jahr veröffentlichte er in Leipzig ein »Astrologisches

Lehrbuch«. Nach der Machtübernahme der Nazis begab sich Sebottendorff im März 1933 nach München und versuchte hier die 1930 aus dem Vereinsregister gestrichene Thule-Gesellschaft wieder zu beleben. Am 9. September erfolgte im immer noch bestehenden Hotel »Vier Jahreszeiten« die Neugründung der Gesellschaft und ab Oktober gab Sebottendorff ein eigenes Vereinsmagazin, den »Thule-Boten«, heraus. Die Sache war freilich nicht von Bestand. Schon unmittelbar nach den groß angelegten »Weihefeiern« kam es zu Zwistigkeiten, in deren Folge der ungeliebte Baron sich bemüßigt sah, als Thule-Chef abzudanken. Zu seinem Nachfolger wurde am 24. November 1933 Franz Dannehl gewählt, Mitbegründer der DAP und Präsident des antisemitischen Hammerbundes. Als sein Stellvertreter fungierte der Thule-Veteran und Blutordensträger Oberleutnant i. R. Heinz Kurz.

Der nationalsozialistischen Bewegung hatte sich Sebottendorff von Anfang an eng verbunden gefühlt. Als diese jedoch 1933 an die Macht kam und er ihr seine Dienste anbot, ging man ihm aus dem Weg. In seinem Buch »Bevor Hitler kam«, Untertitel »Urkundliches aus der Frühzeit der nationalsozialistischen Bewegung«, erhob er nichtsdestotrotz den Anspruch, ein geistiger und praktisch-kämpferischer Wegbereiter des Nationalsozialismus gewesen zu sein. »Heute ist das erfüllt«, schrieb er, was die Thule-Leute »ersehnt, wofür sie mit heißem Herzen und hartem Sinn gekämpft haben, wofür sie zum Sterben bereit waren und gestorben sind. Wir erkennen das Verdienst, die Größe und die Kraft Adolf Hitlers. Er hat das geschaffen, was wir erstrebten, wir sammelten, er führte ans Ziel.«[22]

Im Dezember 1933 wurde Sebottendorff verhaftet und erhielt nachfolgend Rede- und Schreibverbot. Die ihn belastenden Akten sind leider verschwunden, sie müssen aber so schwer wiegend gewesen sein, dass nicht einmal sein einflussreicher Gönner Hans Frank ihn vor Verfolgung bewahren konnte.[23] Am 24. Januar 1934 aus der Haft entlassen, kam der unliebsame Okkultist Anfang Februar noch einmal »wegen Verbreitung von Gräuelnachrichten« in »Schutzhaft«. Zwei Wochen später war er wieder frei und setzte sich zunächst in die Schweiz ab. Im Sommer 1934 trat er in Liechtenstein als »Sonderbevollmächtigter« des Barons von der Launitz, seines Zeichens Herzog von Gothien und Ordensmeister des Kaiserlichen Konstantinischen Ritterordens, auf. Sebottendorff verhielt sich ihm gegenüber zwar offensichtlich »nicht korrekt«, durfte jedoch im Orden verbleiben.[24] Im Oktober 1936 war er ein letztes Mal in Bern anzutreffen, unmittelbar danach dürfte er sich in die Türkei begeben haben, wo sich seine Spur verliert.

Aller Wahrscheinlichkeit nach hat Sebottendorff in der Folgezeit seine Verbindungen zu okkulten Gruppierungen aufrechterhalten. Möglicherweise stand er auch im »geheimen Dienst des Deutschen Reiches«. Konkret dürfte er unter Paul Leverkuehn und Herbert Rittlinger mit den sinnigen Codenamen »Hahawahi« bzw. »Hakawaki«, »Märchenerzähler« und »Greif« als V-Mann gedient haben – mit allerdings »kläglicher« Informationslieferung.[25] Eindeutig belegen lässt sich freilich keine der vielen Geschichten, die aus jener Zeit über ihn in Okkultkreisen kursieren. Mit Sicherheit steht fest, dass er bis September 1944 über in Istanbul akkredidierte Nazi-Agenten bescheidene Mittel für seinen Lebensunterhalt bekam. Unmittelbar nach der Niederlage der Nazis fand man ihn ertrunken im Bosporus – am 8., nach anderen Angaben 9. Mai 1945. Ob er tatsächlich, wie amtlicherseits vermutet, durch Selbstmord aus dem Leben geschieden war oder einem Verbrechen zum Opfer gefallen ist, wird wohl für immer ungeklärt bleiben.

Sebottendorffs okkulte Arbeiten galten schon zu seinen Lebzeiten selbst bei Szeneninsidern als eher kurioses Produkt arisch-esoterischer Weltsicht. In letzter Zeit finden sie dennoch erstaunlichen Anklang und werden sogar als Zeitschriftenartikel oder kleine Broschüren neu aufgelegt. »Sebo«, so sein in Fan-Kreisen verbreiteter esoterischer Kosename, ist wieder »in«.

KARL MARIA WILIGUT

die graue Eminenz des Nazi-Okkultismus

Das Andenken an Karl Maria Wiligut – mit den Decknamen »Weis-thor«, »Uralter«, »Lobesam«, »Maja Wiligout« und »Jarl Widar« – wird von eingeweihten neonazistisch-esoterischen Kreisen bis heute in Ehren gehalten und mit einem Flair des Geheimnisvollen umgeben. Ohne selbst allzu sehr öffentlich in Erscheinung zu treten, gehörte diese zwielichtige Gestalt zu den wichtigsten Ideengebern germanengläubiger Gruppen und Persönlichkeiten. Vor allem Heinrich Himmler und verschiedene SS-Kader waren von dem standhaft »teutschen« Mannsbild mit Hang zu verklärtem Denken in geradezu verhängnisvoller Weise angetan.

Geboren wurde der spätere Nazi-Okkultist am 10. Dezember 1866 in Wien. Sein Vater, Franz Karl Wiligut, war Polizei-Offizial und Landwehrhauptmann außer Dienst, seine Mutter Isidora geb. von Beck entstammte niederem Adel. Karl Maria wurde römisch-katholisch getauft und entsprechend erzogen. Wie er später behauptete, war er dazu ausersehen, als ältester Spross der letzten Wiliguts dereinst die Stelle des Oberhaupts dieses alten germanischen Geschlechts einzunehmen. Schon als Kind soll ihm klar gemacht worden sein, dass er der alten »gothischen Asa-Uana-Sippe« der »Wiligotia« entstammte und letzter »König der Burgenlande« wäre. 1890 hat ihn der Vater angeblich einem diesbezüglichen Einweihungsritual auf der Grundlage »uralter Quellen« unterzogen.[1] Diese Quellen lassen sich freilich genauso wenig nachweisen wie besagtes Adelsgeschlecht, aber derartige Ungereimtheiten haben Karl Maria Wiligut in seinem Selbstverständnis nie gestört.

Die Grund- und Realschule besuchte der junge Karl Maria in Wien-Josefstadt mit, wie es heißt, »gutem Erfolg«. Eine höhere Allgemeinbildung war nicht vorgesehen. Stattdessen sollte er, dem Wunsch des Vaters gemäß, eine militärische Laufbahn einschlagen. Und so trat Karl Maria im Jahr 1880 in die Reichskadettenschule von Wien-Breitensee ein. Die Vorgesetzten beurteilten ihn dort zwar als »fleißig, verlässlich, sehr pflichtgetreu, dienstfreudig und ambitioniert«, was gute Voraussetzungen für eine steile Karriere ergeben hätte.[2] Aber der Junge war kränklich, außer Stande, körperliche Leistungen zu erbringen, und mit Lungen- und Rippenfellentzündung eine Zeit lang ganz außer Gefecht gesetzt. Zu allem Überdruss waren seine Eltern offensichtlich nicht in der Lage, das Schulgeld in voller Höhe aufzubringen, weshalb Karl Maria eine vierjährige Aktivdienstzeit zugeteilt bekam. Zu deren Ableistung meldete sich der junge Mann 1883 nach Abschluss der Kadettenausbildung mit genügendem Erfolg als »Truppeneleve zum k.u.k. Infanterieregiment Milan I. König von Serbien Nr. 97«.[3]

Sein soldatischer Einsatz führte Jung Wiligut 1884 als Infanterist und Gefreiten in die Herzegowina an die Grenze des Habsburgerreichs zu Serbien. Später kam er zum 99. Infanterieregiment »Georg I. König der Hellenen« nach Mostar. 1888 wurde er dort zum (Reserve-)Leutnant ernannt und vier Jahre später zum Oberleutnant befördert. Zwischendurch absolvierte er 1889 die Infanterie-Equitarien in Klosterbrück und erhielt 1893 als erste Auszeichnung die Jubiläums-Erinnerungsmedaille für zehnjährigen Heeresdienst. 1895 folgte ein Feldsignalkurs in Brünn, zwei Jahre darauf machte er seine zweiten Infanterie-Equitarien. 1898 schließlich besuchte er ein knappes halbes Jahr lang die fünfte Korpsoffiziersschule im slowakischen Pozsony. Und dieser Weiterbildungseinsatz lohnte sich. Am 8. Mai 1900 wurde er Kommandant der 16. Feldkompanie und am 1. November gleichen Jahres zum Hauptmann befördert.

Unterdessen begann sich Wiligut neben seinen militärischen Ambitionen für Okkultes zu interessieren. 1889 trat er in Görz einer den Freimaurern vergleichbar organisierten Loge der Schlaraffier bei und arbeitete sich dort über zwei Jahrzehnte hinweg unter dem Logennamen »Lobesam« bis zum »Ritter« und »Kanzler-Prior« hoch, ehe er die männerbündische Vereinigung 1909 wieder verließ.[4] Als nachhaltiger erwies sich seine Beschäftigung mit der »germanischen Vorzeit«. Möglicherweise wurde er durch seinen Vetter, den Schauspieler Willy Thaler, und dessen Frau Marie in esoterische Zirkel eingeführt und dabei auch mit völkischen Okkultisten bekannt gemacht.[5] Zu Jahresbeginn 1903 aus Krankheitsgründen diensttauglich geschrieben und in eine Wiener Kanzlei versetzt, veröffentlichte Wiligut nach etlichen Monaten eingehender Studien sein Erstlingswerk »Seyfrieds Runen«, eine Gedichtserie über die »Rabensteinsage« der Region Znaim, heute Znojmo, in Südmähren. Diese Dichtung fand dank der Vermittlung seines deutschnationalen Verlegers Friedrich Schalk vor allem im ariosophischen Kreis um Guido von List und Franz Kießling einiges Interesse. Wiligut bemühte sich, die Wege, die sich da auftaten, zu nutzen, und gab sich den Germanengläubigen unter Berufung auf sein Stammgeschlecht der »Asa-Uana« als »Hüter uralten Wissens« zu erkennen. Allen »gothischen« Ahnenverknüpfungen zum Trotz blieb er jedoch vorerst bloß eine Randfigur des deutschvölkisch-okkulten Lagers.

Wieder zurück im militärischen Felddienst übernahm Wiligut im Oktober 1903 das Kommando über die 10. Feldkompanie in Prag und wurde am 1. November zum »Hauptmann 1. Klasse« befördert. In seiner Akte wurde damals über ihn vermerkt: »Zeichner, Schwimmer, schreibt Schreibmaschine, ist schriftstellerisch tätig.« Außerdem verfügte er, wie der Aktenschreiber vermerkte, über »gute gesellschaftliche Kontakte«.[6] Er war offensichtlich recht umgänglich und stets bemüht, sich in Szene zu setzen.

Im Herbst 1906 kam Wiligut als Hauptmann des 88. k.u.k. Infanterieregiments nach Bozen in Südtirol. Dort lernte er Malwine Leurs von Teuringen kennen – in seiner eigenen späteren esoterischen Umdeutung »Malwina Leuts von Treuenringen« –, die deutlich jüngere Tochter des erzherzoglichen Verwalters Eduard Leurs und seiner Frau Malwine geb. Albrecht. Da eine Verbindung der beiden aus Sicht der Brauteltern standesgemäß und auch materiell abgesichert schien, stand einer Eheschließung nichts im Wege. Am 22. Mai 1906 heirateten die beiden und ließen sich fürs Erste in Trient nieder. Dort kam am 3. März des Folgejahres ihre Tochter Gertrud Maria zur Welt. Am 9. Oktober 1909 folgte als Zweitsprössling Karoline bzw. Charlotte Maria, kurz Lotte. Der heiß ersehnte männliche Stammhalter stellte sich indes nicht ein. Angeblich soll ein solcher als Zwilling der zweiten Tochter oder überhaupt erst 1910 zur Welt gekommen und gleich nach der Geburt verstorben sein. Aber egal, ob das nun stimmt oder nicht, allein die Tatsache, dass ein männlicher Nachwuchs fehlte, setzte dem Wiligut-Patriarchen psychisch arg zu.

Vom 1. Juli 1907 an diente der k.u.k. Hauptmann im 47. Infanterie-Regiment »Graf Beck-Rzikowski« in Görz, heute Goricia in Slowenien. In einer Armee-internen Beurteilung aus dem folgenden Jahr heißt es über Wiligut: »Fester Charakter, lebhaftes Temperament, sehr gut befähigt mit ebensolcher Auffassung. Besitzt die zur Erfüllung seine[r] Berufsobliegenheiten nötigen Kenntnisse in vollem Maße, instruiert und führt eine Kompanie und ein Bataillon sehr gut. Ist sehr leistungsfähig, voll Eifer [...] hat seine Kompanie im Schießwesen sehr gut ausgebildet.«[7] Einziger Makel: seine Unkenntnis der slowenischen Sprache, die er per offiziellem Befehl seiner Vorgesetzten bis April 1910 erlernen sollte. Wiligut tat wie geheißen, doch beschäftigte er sich nebenbei weit ehrgeiziger mit germanischen Überlieferungen. Theodor Czepl, ein Mitglied von Lanz' Neuem Templerorden, mit dem er regen Kontakt pflegte, vermittelte ihm hierzu grundlegende Informationen.

Im Juli 1908 verfasste Wiligut heidnisch-germanische »neun Gebote«, die er in ariosophischen Zirkeln herumreichte. In diesen für seine Weltanschauung grundlegenden »Sinnsprüchen« hieß es: »1. Got ist Al-Einheit! 2. Got ist ›Geist und Stoff‹, die Zweiheit. [...] 3. Got ist Dreiheit: Geist, Kraft und Stoff, Got-Geist, Got-Ur, Got-Sein, oder Sunlicht und Wekr, die Zweiheit. [...] 7. Got – jenseits vom Begriffe Gut und Böse – ist Träger der sieben Menschheitsepochen. [...] Got ist Anfang ohne Ende – das Al. [...] Er schließt den Kreise zur N-Jul, zum Nichts, aus dem Bewusstsein zum Unbewussten, damit dieses wieder bewusst zu werden vermag.«[8] Ariosophischen Kreisen sind Wiliguts Erkenntnisse angesichts ihrer nur bedingten Originalität indes nicht so rasch ins Bewusstsein gelangt. Und so blieb der Autor bei seiner angestammten Tätigkeit als Offizier. Im Mai 1912 wurde er zum Major befördert und von seiner Dienststelle nebenher als Halter eines Rosses namens Sleipnir entlohnt.

Wiliguts militärische Einheit war nach wie vor das 47. Infanterieregiment, dem er auch noch zu Kriegsbeginn im Sommer 1914 angehörte. In einer neuen internen Beurteilung aus dem Jahr 1913 wurde Wiligut immer noch als »ungemein eifriger und selbsttätiger Bataillonskommandant« geschildert – allerdings mit Einschränkungen. »Hat sein vielseitiges Wissen nicht genügend verdaut«, heißt es da etwa, »und sucht zu viel nach Originalität. An der Entschlussfassung überstürzt er sich und in der Befehlsgebung ist er weitschweifig und konfus. Trotz seiner Ambition und seines großen Fleißes als Truppenkommandant nicht brauchbar.«[9] Wie im Zuge des Entmündigungsverfahrens ein Jahrzehnt später festgestellt wurde, litt er damals überdies unter verfolgungswahnhaften Vorstellungen mit unverkennbaren Ansätzen egomanischer Großmannssucht.

Bei Kriegsbeginn im Juli 1914 zunächst noch in seinem slowenischen Regiment verblieben, kam Wiligut im Oktober als Stabsoffizier zum 30. Infanterieregiment an die russische Karpatenfront. Beim dortigen Kampfeinsatz erhielt er laut einheitsinterner Darstellung elf Streifschüsse. Im März 1915 wurde er im Rang eines Oberstleutnants ins heimatliche Graz zurückversetzt, wo er unter anderem Musterungen durchzuführen hatte. Von Juni 1915 bis zum Beginn des folgenden Jahres diente Wiligut an der Italienfront, erkrankte dort jedoch neuerlich an Lungen- und Rippenfellentzündung und wurde daraufhin im Juni 1916 nach Salzburg zurückbeordert. Hier übernahm er die »Führung des freiwilligen Bezirkskommandos« und war bei der örtlichen »Mannschafts-Zug-Kommission präsent«.[10] Im August 1917 erhob man ihn schließlich, der militärischen Gradeinteilung folgend, in den Rang eines Obersts. Für seine »Tapferkeit vor dem Feind« erhielt Wiligut zudem mehrfach Auszeichnungen, was seinem späteren deutschpatriotischen Ruf äußerst förderlich war. Im Mai 1918 trat er, aus Südtirol kommend, seinen letzten militärischen Posten als Betreuer eines Auffanglagers für zurückkehrende Soldaten in Zolkiew, nördlich von Lemberg in der Karpatoukraine, an. Der ihm vorgesetzte Feldmarschall Daniel beschrieb ihn als »gediegenen Charakter« und »äußerst tüchtige[n], pflichttreue[n] Offizier«. Am 1. Januar 1919 quittierte der »ruhmreiche Soldat« seinen Dienst bei der Armee und setzte sich in Morzg bei Salzburg, wo er ein Haus erworben hatte, zur Ruhe.[11]

Wiligut widmete sich nun ganz seinen »germanischen Forschungen«, gründete, wie er später angab, eine antisemitische Liga und die Zeitschrift »Eiserner Besen«. In seinem für die SS verfassten Lebenslauf aus dem Jahr 1937 erklärte er, unmittelbar nach Kriegsende erkannt zu haben, dass »die ›Ebräer‹ (Juden) durch das Freimaurertum, das ganz entartet war, in so verhängnisvoller Weise die Entwicklung der Kriegsgeschichte herbeigeführt hatte[n]«. Und er zog seine Konsequenzen aus dieser »Erkenntnis«, indem er sich fortan auf deutschnationaler Seite in die Schlacht warf. So trat er, wiederum späterem eigenem Bekunden zufolge, dem »Freikorps Oberland« bei und kämpfte damit an der vordersten Front des Nationalsozialismus für dessen »hohe Ziele«.[12] Konkret belegbar sind diese Behauptungen freilich nicht. Mit Sicherheit aber verkehrte Wiligut viel in ariosophischen Kreisen und beglückte eine kleine Anhängerschar mit »urwissenden« Ergüssen.

Im Winter 1920/21 verbrachte der List-Intimus Theodor Czepl sieben Wochen bei Wiligut in Morzg. Dabei offenbarte sich der mittlerweile 55-jährige, »martialisch aussehende Mann« dem Gast als »geheimer deutscher König«, der allerdings gerade nicht in Erscheinung treten durfte, denn: »Nur wenn er durch die Wunschkraft des ganzen Volkes aus tiefsten Herzen herbeigewünscht wird, darf er seiner heilbringenden Aufgabe nachkommen [...] Die Ausführungen Wiliguts über dieses geheime Königtum gipfelt[en] in der lapidaren Feststellung: ›Meine Krone liegt in der Kaiserpfalz zu Goslar, mein Schwert in einem Steingrab bei Steinamanger.‹«[13] Während Wiligut laut Czepl für die Ariosophie »Feuer und Flamme« empfand, verfolgten umgekehrt auch Vertreter dieser Weltanschauung sein Tun und Treiben mit zunehmendem Interesse. In diesem Zusammenhang wurde von Insidern über ein ausgesprochen gutes Einvernehmen zwischen Wiligut und den Neutemplern um Jörg Lanz von Liebenfels berichtet.

Mit seinen Ideen begründete Wiligut einen eigenen ariosophischen Zweig, den so genannten »Irminenglauben«. Irmin bzw. Ermin, Sohn des Mannus oder Manu, Namensgeber der Weltensäule Irminsul, galt als vergöttlichter Stammvater der Hermionen, eines alten germanischen Stammesverbands. Ins Mythische übertragen umschrieb »Irmin«, gleichbedeutend mit dem indischen Ausdruck »Karma(n)«, das »Schicksalsgesetz« der Germanen. Mit seiner Fähigkeit zur »Erberinnerung« glaubte Wiligut die Religion der Altvorderen ebenso erkennen zu können wie deren gesetzliche Grundlagen und militärische Praktiken. Vieles von dem, was er bezüglich der Religion der Germanen von sich gab, ähnelte verblüffend den Thesen, die schon Guido von List zu Papier gebracht hatte. Wiligut bestand aber darauf, es selbst geschaut zu haben, und er behauptete auch, die Bibel genau zu durchblicken. Seiner Schauung nach war sie ein in Deutschland geschriebenes, verschlüsseltes, in seinen Grundbotschaften nur germanischen Eingeweihten zugedachtes Buch.[14]

Weniger verschlüsselt waren indes Wiliguts wirtschaftliche Aktivitäten als Großagent, Holzhändler und Häusermakler. Nach mehreren gescheiterten Unternehmungen war es schließlich ein im Mai 1924 zusammen mit seinem Ex-Heereskameraden Hugo Hammer-Halderstorff bei der Sparkasse Hallein aufgenommener Kredit, der ihn finanziell in den Ruin trieb. Für sein Scheitern als Geschäftsmann machte der Irminist freilich nicht sein eigenes Unvermögen verantwortlich, sondern eine böse Weltverschwörung gegen ihn. An dieser sollten nebst Gegnern »seines Stammes« die katholische Kirche, das Judentum und die Freimaurer beteiligt gewesen sein.[15] In einem Brief an einen Kampfgenossen vom 4. Februar 1924 etwa schrieb er: »Erschütterte mich, [dass der ganze christliche Adel] unsere blanken Familienschilde und Zeichen zertrümmert, damit nichts an die Lichtkinder und seiner Lichtreligion mehr mahnen könne [...] Es war die Zeit des wirklich großen Weltkrieges, wo sich an 89 Millionen Menschen in einer ungeheuren Schlacht gegenüberstanden [...] Die tatsächlichen wichtigsten Dokumente liegen ja – wie Sie wissen – in den Synagogen von Cölln, Wien, Prag, Saragossa usw. usw., wohin die Jöten [...] die Dokumente verbargen, wobei die ›Jöten‹ an der Lichtreligion treulos handelten zum heutigen Judentum größtenteils übergingen [...] Und diese ›Joten‹ waren doch die Kreuziger von Balder-Krestos!«[16]

Möglicherweise verdächtigte Wiligut auch die ihm angetraute Malwine, mit von der Verschwörerpartie gegen ihn und seine »Lichtreligion« zu sein. Jedenfalls ließ er seiner üblen Laune immer häufiger in Drohungen und Gewaltakten freien Lauf. Erst als die trotz aller Gröblichkeiten und Verschrobenheiten über die Jahre hinweg zu ihm stehende »gequälte Frau« und »stille Dulderin« zu schlechter Letzt auch noch die wirtschaftliche Existenz der Familie gefährdet sah, handelte sie und stellte einen Antrag auf Entmündigung ihres Mannes. Am 29. November 1924 wurde Wiligut in einem Salzburger Café von der Polizei festgenommen und mit schwersten Sinnesverwirrungen in die Landesheilanstalt für Geistes- und Gemütskranke eingewiesen. Sein Verhalten bei der ersten Einvernahme wurde als äußerst »gereizt« geschildert, doch legte der Ex-Hauptmann – durchaus vernünftig – Beschwerde gegen seine Festhaltung ein. Nach Zeugeneinvernahmen und genauerer Prüfung des Falles kamen die Ärzte am 11. Dezember zu folgendem Schluss: »Der Untersuchte ist geisteskrank, es handelt sich um eine paraphrene Psychose mit Bildung von Großen- und Beeinträchtigungsideen, bei starker psychischer Reizbarkeit und Neigung zu Gewalttätigkeiten mit starker Tendenz zur Dissimulation«, sprich Verstellung. »Der Untersuchte ist nicht in der Lage, seine Angelegenheiten selbst zu besorgen und seine Rechte zu wahren.«[17]

Im Verlauf der Krankenbetreuung in der Salzburger Nervenheilanstalt wurde bei Wiligut überspitzter Größenwahn festgestellt und eine nicht nur für die familiäre Umwelt nur schwer erträgliche »geistige Umnachtung« diagnostiziert. Laut einer Aussage von Christine Portman sah er in allem, was »Großes in der Welt vorging, [...] sein Werk oder mindestens auf seinen Rat vollführt. [...] Er hielt sich für einen Wissenden seit Wodanszeiten, für einen Gott, der als Sendling Wodans berufen ist die Menschheit zu führen und Geheimnisse zu lüften. Er konnte sehr liebenswürdig sein, bekam aber bei dem geringsten Widerspruch oder Vorstellungen seiner Frau Wutanfälle der brutalsten Art. [...] Die Einjährigen-Freiwilligen erzählten viel von Wiliguts wechselnden Stimmungen, roh bis zur Brutalität, liebenswürdig und freigiebig, dass alle bezaubert waren. Seine Kameraden sagten nur: ›Wiligut der Narr‹.«[18] Bei seiner Entlassung im Januar 1927 wurde Wiligut von einem Gericht auf Grund »megalomanischer Vorstellungen« und »schizophrener Verhaltensweisen« für entmündigt erklärt. Dieses Urteil wurde per 16. Dezember 1931 in »beschränkt entmündigt« herabgemildert.

Während sich Malwine kurz nach der Urteilsverkündung im Frühjahr 1927 scheiden ließ und den Kontakt mit ihrem launischen Ex-Mann weitgehend abbrach, hielten die ariosophischen Verehrer Wiligut die Treue. Zu dem kleinen Anhängerkreis, der sich um ihn bildete, gehörten unter anderem Emil bzw. Ernst »Ing. Art.« Rüdiger,

Ingenieur Friedrich Teltscher, Rudolf John Gorsleben, seines Zeichens Präsident der Edda-Gesellschaft, sowie als Schüler Werner von Bülow und der Neutempler Richard Anders. Die wichtigste Persönlichkeit aus diesem Kreis war sicherlich der am 5. Januar 1885 geborene Österreicher Ernst Rüdiger, der den »Oberst« schon seit Weltkriegszeiten kannte. Angeblich war er ausgebildeter Ingenieur, Oberbaurat und Bildhauer. 1929 verfasste er eine von Wiligut beeinflusste esoterisch-mathematische Studie über sinnliche Schwingungszustände mit dem Titel »Tyrkreis und Tattwas im Lichte wissenschaftlicher Forschung«. Während des Zweiten Weltkriegs hatte der bekennende Nazi und Deutschchrist Rüdiger dann die Stellung eines Luftschutzwarts in Nürnberg inne. Er starb am 14. Juli 1952.[19] Während der Zeit, die er mit Wiligut verbrachte, vermutlich die Jahre 1926 bis 1928, erwies er sich als besonders wissbegieriger Schüler des in seinen Augen verkannten Genies. Else Baltrusch, die Betreuerin des nunmehr in Salzburg wohnhaften Ex-Oberst, erlebte Rüdiger als »den Alten auspressend wie eine Zitrone«. Wiligut soll über ihn geäußert haben: »Das ist keine Freundschaft mehr. Rüdiger will alles von mir wissen. [Er] horcht mich nur aus.«[20]

Der »allwaltend Wissende«, wie er sich in egomanischer Überheblichkeit selbst nannte, versuchte unterdessen seinerseits mit dem nachmaligen SS-Ahnenerbe-Initiator Herman Wirth und dem Geomanten Wilhelm Teudt, Autor eines Buches über »Germanische Heiligtümer«,[21] in Kontakt zu kommen. Im Jahr 1930 wandte er sich zweimal brieflich an Letzteren und versuchte ihn auch persönlich in Detmold zu treffen. Teudt war jedoch offensichtlich wenig erfreut und entzog sich einer persönlichen Begegnung. Mehr Zuspruch fand Wiligut, der sich briefkopfzeichnend als »Oberst d. R. [...], Privatforscher germ. Prähistorik, Ordentl. Mitglied der deutsch-österr. Schriftstellergenossenschaft in Wien, Mitglied germ. Forscher in Hannover« bezeichnete,[22] unterdessen bei Neutemplern. Und dies, obwohl er deren Chefideologen Lanz nicht sonderlich schätzte. Vor allem der akademische Maler Friedrich Schiller und dessen nachmalige Frau Emma Delbrück, die spätere Reichsbeauftragte für die Ausbildung der weiblichen Landjugend, kümmerten sich »unter großen finanziellen Opfern« um ihn. Im Frühjahr 1933 brachten sie ihn »geheim« nach Bogenhausen bei München, laut seinem Biografen Rudolf J. Mund »einerseits, um der verursachten Jesuitenhaft zu entkommen, andererseits, um sein Erberinnern für das junge Werden in Deutschland nutzbar zu machen«.[23] Mit diesem Anspruch reiste Wiligut zu verschiedenen Veranstaltungen, unter anderem zum Treffen der »Bewegung arteigenen deutschen Glaubens« sowie zu einer Tagung der Nordischen Gesellschaft. Auf dieser begegnete er, wahrscheinlich unter Vermittlung des Neutemplers Richard Anders, dem Reichsführer SS Heinrich Himmler. Wie es heißt, soll dieser von seinem »Ahnenwissen« sofort hellauf begeistert gewesen sein.

Im Verlauf des Jahres 1933 holte Käthe Schäfer-Gerdau den begehrten Urwissensvermittler für kurze Zeit zu ihrem Kreis der »Freien Söhne der Nord- und Ostsee« nach Mülhausen in Thüringen. Besonderes Interesse an »Jarl Widar«, wie sich Wiligut damals nannte, hatte auch Gorslebens »Edda-Gesellschaft«, in deren Zeitschrift »Hagal« 1933 ein Bericht von ihm über das »Uralte Familien-Siegel des Hauses Wiligut« erschien. 1934 folgten im gleichen Magazin »Runenreime« und numerologische Studien mit Titeln wie »Gotos Raunen – Runenwissen«, »Runen raunen«, »Die Vierheiten«, »Die Zahl: Runen raunen, Zahlen reden« und »Die Schöpfungsspirale, das Weltenei«. Wiligut gab unterdessen in der thüringischen »Pflanzstätte Jarl Widar« sein »erberinnertes« Wissen kund und fand eine gebannt seinen Worten lauschende Zuhörerschar. Zu ebendieser stieß damals unter anderem der 1892 geborene Günther Kirchhoff. Der in Gaggenau bei Baden-Baden im Schwarzwald wohnhafte zeitweilige Mitarbeiter von Daimler-Benz war seit den frühen 20er-Jahren Mitglied der Guido-von-List-Gesellschaft und beschäftigte sich vor allem mit »Ortungsfiguren«, geologischen und »geodätischen Forschungen«.[24] 1934 veröffentlichte er eine Arbeit über »Rotbart von Kyffhäuser« und entwickelte einen speziellen »Runenschlüssel«. Zwischen 1934 und 1936 eng mit Wiligut zusammenarbeitend, beschuldigte er diesen später, »Wuotanisten«, also Anhänger der Lehre Guido von Lists, denunziert zu haben. »Tarnhari« alias Ernst Lauterer etwa soll auf Grund seiner Vernaderung im KZ gelandet sein. Kirchhoff, Wuotanist bis zuletzt, starb 1975.

Dass Wiligut so viel Einfluss hatte, missliebige ariosophische Widersacher ans Messer zu liefern, hing mit seiner Karriere im Verband der SS zusammen. Im November 1933 wurde der selbst ernannte »Spätgote« unter dem Namen Karl Maria »Weisthor« Mitglied der SS und hatte bereits Monate später den Rang eines Standartenführers inne. Der Schutzstaffler freute sich, »auf dem Gebiet wissenschaftlicher und urgeschichtlicher Forschung dieses Verbandes mithelfen zu können«, und schickte im Mai 1934 ein Exemplar seiner Schwulst-Dichtung »Hadumar« an Himmler mit den Worten: »Mein Reichsführer. Es ist mir ein Herzensbedürfnis, Ihnen [als] ein Zeichen meines Gedenkens inmitten Ihrer schweren Lebensaufgabe Pfingstgrüße zu geben [...] In teutscher Treue mit Irmins-Heil.«[25] Ob der SS-Chef über das Geschenk erfreut war, ist nicht überliefert. Kurze Zeit später jedenfalls übernahm Wiligut die Leitung einer Unterabteilung des in München stationierten Rasse- und Siedlungshauptamtes. Im Oktober selben Jahres stieg er zum Leiter der Sektion VIII (Archiv) des genannten Amtes und im November 1934 zum SS-Obersturmbannführer auf. Seine persönliche Betreuung lag zu jener Zeit in den Händen von Gabriele Dechend, die später unter dem angeheirateten Namen Winkler eine enge Vertraute und Sekretärin des von Wiligut von 1935 an geförderten »Gralsforschers« Otto Rahn werden sollte. Wie bei ihr fand der alte Mann auch bei anderen Frauen erstaunlichen Anklang. Vor allem aber beeindruckte er Heinrich Himmler.

Der zweitmächtigste Mann nach Hitler übernahm die Schirmherrschaft über den »weisen Uralten« und machte ihn innerhalb der SS zu einer Art oberstem Ritualgestalter. So nahm Wiligut alias »Weisthor« unter anderem vermittels eines mit Runen verzierten »Gotenstockes« Trauungen von SS-Angehörigen vor und entwarf den Totenkopfring der SS. In seiner Münchner Wohnung erhielt er reichlich Besuch von mehr oder weniger bedeutsamen Herrschaften wie etwa Georg und Max Halbe, dem Reichsminister für Ernährung und Landwirtschaft Herbert Backe sowie dem Hohlwelttheoretiker Johannes Lang. 1935 begann Wiligut »Spezialforschungen« im Schwarzwald und half in diesem Zusammenhang dem Verein zur Erhaltung des Hohenstoffeln bei der Rettung dieses Hegauer Berges. Im Juni des Folgejahres fand er – ein von Nazi-Okkultisten bis heute für höchst bedeutsam gehaltenes Ereignis – im badischen Gaggenau altgermanische Symbole, einen Monat später in Niedersachsen die »fünfte Irminskreuzortung«. Die bedeutendste Arbeit des Himmler-Schützlings aber war sicherlich die Mithilfe beim Ausbau der Wewelsburg nahe Paderborn, deren Kommandant Manfred von Knobelsdorff ihm »in irministischer Treue« verbunden war. Nach Wiliguts Anweisungen wurde sie mit germanischen Symbolen ausgestattet und im Februar 1935 dem Reichsführer SS direkt unterstellt. Mitbeteiligt war der »Uralte« auch an der Errichtung einer Reichsführerschule SS im Bereich der Burg.

Im Frühjahr 1935 übersiedelte Wiligut alias »Weisthor« auf Wunsch Himmlers nach Berlin und arbeitete dort im Büro des Chefadjutanten des Persönlichen Stabes des Reichsführers SS. »Nach Augenzeugenberichten war er geschäftiger denn je, umringt von Adjutanten, Ordonanzen [...] Ein Dienstauto holte Weisthor täglich von seiner Privatvilla im exklusiven Grünewald ab, oft noch bevor er sein Frühstück beendet hatte, damit der ältliche Offizier sein anspruchsvolles Tagesprogramm an Treffen, Korrespondenzen und Reisen bewältigen konnte.«[26] Zu seinen regelmäßigen Besuchern gehörten neben Himmler Friedrich Schiller, Otto Rahn, Johannes van Leers, Edmund Kiß und Richard Anders, möglicherweise auch der Reichsbauernführer Richard Walter Darré.

Nach dem Totenkopfring erhielt Wiligut im Frühjahr 1936 als zweite große Auszeichnung den SS-Ehrendegen überreicht. Unmittelbar nach dessen Verleihung forderte er von seiner Sekretärin Dechend, ihm »auf Befehl Himmlers ein Kind zu schenken«.[27] Eine ungebührliche Annäherung, die die Frau dazu veranlasste, den Alten unverzüglich zu verlassen. Ihre Stelle wurde daraufhin von Else Baltrusch, die ihn schon früher betreut hatte, eingenommen. Mit ihr und dem Ehepaar von Rheden unternahm der SS-Sturmbannführer im Mai/Juni eine »Dienstreise« zur Erforschung »irminischer Kultstätten« ins Harz und andere mitteldeutsche Gegenden. Dass Himmler bei den Reisen »Weisthors« als Schirmherr fungierte, zeigt, dass er großes Interesse an der »Ermittlung von Urwissen« hatte und dabei auch »Spintisierern« Raum zur Entfaltung ihrer abstrusen Ideen bot.[28]

Am 9. September 1936 wurde Wiligut-Weisthor zum SS-Brigadeführer im Persönlichen Stab des Reichsführers SS ernannt. Zu den von ihm zelebrierten Ritualen gehörten unter anderem die »germanische Taufe« des Sohnes von SS-Brigadeführer Karl Wolff auf den Namen Thorisman am 4. Januar 1937 sowie die Vermählungen mehrerer SS-Bonzen, darunter Friedrich und Emma Schiller. Am 16. Mai desselben Jahres lieferte er einen Lebenslauf ab, der an egomanischer Schrulligkeit wohl kaum zu übertreffen ist. Als wachsendes persönliches Problem erwies sich unterdessen seine zunehmende Unmäßig-

Wiligut, kurz vor seinem Tod

keit im Trinken. Dennoch wurde in der Folgezeit nebst anderen Aufgaben die ideologische Überprüfung verschiedener Okkultisten ver-
trauensvoll in Wiliguts Hände gelegt. Und hier erwies sich der »Uralte« als perfider Intrigant – im Februar und Juli 1938 etwa fiel Julius
Evola auf Grund seines Negativurteils bei der SS in Ungnade. Und
auch andere missliebige Ariosophen scheinen von ihm ungünstig beurteilt worden zu sein. Doch kam auch der »Meister« selbst bald ins
Visier NS-interner Gegner. Herman Wirth, J. O. Plassmann und
Walther Wüst – alle drei Mitglieder der germano-mythischen For-
schungseinrichtung »Ahnenerbe der SS« – bezeichneten ihn als
»Idioten« und »grotesken« Spinner. Bruno Beger, Mitglied der Tibet-
expedition von 1938/39, konnte über Wiliguts »Forschungstipps [...]
nur lachen«. Und auch der persönliche Adjutant des Himmler-
Schützlings, Hans von Lachner, »hatte Zweifel am Wissen und den
übersinnlichen Fähigkeiten Weisthors«.[29]

Noch größere Zweifel hatte unterdessen Karl Wolff. Im November 1938 holte er über Wiliguts Exfrau Malwine aus Salzburg ein Gutachten über seinen Geisteszustand ein. Das für den angeblichen »Urwissenden« vernichtende Urteil wurde SS-intern weitergereicht und hatte schlimme Folgen. Letztendlich konnte ihn nicht einmal Himmler mehr decken. Im Februar 1939 trennte sich der Reichsführer SS von ihm und am 28. August legte Wiligut seine SS-Funktionen nieder. Elsa Baltrusch wurde ihm daraufhin als Haushälterin zugeteilt und zog mit dem verstoßenen »Rasputin Himmlers« am 18. Februar 1939 nach Farchant in der Gemeinde Bachhausen. Nach der Streichung seines Namens aus den Dienstalterslisten der SS am 25. August bezogen Wiligut und Baltrusch eine Wohnung in Aufkirchen, im Mai 1940 ging es dann weiter über Arolsen nach Goslar, wo man ihnen unter Vermittlung Himmlers der Werderhof als Wohnsitz zuteilte. Um dieselbe Zeit wurde Wiligut auch wieder eine SS-Pension zuerkannt und sein ehemaliger Mentor zog ihn weiter in Okkultfragen zu Rate. Im September 1940 etwa wollte Himmler von ihm wissen, welches Runenzeichen wohl am besten auf den Gräbern gefallener SS-Soldaten stehen sollte. Woraufhin »Weisthor« die Man-Rune empfahl, weil sie »ewige Empfängnis von Got-Geist, also Unsterblichkeit« bedeutete.[30]

1943 wurde auf Wiliguts Wohnsitz, dem Werderhof, ein Lazarett für die Verwundeten von Stalingrad, kurz darauf auch noch ein Malariaforschungsinstitut eingerichtet. Der alte »Oberst« erhielt daraufhin in Himmlers Gästehaus »Min Sütting« in Passbach am Wörthersee in Kärnten ein Zimmer und kurz danach eine Wohnung in Klagenfurt. Bei Kriegsende im Mai 1945 wies ihn die britische Kommandantur in das Flüchtlingslager von Sankt Johann bei Velden am Wörthersee ein. Nach einem Schlaganfall wurde er von hier zu seiner Familie nach Salzburg überstellt, wo er jedoch wegen der früheren Auseinandersetzungen nicht lange bleiben wollte. Am 23. Dezember 1945 holte ihn Else Baltrusch nach Arolsen und brachte ihn im dortigen Spital unter. Karl Maria Wiligut aber war zu jener Zeit bereits längst nicht mehr Herr seiner Sinne. Er siechte etliche Tage dahin und erlitt knapp nach dem Jahreswechsel einen zweiten, schweren Schlaganfall. Am 3. Januar 1946 starb der »Rasputin Himmlers«, ohne das Bewusstsein wiedererlangt zu haben. Wenige Tage später bestattete man ihn im Familiengrab der Baltruschs. Der Besitz Wiliguts wurde praktisch zur Gänze von britischen Truppen nach Braunschweig verfrachtet und ist dort verschwunden. Als Scotland Yard 1948 diesbezüglich Nachforschungen anstellte, war nichts mehr vorhanden.[31]

Das weltanschauliche Erbe »Weisthors« wurde zunächst untergründig in ariosophischen Kreisen weitergereicht. Von seinen heutigentags kaum hundert Verehrern wird er üblicherweise als verkannter »wahrhaft Schauender« hochstilisiert. Der neutemplerisch geprägte Ariosoph Rudolf J. Mund widmete ihm mehrere Studien und Huldigungen, darunter eine Biografie, deren Erstveröffentlichung im Jahr 1982 eine kurzzeitige Wiligut-Renaissance einleitete. In deren Folge wurden »Sinnsprüche« des »Alten« bei Neuheiden – auch bei solchen, die vordergründig nicht rechtsextrem geprägt waren – salonfähig und schließlich landete Wiliguts Ideengut sogar in der harten Metal-Branche. Der Wiener Pagan-Metal-Musiker Kadmon alias G. Petak etwa spielte 1997 eine eigene CD zu seinen Kalendersprüchen ein.

OTTO RAHN

der gefallene Parzival

Das Dörfchen Montségur im südfranzösischen Departement Ariège gehört zu den Herzstücken Okzitaniens. In Betonung regionaler Eigenständigkeit werden hier bis heute Überlieferungen hochgehalten, in denen von einer glorreichen Vergangenheit die Rede ist. Dabei wird in ganz besonderer Weise auf die Katharer, einer als Sekte verfolgten Glaubensgemeinschaft, hingewiesen. Um die Mitte des 13. Jahrhunderts war die Gegend um Montségur am Nordrand der Pyrenäen die letzte Zufluchtsstätte der – wie sie sich selbst nannten – »boni homines«, also »guten Menschen«. Von päpstlich abgesegneten Kreuzfahrern gejagt, verschanzten sich die Anhänger des katharischen Glaubens zuletzt in der Burg von Montségur, bis ihr Kampf im März 1244 verloren ging. Dass bei diesen Ereignissen irgendwie auch der Gral, eine Art Sinnbild der Reinheit, eine Rolle spielte, gehört zu den vielen Legenden, die weit über die Region hinaus für Erhitzung unter esoterischen Gemütern sorgen.

Zu jenen, die auf den Spuren der Katharer Gralsgeheimnissen nachspürten, gehörte einer, dessen Name im okzitanischen Süden Frankreichs vielerorts heute noch bekannt ist: Otto Rahn. In den 1920er-Jahren durch das Land reisend, verkörperte er eine Mischung aus romantisch verklärter Wahrheitssuche, materiellem Unvermögen und moralischer Zwiespältigkeit. Die Geschichte dieser vielschichtigen Persönlichkeit hat zuletzt Hans-Helmut Lange in umfangreichen Recherchen aufgearbeitet. Konkrete Fakten bezüglich seines Lebensweges werden aber wohl auch weiterhin eine Mystifizierung des Autors und kurzzeitigen SS-Mannes als hehren Gralssucher nicht verhindern können.

Geboren wurde der »moderne Parzival«, mit vollem Namen Otto Wilhelm Rahn, am 18. Februar 1904 in Michelstadt im Odenwald. Es war dies der Feriensitz der 1906 um den Bruder Karl erweiterten Familie. Otto war diesem Flecken in der Provinz von klein auf innigst verbunden und verschlang die Sagen der Gegend mit dem Appetit eines Heißhungrigen. Die Geschichte vom »Quell, an dem Hagen von Tronje den Siegfried erschlug« blieb ihm ebenso im Ohr wie die vom »Thingsessel« des letzten »Odhinspriesters im Odenwald«. Ganz besonders geliebt aber hat er die Sage vom Gralssucher Parzival, dessen Geschichte Wolfram von Eschenbach zu Beginn des 13. Jahrhunderts zumindest teilweise auf der nahe gelegenen Burg Wildenberg niedergeschrieben hatte.[1] Michelstadt bildete für den späteren Gralsforscher also eine Art geistige Heimat, die ihm wesentliche Inspirationen lieferte.

Das eigentliche Domizil der Rahns aber war Bingen am Rhein. Ottos Vater Karl arbeitete dort als Justizamtmann und war ob dieser Profession eher selten zu Hause. Die Mutter Clara geb. Hamburger ging indes ganz in ihren Kindern auf. Als dominante, alles beherrschende Persönlichkeit scheint sie ihren beiden Jungen nur beschränkten Freiraum gelassen zu haben. Neben dem üblichen Standesdünkel vermittelte sie ihnen eine enge religiöse Weltsicht und strenge Gottesfurcht nach lutherischem Muster.

Otto wuchs auf, ohne wesentlichen Widerstand gegen die elterlichen Vorgaben zu leisten. Nach lokaler Grundschulbildung besuchte er in Bingen das humanistische Gymnasium. Als die Familie 1914 in die Universitätsstadt Gießen übersiedelte, wechselte er an das dortige Landgraf-Ludwig-Gymnasium. Dieser Schulübertritt sollte nachhaltige Folgen haben, denn mit August G.E.K. Freiherrn von Gall bekam er einen Religionslehrer, der ihn zu begeistern verstand. Die Sympathie dieses Theologen mit den Katharern, in denen er Vorläufer der Reformation zu erkennen glaubte, färbte auf den jungen Rahn eben-

Der junge Otto Rahn

so ab wie sein Engagement für die deutschnationale Bewegung. Freiherr von Gall, am 18. September 1872 in Lemgo geboren, war seit 1897 kirchlich beamtet und von 1910 an als Dozent für evangelische Theologie an der Universität Gießen tätig. Nach dem Ersten Weltkrieg wurde er Mitglied der Deutschnationalen Volkspartei. Ob er auch mit der theosophischen Bewegung in Kontakt stand, wie Autoren der Esoterik-Branche dem 1933 pensionierten Professor unterstellen, lässt sich nicht belegen.[2] Mit Sicherheit aber hat er sich auf der Grundlage eines gefestigten christlich-konservativen Weltbildes mit esoterischen Themen beschäftigt und einen Teil des dabei erworbenen Wissens vermutlich auch an den zutiefst von ihm eingenommenen Schüler Otto Rahn weitergegeben.

Abseits seines Faibles für den Religionsunterricht war der Amtmannssohn vom gymnasialen Angebot nicht grad sonderlich begeistert. Immerhin schaffte er 1922 das Abitur und studierte anschließend auf ausdrücklichen Wunsch seines Vaters Jura. Acht Semester lang quälte er sich durch die Lehrpläne der Universitäten von Gießen, Freiburg und Heidelberg, dann brach er die immer aussichtsloser werdende Sache ab. Einen wichtigen Stellenwert in seinem Leben erhielt unterdessen seine sexuelle Vorliebe für das gleiche Geschlecht. Der homosexuelle Schriftsteller Albert Heinrich Rausch alias Henry Benrath, den Rahn Ende 1922 kennen lernte, scheint diesbezüglich seine Hemmungen gelockert und ihm einen ersten Freund, einen jungen Hamburger, zugeführt zu haben. Wann die eigene Familie seine homosexuelle Neigung bemerkte, ist unklar. Vermutlich war seine Mutter die einzige aus seinem Verwandtenkreis, die davon wusste – und sie war fraglos bestürzt. Zeitlebens versuchte sie die Sache zu vertuschen, so gut sie es konnte. Erst am Totenbett gestand sie die Homosexualität ihres Sohnes ein.

Da dieser mit dem Jura-Studium nicht zurecht kam und einer Rechtsanwaltskarriere sowieso keine sonderlich erbaulichen Lebensaussichten abgewinnen konnte, beschloss er 1925 auf Deutsche Philologie und Geschichte umzusatteln. Zum Studieren kam der junge Rahn vorerst jedoch nicht. Aller Wahrscheinlichkeit nach entzog ihm sein Vater nach dem Studienwechsel die finanzielle Unterstützung und er war daher gezwungen, selbst die für sein Fortkommen nötigen materiellen Mittel aufzutreiben. Er tat dies unter Vermittlung Rauschs als Vertreter und Handelsreisender für verschiedene Verlage. In seinem für die SS angefertigten Lebenslauf gab er später an, 1925 neben seinem Studium »eine regelrechte Ausbildung im Sortiments- und Verlagsbuchhandel« begonnen zu haben,[3] was sicher nicht ganz unrichtig war. Auf jeden Fall gab der Job dem erlebnishungrigen 21-Jährigen die Möglichkeit, viel herumzureisen und Kontakte zu knüpfen. In der Schweiz lernte er dabei Raymond Perrier, den Spross einer aus Genf stammenden, gut situierten Akademikerfamilie, kennen. Der junge Mann machte offensichtlich starken Eindruck auf ihn und wurde die große Liebe seines Lebens.

Im Herbst 1928 nahm Otto Rahn sein Studium in Heidelberg wieder auf. Mit besonderem Interesse besuchte er in der Folgezeit die Vorlesungen des Literaturprofessors Friedrich Gundelfinger alias Gundolf, der zum Kreis um den Dichter Stefan George gehörte. Im Juli 1929 war seine anfängliche Begeisterung jedoch wieder verflogen, nicht zuletzt deshalb, weil ein Zusammenleben mit Raymond in Heidelberg nicht möglich war. Otto Rahn beschloss daher, die kleinbürgerliche Universitätsstadt zu verlassen, sah sich ein paar Wochen lang in Paris um und wohnte danach für kurze Zeit in Genf beziehungsweise Nyon auf dem Familiengut seines Freundes. Spätestens Ende Oktober befand er sich wieder in Deutschland, konkret in Berlin, dessen Homosexuellenszene ihm die Möglichkeit bot, unterzutauchen.

Der Schweizer Künstler Alexis Ladame, der mit Rahn damals in Verbindung stand, berichtete, dass der gescheiterte Literaturstudent »nacheinander Aushilfslehrer in einer Volksschule, Repetitor, Übersetzer, Korrektor, Verkäufer, Verpacker, Komparse bei einem Film, Platzanweiser im Kino und häufig, am häufigsten, arbeitslos« war.[4] Zwischendurch reiste er, sooft es die Finanzen erlaubten, nach Nyon und bewarb sich, wieder zurück in Berlin, bei verschiedenen Filmgesellschaften – erfolglos – als Autor und Darsteller. In beschönigender Umschreibung dieses laut Hans-Jürgen Lange »Überlebenskampfes« gab er in seinem SS-Lebenslauf später an, sich zu jener Zeit im Zuge wissenschaftlicher Forschungen intensiv mit den Ideen Calvins, Rousseaus und Voltaires beschäftigt zu haben.

Im Jahr 1930 hielt sich Rahn erneut für einige Monate in Genf auf, übersiedelte dann aber nach Paris. Hier fand er – gemeinsam mit dem ebenfalls in die Seine-Metropole gezogenen alten Freund Rausch – Zugang zu Künstlerkreisen und knüpfte Kontakte zu Privatgelehrten aus dem Umfeld der Theosophischen Gesellschaft. Ein besonders enges Verhältnis entwickelte sich dabei zu dem aus Toulouse stammenden Maurice Magre. Dieser 1877 geborene Dichter, dessen Theaterstücke zu jener Zeit mit großem Erfolg auf verschiedenen Bühnen in Paris aufgeführt wurden, war ein profunder Esoteriker und Kenner südfranzösischer Traditionen. In Vermischung alter Legenden mit geschichtlichen Überlieferungen war er zu der Ansicht gelangt, dass es einen Zusammenhang zwischen den Katharern und dem Gral gab. Möglicherweise, erzählte er dem an der Sache höchst interessierten Deutschen, könnten da noch geheime Dokumente in schwer zugänglichen Verstecken ihrer Entdeckung harren. Die Grotten unter der Burg von Montségur, insbesondere die Höhle von Ornolac, waren nach Magres Meinung als Verstecke besonders gut geeignet.

Ideen wie diese verbreiteten sich damals in Windeseile und bald schon strömten Esoteriker unterschiedlichster Couleur ins einstige

Katharerland, um nach verborgenen Schätzen zu suchen. Die Theosophische Gesellschaft organisierte gar eine eigene Ausgrabungsreihe und auch andere Vereinigungen folgten dem »Ruf des Grals« ins Pyrenäenland. Rahn, stets darum kämpfend, sich materiell irgendwie über Wasser zu halten, erkannte in der Sache eine Gewinn bringende Einnahmequelle und beschloss den katharischen Geheimnissen auf den Grund zu gehen. Seinem Freund Rausch schrieb er im Februar 1931, dass er beabsichtigte, einen Verlag zu gründen, wohl um seine anstehenden Forschungsergebnisse sogleich selbst publizieren zu können. Dieses Vorhaben musste er jedoch angesichts unüberwindlicher finanzieller Hürden wieder fallen lassen – ein Faktum, das seinem Unternehmungsgeist fraglos einen schweren Rückschlag versetzte.

Vermutlich wäre die katharische Gralssuche ganz im Sand verlaufen, hätte nicht sein Lebenspartner Perrier zum Militär einrücken müssen. Dieser plötzlich auftauchende private Freiraum bot Rahn – möglicherweise nebst einer von Raymond gewährten kleinen materiellen Unterstützung – die Gelegenheit, sich per Studienreise ein Bild vom Gralsland zu machen. Im Frühjahr 1931 reiste Otto Rahn nach Südfrankreich und traf hier mit alten esoterischen Bekannten zusammen. Dreh- und Angelpunkt für seine nachfolgenden »Forschungen« wurde das Heim der Gräfin Miryanne de Pujol-Murat nahe Carcassonne im Departement Aude. Die alte Dame – angeblich eine direkte Nachfahrin der »Katharerkönigin« Esclarmonde – glaubte an übersinnliche Mächte und stand eigenem Bekunden zufolge mit den Geistern ihrer Ahnen in reger Verbindung. Sie gehörte überdies zu den »Polaires«, einer okkulten Gruppierung, die von nordischen Kulturhöhen schwärmte und der in NS-Kreisen weit verbreiteten Welteislehre des Wieners Hanns Hörbiger anhing. Der Grundidee dieser nun auch an Rahn herangetragenen Lehre zufolge bestand der Großteil des Kosmos aus Eis. Dieses wäre, kombiniert mit Mondabsturzkatastrophen, für günstige und ungünstige Zyklen auf der Erde verantwortlich und hätte dabei auch die Entwicklung der Menschheit beeinflusst. So wären etwa »höherwertige Rassen«, konkret die Arier, das Produkt günstiger, »minderwertige Rassen« wie Neger und Juden hingegen das Produkt ungünstiger Perioden.[5]

Otto Rahn nahm derartige Ideen ebenso gläubig auf wie die in esoterischen Kreisen verbreiteten Katharer- und Gralslegenden. Die Gräfin sah von daher in ihm einen treuen Weggefährten und förderte ihn nach Kräften. So erhielt der deutsche Forscher von ihr nicht nur einen eigenen Wagen zur Verfügung gestellt, sondern auch noch einen Chauffeur, Joseph Widegger. Mit ihm zusammen machte sich Rahn im August 1931 erstmals auf den Weg ins Katharerland. Dabei besuchte er Foix, Pamier, Mirepoix und Montségur und lernte, mit besten Empfehlungen der Gräfin versehen, interessante Persönlichkeiten kennen. Den Anthroposophen Déodat Roché etwa oder den Gralsmystiker Antonin Gadal. Während Ersterer den Deutschen für einen hochstapelnden Fantasten hielt, fand Letzterer durchaus Gefallen an ihm. Als gleichsam väterlicher Freund griff er Rahn finanziell unter die Arme und überließ ihm ein noch unveröffentlichtes Manuskript,[6] aus dem er nach Belieben schöpfen konnte. In seinem »Kreuzzug gegen den Gral« finden sich denn auch etliche Ansichten Gadals wieder.

Mit seinen Katharerstudien erregte der Deutsche einiges Aufsehen. Die örtliche Presse jedenfalls zeigte reges Interesse an ihm und beschuldigte ihn, einen neuen, für die Region eher nachteilhaften Goldrausch vom Zaun zu brechen. Natürlich blieben der Öffentlichkeit auch seine mystischen Neigungen nicht verborgen. Die von daher kommenden Bedenken brachte der einheimische Forscher Fauré-Lacaussade auf den Punkt, als er vermerkte: »Für ihn zählte die Qualität der Geschichte und des Erzählers mehr als die Wahrheit.«[7] Ungeachtet aller Zweifel an seinen Forschungen richtete sich Otto Rahn im November 1931 ein Zimmer bei der Familie Bernadac in Ussat-les-Bains ein und besuchte von dort aus Höhlen und mystische Stätten der Katharer. Nebenher sah er sich im Gastgewerbe um und mietete im Mai 1932 auf drei Jahre die Herberge »Des Marronniers«. Das Hotelbetriebsabenteuer endete jedoch schon am 6. Oktober gleichen Jahres vor dem Handelsgericht von Foix mit der Bankrotterklärung des Jungunternehmers. Von Presse und Behörden wurde er zudem verdächtigt, »deutscher Spion und Führer eines internationalen Geheimbunds« zu sein.[8] In dieser aussichtslosen Lage, in der ihm zudem sämtliche einheimischen Förderer den Rücken kehrten, schaffte er es gerade noch, seinen Pass zurückzubekommen und in aller Heimlichkeit nach Deutschland zurückzureisen.

Otto Rahn gab dennoch nicht auf. Während seine verzweifelten brieflichen Rechtfertigungsversuche gegenüber Antonin Gadal unbeantwortet blieben, fand er in seiner Heimat begeisterte Zuhörer – und schließlich auch einen Herausgeber für sein Manuskript. Der Urban-Verlag in Freiburg im Breisgau ließ sich von Rahns Enthusiasmus anstecken, animierte ihn zu einer Überarbeitung des Textes und brachte im Herbst 1933 das Buch »Kreuzzug gegen den Gral« auf den Markt. Schon im Vorfeld der Veröffentlichung wurde der Autor von Rundfunk und Zeitungen zu dokumentarischen Darstellungen eingeladen. Dabei gewann er neue Freunde wie den Jugendfunker Dietmar Lauermann, der ihm als Neffe des späteren Reichsbankpräsidenten Hjalmar Schacht die Tore zu NSDAP-Kreisen öffnete, den Wandervogelsportwart und späteren NS-Humangenetiker Hans Grebe sowie dessen Kompagnon, den Frankfurter Radioprogrammgestalter Wolfgang Frommel. Für letzteren schrieb Rahn zwischen Oktober 1933 und Mai 1934 mehrere Hörspiele, in denen er neben der Gralsgeschichte germanische Themen im typisch NS-geprägten Stil der Zeit abhandelte: Vom »obergermanischen Limes« über »Konradin, den letzten Hohenstaufen« bis zu den »blauen Jungs« auf hoher See: »Michel horch, der Seewind pfeift«.

Die Reaktionen auf Rahns »Kreuzzug« waren großteils positiv. Jungautor Franz Carl Endres war ebenso von ihm angetan wie die angesehene Schriftstellerin Grete von Urbanitzky, der Theosoph, Illuminatenbund-Aktivist und esoterische Romanschreiber Franz Spunda und – politisch weit wichtiger – der damalige Kultusminister Hans Schemm, der in der »Nationalsozialistischen Lehrerzeitung« seinen Gesinnungsgenossen empfahl: »Man lese dieses hochinteressante Buch selber, denn alle Versuche, es zu erläutern, müssen ein ganz schwacher Ersatz sein.«[9] Rahn schaffte also ansatzweise, was er schon früher als sein oberstes Ziel verkündet hatte: berühmt zu werden. Zumindest in esoterischen und NS-Kreisen machte sein Werk die Runde, und fast überall wurde es als künstlerisches und hoch inspiratives Buch bewundert. Es zielte, wie von Kritikern vermerkt wurde, auf die »Tiefe der Seele« – und traf mit der Verherrlichung des politisch ausgeschlachteten Ideals der »Reinheit« einen Nerv der Zeit.

Freund Rausch behauptete in einer Rezension, der Autor habe »aus dem Blute seiner Vorfahren geschöpft« und so den Gral gleichsam wieder zu Tage gefördert. »Gral ist das Land des Lichts, der Reinheit. Gral ist der tiefste Traum der menschlichen Seele, die sich aus irdischer Beengung nach makelloser Vollkommenheit sehnt.« Die Erfassung dieses Begriffs läge »jenseits verstandesmäßiger Deutung. Sie können nur erfühlt und gelebt werden von den Berufenen und Auserwählten.« Den »allerletzten Sinn aber [des] Kreuzzuges« sah Rausch in dessen »verblüffende[r] Zeitnähe: in dem lauten ›Menetekel‹, in dem er auf die Urgewalten alles menschlichen Seins hinstößt: auf den dämonischen Kampf zwischen Dunkel und Hell, zwischen Schlamm und Geist.«[10] Solcherart ausgedeutet wurde Otto Rahn im Umfeld des NS-Okkultismus zu einem Markenzeichen für das Streben nach gralshafter Vollkommenheit, während ihn die »irdische Beengung« ohne weitere Umwege in die Arme der Braunhemden führte. Ende 1933 wurde der Buch-, Artikel- und Hörspielschreiber Mitglied des »Reichsverbands deutscher Schriftsteller«. Und um seinen Ruhm noch weiter ausbauen und auskosten zu können, übersiedelte er in die Reichshauptstadt Berlin.

Im Frühjahr 1934 forschte der aufstrebende Autor jener »Ketzerschule« nach, die Konrad von Marburg im Jahr 1233 hatte vernichten lassen. Wie im Vorwort zum »wissenschaftlichen Teil« seines »Kreuzzugs« angekündigt,[11] hatte er vor, ein Buch über diesen »deutschen Inquisitor« zu schreiben, aber die Arbeit zog sich. Zum Zwecke der Inspiration hielt er sich des Öfteren bei der Winzerfamilie des Joachim Kohlhaas in Erbach bei Eltville auf, wo er nicht nur Ruhe und Muße fand, sondern auch Kontakt zu homoerotischen »Wandervögeln«. Rahn brauchte in diesen Kreisen aus seiner sexuellen Veranlagung kein Hehl zu machen und pflegte seine Beziehung zu Raymond Perrier mit ungebrochener Intensität.

Während sich Rahn in forschender Klausur befand, wurde er wegen seiner angeblichen »Francophilie« und der romanischen Ader, die Parteipropagandisten in seinem »Schrifttum« zu erkennen glaubten, von NS-Kreisen erstmals angefeindet. Der Grund war das Erscheinen der französischen Übersetzung seines Buches im Juni 1934 in gekürzter Form unter dem Titel »La croisade contre le graal« in der Librairie Stock in Paris. Speziell das dem Land jenseits des Rheins huldigende Vorwort hatte es den NS-Kritikern angetan – und sie fühlten sich durch die freundliche Aufnahme, die er in Frankreich fand, bestätigt. Anerkennung fand Rahn unterdessen auch in Italien, wo ein gewisser Julius Evola das Werk pries. Der Autor jedenfalls scheint sich der politischen Tragweite seines Tuns und Schreibens nicht bewusst gewesen zu sein. Als er schließlich auch noch den Fehler machte, einem politisch wenig genehmen, ehemals liberalen Abendblatt einen Artikel zum Zweitdruck anzubieten, war er bei NS-Kreisen, wie er bitter vermerkte, »unten durch«.[12]

Rahn ließ daraufhin seine Wohnung in Berlin auf und kehrte zurück nach Heidelberg. Als es im Gefolge des so genannten Röhm-Putsches vom 30. Juni 1934 zur Verfolgung tatsächlicher oder angeblicher SA-Mitglieder kam und dafür auch Homosexualität als Begründung herhalten musste, entschloss er sich das Land ganz zu verlassen. Sein erstes Ziel war wieder einmal Genf, von dort zog er weiter nach Mailand und schließlich zu Adolf Frisé, dem späteren Herausgeber der Musil-Werke, nach Südtirol. Frisé glaubte in dem mittlerweile 30-Jährigen ein literarisches Genie zu erkennen und wollte ihn, soweit es in seiner Macht stand, fördern. Der Publizist beschrieb Rahn als äußerst nervös, übersensibel, politisch in die Zwickmühle geraten und völlig mittellos, aber keineswegs gewillt, klein beizugeben.

Irgendwann im Herbst 1934, als die Putsch-Nachwehen verklungen waren, kehrte der ungeliebte Autor nach Deutschland zurück. Unverdrossen nach Anerkennung suchend, mietete er sich in Freiburg in einer Pension ein und schrieb kleinere Arbeiten. Seine Themen waren wie gehabt Parzival und der Gral, als Abnehmer fand er unter anderem die »Berliner Illustrierte«, »Am Wochenend« und den »Mainzer Anzeiger«. Rahn wollte indes endlich wieder Neues ergründen und träumte davon, mit Unterstützung katalanischer Adeliger in den Pyrenäen weiterforschen zu können,[13] doch blieben seine diesbezüglichen brieflichen Anfragen unerwidert.

In dieser immer aussichtsloser werdenden Situation wurde der kettenrauchende, ständig auf Jobsuche befindliche und bei Freunden um Geld schnorrende Rahn von Gabriele Dechend, nachmals verh. Winkler, aufgestöbert. Die damals 25-jährige Betreuerin eines alten Herrn namens Wiligut-Weisthor hatte den »Kreuzzug« mit wachsender Begeisterung gelesen und das Buch ihrem Chef vorgelegt. Der wiederum fand das Werk interessant genug, um den Autor etwas genauer in Augenschein zu nehmen. Also lud er ihn zu einem Gespräch ein und dabei trug Rahn so groß wie möglich auf, behauptete, wegen des Buches Verfolgungen ausgesetzt und auf Grund seiner Ansichten finanziell ruiniert worden zu sein. Der Nazi-Okkultist Wiligut glaubte ihm, meldete die Sache umgehend seinem Freund, dem Reichsführer SS Heinrich Himmler, und binnen kürzester Zeit wendete sich das Schicksal des angeblich Verfemten. Im April 1935 stellte man Otto Rahn eine Wohnung in Berlin zur Verfügung, versah ihn zusätzlich mit ansehnlichen materiellen Mitteln und stellte ihm eine ansprechende berufliche Karriere in Aussicht. Fürs Erste war er im »Rasse- und Siedlungshauptamt« dem Himmler-Intimus Wiligut-Weisthor direkt unterstellt und traf sich abends immer wieder mit seiner Bewunderin Gabriele Dechend.

»Oberst« Weisthor führte den Jungautor nach und nach in höhere Nazi-Kreise ein. Im Schloss Molchow lernte Rahn in entspannter Atmosphäre führende NS-Bonzen kennen – und manch einem war er durch sein Katharerbuch vom Namen her wohl schon bekannt. Durch seinen in okkulten Belangen bewanderten Vorgesetzten fand er darüber hinaus Kontakt zu germanengläubigen Persönlichkeiten und Gruppen, aber auch unabhängig von ihm war er in esoterischen Kreisen ein gern gesehener Gast. Der von Rahn hoch verehrte georgische Dichter Grigol Robakidse, Verfasser des Buches »Die Hüter des Gral«, ließ sich durch ihn inspirieren. Und Hermann Keyserling rühmte ihn im Jahrbuch seiner »Schule der Weisheit« des Jahres 1935, betitelt »Weg zur Vollendung«, als möglicherweise werbeträchtigen Wegweiser ins Katharerland. »Besonders erschüttert« hat ihn in »Rahns Darstellung, wie sehr gerade geistiger Fanatismus das Menschentier zur Bestie macht«.[14]

Dass der Autor selbst schließlich auf einen solchen Abweg geriet, ist wohl in erster Linie seinem Geltungsbedürfnis zuzuschreiben. Als Frisé ihn in Berlin aufsuchte, trug er die Uniform eines SS-Obern. Offensichtlich wollte er die allgemeine Anerkennung, die er nun genoss, auch sichtbar zum Ausdruck bringen. Immer mehr Esoteriker schätzten sein Werk, und hohe Herren aus der Politik suchten seine Bekanntschaft. Rahn selbst scheint vor allem an den militärisch strammen Umgangsformen seiner neuen Nazi-Freunde Gefallen gefunden zu haben. Den ihm zur Verfügung gestellten Sekretär etwa bezeichnete er als »mein[en] Adjutant[en]«,[15] und seine homoerotischen Neigungen bekamen im neuen Umfeld, nur noch versteckt praktiziert, wohl auch eine etwas harschere Note. Eine seiner diesbezüglichen Kontaktpersonen war der vermögende Schweizer Physikochemiker und ehemalige Jugendaktivist Alfred Schmid, der ihm jedoch alsbald gröbere Probleme einbringen sollte. Wegen sexueller

Exzesse in Basel in Verruf geraten, hatte er sich nach Berlin-Dahlem zurückgezogen, wo er aus ähnlichen Gründen neuerlich Schwierigkeiten bekam und dem NS-Regime schließlich zur Persona non grata wurde. Rahn musste deswegen den Kontakt zu ihm abbrechen.

Ende September 1935 machte sich der Katharerforscher mit Erlaubnis der SS-Führung auf eine Dienstreise durch Hessen, Bayern und den Westerwald. Er wollte hier nach Ketzerspuren fahnden, alte mystische Stätten aufsuchen und darüber ein Buch schreiben. Es war dies ganz im Sinne seines obersten Führers, Heinrich Himmler, der sich als Student kurz nach dem Ersten Weltkrieg selbst für derartige Themen interessiert hatte und der jetzt in dem um vier Jahre jüngeren Rahn einen Gleichgesinnten zu erkennen glaubte. Der Wiligut-Schützling fühlte sich dadurch fraglos geehrt, geriet aber zugleich wegen seiner unklaren politischen Haltung in der Vergangenheit in eine zwiespältige Lage. Als er sich Anfang 1936 um Aufnahme in die SS bewarb, notierte Rahn, er wäre bis 1933 »über den politischen Weg sowie die weltanschaulichen Ziele der N.S.D.A.P. [nicht] einwandfrei unterrichtet« gewesen. Dann hätte er ein Buch geschrieben, das »heute als nationalsozialistisches Gedankengut gelte« und das ihm eine Berufung »in den Stab des Reichsführers SS« eingebracht habe.[16] Ebendieses Buch, dessen zuletzt gute Kritik in Nazi-Kreisen und vor allem die Sympathie Himmlers waren der Grund dafür, dass sich ihm am 12. März 1936 die Tore zur Schutzstaffel des Nationalsozialismus öffneten.

Eine der ersten Spezialaufgaben Rahns im Rahmen seiner Tätigkeit für die SS war Ahnenforschung im Dienste des Reichsführers. Dessen Ahnherrschaft verlor sich nämlich kaum hundert Jahre zurück irgendwo in der französischen Schweiz, und da war der Neo-SS-Mann, unterstützt durch Freund Perrier, natürlich die geeignetste Person, konkrete Nachforschungen anzustellen. Dass Rahn dabei Erfolg – sprich keine jüdischen Verbindungen entdeckt – hatte, machte ihn endgültig zum Liebkind Himmlers. Auf dessen persönliche Veranlassung hin nahm er Anfang Juli 1936 an einer »Nordlandfahrt« von SS-Führern teil, die ihn auf den Spuren der »Edda« nach Island führte – die weiteste Reise, die er je unternahm. Was die nazistische »Studienkommission« dabei suchte, war der eddische »Urgrund der Gesetzmäßigkeit«. Rahn merkte dazu an: »Das Wissen um die Gültigkeit des Gesetzes bewahrte den Gläubigen vor Unsicherheit und

Verzweiflung und verlieh ihm die Würde, diese einzigartige, bewundernswerte Haltung des Heidentums [...] Die Schicksalsgläubigen waren mit allen Erscheinungen des Gesetzes zur Einheit verbunden; sie wussten [...] um das allverbindende Gesetz. – Weil die Starken vom Schicksal kündeten, war die Verkündigung sieghaft.«[17] Seine eigene Rolle bei dem Unternehmen empfand Rahn freilich als weit weniger »sieghaft«. Im baumlosen Island fühlte er sich die ganze Zeit über unwohl, zudem hielten ihn die meisten der Mitreisenden – seiner Vertrauten Gabriele war die Nordlandfahrt als Frau untersagt worden – für einen mystischen Spinner. Zurück in Berlin war er zunächst als uniformierter Betreuer der Olympischen Spiele tätig. In der Folgezeit arbeitete er am Ahnennachweis seiner eigenen Person, erforschte den Forderungen seines Status folgend den familiären Stammbaum bis ins Jahr 1750 zurück und sprach sich immer wieder mit SS-Größen über verschiedene mystische Themen aus. Während eines längeren Aufenthalts bei Verwandten in Homburg an der Ohm vervollständigte Rahn ein Manuskript, das er schon vor etlichen Jahren zu schreiben begonnen hatte und das bis Ende des Jahres zu einem Buchtext gedieh. Im April 1937 erschien es im Leipziger Schwarzhäupter-Verlag unter dem Titel »Luzifers Hofgesind. Eine Reise zu den guten Geistern Europas«. Wen er mit diesen guten Geistern meinte, wird schon nach kurzer Lektüre klar: »Von Norden bin ich gekommen, nach Süden will ich reisen. Kaum, dass meine Reise begonnen hat, blicke ich wieder nordwärts. Gen Mitternacht. Ein Berg der Versammlung soll dort sein und eine Krone ...«[18] Die bekam freilich nur ein auserwählter Geist auf den Kopf gesetzt, ganz sicher nicht jenes minderwertige Wesen, das den Weg des Autors schon des Öfteren in böser Absicht gekreuzt hatte. »Der feiste Mann ist Jude, obgleich an seiner schwergoldenen Uhrkette ein christliches Medaillon hängt. [...] Mag er auch getauft sein, er ist Jude. [Ich hingegen] bin Deutscher, [ein] Ketzer [...] In früheren Zeiten hätte man mich verbrannt.«[19] Bezüglich der Gestalt des Luzifer übernahm Rahn in seinem Buch esoterische Vorstellungen, denen zufolge der vom Juden- und Christentum zum Teufel gemachte Widersacher Jachwehs in Wirklichkeit ein »Lichtbringer« wäre. Seine in dem Buch niedergeschriebenen Theorien passten zwar nicht so ganz in gängige okkulte und auch nazistische Schemen, sie fanden aber doch einiges Interesse.

Ganz besonders gefallen haben sie Rahns Gönner Heinrich Himmler. Er kaufte gleich nach dem Erscheinen hundert Bände, zum Teil in Luxusausgabe, und schenkte eins dieser Exemplare Hitler zum nächsten Geburtstag. Als Zugabe beförderte der Reichsführer SS seinen Schützling zum Untersturmführer. Der Autor fühlte sich dadurch nicht nur geehrt, sondern wollte in seiner neuen gehobenen Stellung auch allgemein anerkannt werden. Rahn, laut Dietmar Lauermann »ein mittelgroßer, feingliedriger [...], äußerst nervöser Typus, schnellsprechend, von seiner Mission als Katharer-Entdecker überzeugt«,[20] geiferte förmlich nach steter Würdigung seiner Person. Sein Lektor Albert von Haller hatte deswegen Vorbehalte gegen ihn, und als Rahn ihm mit Verweis auf seine hohe Stellung im Staat tausend Mark abpressen wollte, brach er den Kontakt mit ihm ab. Dem Autor waren derlei persönliche Brüche offensichtlich egal. Er wurde immer herrischer und sah sich als Träger einer SS-Uniform dazu berechtigt, bei seiner Umgebung »Anstand, Würde, Wohlverhalten« einzuklagen. In Überhöhung seiner Person wies er so manches »hohe Tier« zurecht und handelte sich damit etliche Feindschaften ein.[21]
Und so kam es, wie es kommen musste. Im August 1937 geriet er selbst auf Grund jener moralischen Vergehen die er bei anderen so vehement bekämpfte, in Bedrängnis. Wegen exzessiven Alkoholgenusses kam er vor ein Parteischiedsgericht und wurde gemeinsam mit einem gewissen Karl Mahler zu mehreren »Bußen« verurteilt. Eine dieser Bußen verlangte, dass er zwei Jahre lang auf jeglichen Alkohol zu verzichten hatte, eine andere verlangte von ihm die Rückgabe seines Dienstgradabzeichens und die Ableistung einer viermonatigen Disziplinarstrafe im Konzentrationslager Dachau. Rahn fügte sich und tat von September bis Dezember 1937 Dienst im KZ. Seine dortige Einsatzbereitschaft wurde zwar bloß als »sehr mäßig« beurteilt, die im Lager herrschenden unmenschlichen Zustände hat er jedoch nie in Frage gestellt und – ganz im Gegenteil – die »Dachauer Kameraden« auch noch speziell gelobt. Im Gefolge eines kurzen Winterurlaubs im oberbayerischen Schliersee, wo er später ein kleines Bauernhaus in Miete nahm, machte er seinen Freund Perrier mit »einige[n] Führer[n] des SS-Totenkopf-Verbandes ›Oberbayern‹« bekannt.[22]
Rahn selbst war in der SS unterdessen wegen seiner harschen Umgangsart zunehmend umfehdet, bei der feinen Gesellschaft zugleich aber nach wie vor umschwärmt. Zu den Freunden, die er damals ge-

wann, gehörten unter anderem die Komponisten Hans Pfitzner oder Kurt Eggers. Letzterer lud ihn in seiner Funktion als Kulturwart des Dietrich-Eckart-Vereins im Januar 1938 zu einem Vortrag über Luzifer, den Lichtbringer, nach Dortmund ein, und auch andernorts war der esoterisch versierte SS-Mann gefragt. Positiv erwähnt wurde er auch in »Ludendorffs Halbmonatsschrift« und Hans W. Hagen erwartete als Folge von Rahns Buch die Bildung einer »neue[n] Gemeinschaft von ›guten Geistern‹«.[23] Vorzugsweise wohl im Umfeld der SS. Aber in der brauten sich immer dunklere Wolken gegen Rahn zusammen.

Der Anlassfall, der seinen endgültigen Sturz einleitete, war an sich eine Lappalie. Im April 1938 geriet der mittlerweile in München ansässige Schützling Himmlers in eine heftige Auseinandersetzung mit einem Vertrauten des Reichsführers SS, Franz Riedweg, der daraufhin seine Nazi-Freundesschar gegen den Autor mobilisierte. Angesichts der geballten Gegnerschaft sah sich Rahn genötigt, einen nach außen hin möglichst unangreifbaren Nimbus um sich aufzubauen. Zum Zwecke der Verbergung seiner homosexuellen Neigungen etwa erzählte er herum, sich demnächst verloben zu wollen, und kündigte Himmler im Sommer 1938 die baldige Verehelichung an. Der wiederum drängte auf raschen Vollzug und verursachte dem Schwindler damit größte Peinlichkeiten. Denn die Schweizerin, die sich Rahn als Gattin zugedacht hatte, war eine bloße Zufallsbekanntschaft, die, als sie die Homosexualität des Mannes entdeckte, erbost in die Schweiz zurückkreiste und ihn allein mit seinem vor den anderen versteckten Freund Perrier zurückließ. Rahn war einerseits sicherlich enttäuscht, andererseits aber, wie seine Fast-Ehefrau später feststellte, Himmler nach wie vor in absoluter Hörigkeit ergeben und begeistert von dessen »Idee eines von SS-Elite geführten Staates [...]. In der SS sah er einen den Templern verwandten Orden.«[24]

Von dieser Grundanschauung ausgehend dürfte ihm seine eigene moralische Unzulänglichkeit – neben seiner sexuellen Neigung ein starker Hang zu Alkohol und Nikotin – schwere seelische Probleme verursacht haben. Bei den SS-Herbstübungen des Jahres 1938 wurde ihm zudem bewusst, dass er die nötige Härte für diesen Orden nicht aufzubringen im Stande war. Die frühere Selbstüberschätzung und der ansatzweise Größenwahn wichen allmählich depressiven Zuständen. Als man ihn Ende Oktober ins Konzentrationslager Buchenwald abkommandierte, war seine Begeisterung für die SS endgültig verflogen. Rahn erlebte mit, wie nach der Reichskristallnacht vom 9./10. November 1938 Tausende Juden ins KZ eingeliefert wurden und etliche davon grausam zu Tode kamen. Die Zweifel des Himmler-Schützlings am System blieben indes nicht unbemerkt. Fühlte er sich bisher vor allem von den Jesuiten verfolgt, so waren es nun die eigenen Leute, vor denen er sich fürchtete. Himmler selbst dürfte Rahn bei alledem die Treue gehalten, ihm aber für den Fall der Richtigkeit der Homosexualitätsvorwürfe persönliche Konsequenzen nahe gelegt haben. Dieser »Empfehlung« Folge leistend bat er den Chef des Persönlichen Stabes SS-Gruppenführer Wolff im Februar 1939 um seine Dienstfreistellung. Per Schreiben vom 17. März wurde er rückwirkend mit 22. Februar aus der SS entlassen.

Zum Zeitpunkt der Ausstellung des Dokuments war er allerdings nicht mehr greifbar. Anfang März hatte Rahn eine Reihe alter Freunde besucht und sich bei ihnen ausgeweint. Anschließend war er nach Tirol gereist, wo sich seine Spur vorerst verlor. Wie sich später herausstellte, hatte er sich am 13. März von Kufstein aus auf den Weg nach Söll gemacht, war hier, um möglichst wenig Spuren zu hinterlassen, in einem Bergbach hochgewandert, hatte sich nahe einem Pestmarterl unter einen Baum gelegt, mit seinem Mantel zugedeckt und eine Überdosis Schlaftabletten geschluckt. Seine »schon stark verweste Leiche« wurde am 11. Mai 1939 von spielenden Bauernbuben entdeckt, tags darauf identifiziert, nach Wörgl überführt und dort beerdigt.[25] Der Selbstmord Rahns machte ihn bei der SS – gemäß deren Motto »Meine Ehre heißt Treue« – wieder hoffähig. Im Juni 1939 wurde er »als verstorbener SS-Führer« wieder in den »Orden mit dem Totenkopf« aufgenommen.

Rahns lange Zeit ungeklärtes Schicksal hat zum Teil wildeste Spekulationen wach werden lassen. War er vielleicht in Wirklichkeit ein Verfolgter des NS-Regimes oder zumindest, wie Detlev Rose meint, ein »Bauernopfer« Himmlers in seiner Auseinandersetzung mit Hitler-Sekretär Martin Bormann?[26] Oder hat er im Auftrag der Nazis den Gral gesucht? War er Geheimnissen auf die Spur gekommen und deshalb in den Tod getrieben worden? Hatte er sich auf einer spirituellen Ebene mit den Katharern vereint, deren Fall sich ja beinah am selben Tag jährte? Wahrscheinlich, so meinen die einen, hatte er den Gral gefunden und sich anschließend – wo sonst? – »auf einem heiligen Gipfel der Alten Religion« entleibt. Wieder andere esoterische Autoren sind davon überzeugt, dass er sich in den Tiroler Bergen gar nicht das Leben genommen hat, sondern erst 1943 in einem Konzentrationslager zu Tode gekommen ist.[27] Mutmaßungen über Mutmaßungen, die einer weiteren Verbreitung von Rahns »Kreuzzug gegen den Gral« in der Okkultszene natürlich nur dienlich waren. Auch die Anthroposophen, die dem Werk ursprünglich skeptisch gegenüberstanden, setzten sich in den frühen 1960er-Jahren recht intensiv damit auseinander und kamen schließlich zu einem positiven Urteil.[28] Gewürdigt wurde Rahn unter anderem auch von dem amerikanischen Schriftsteller Henry Miller, der ihn in einem Artikel in der »Zeit« unter jene »deutschen Autoren« reihte, denen er »viel verdank[t]e«.[29] Besonderen Nachhall aber fand der »Kreuzzug gegen den Gral« in neuheidnisch-rechtsextremen Zirkeln. Im »esoterischen Hitlerismus« des chilenischen Exdiplomaten Miguel Serrano, bei Saint-Loup alias Marc Augier und bei D. H. Haarmann finden sich – unter Berufung auf Rahn – Verknüpfungen des Grals mit den angeblichen geheimen Wunderwaffen der Nazis. Spekulationen bezüglich außerirdischer Katharer-Grals-Beziehungen sind auch in nicht rechtsextremen Ufo-Kreisen wie jenem um die Gebrüder Fiebag verbreitet. In derartigen Umfeldern gedieh das Rahn-Buch zu einem »heißen Lesetipp« für den Einstieg in die Grals- und Ufothematik. Als solcher wurde es verschiedentlich auch dem Autor dieser Zeilen ans Herz gelegt. Unkritisch gelesen könnte es aber über die mitgelieferten ideologischen Versatzstücke durchaus zu weit mehr, nämlich zu einer Art Einstiegsdroge in die politisch-esoterische Sphäre der »Neuen Rechten« werden. Ansätze dazu sind seit einiger Zeit auch im Internet zu finden, wo sich eine eigene Rahn-Informationsaustauschbörse gebildet hat. Unter www.arctogaia.com wird zudem eine an Serrano orientierte Rahn-Biografie als Teil einer »Conservative Revolution« feilgeboten. Zum Ausklang dieser Biografie wird Otto Rahn in »angemessener Huldigung« ins »Königreich der Unsterblichen, Ultima Thule«, erhoben.[30] Womit er auf seiner Gralssuche über die »Niederungen homosexueller Wirrungen« und die Mitgliedschaft bei der SS schlussendlich im Endzeitparadies der extremen Rechten gelandet wäre. Rahns Biograf Lange sieht die Sache freilich ganz anders und bezeichnet den geschassten Himmler-Schützling nach Durchsicht aller Fakten als »armes, schwules Schwein, das zerrieben wurde«.[31]

ERIK JAN
HANUSSEN

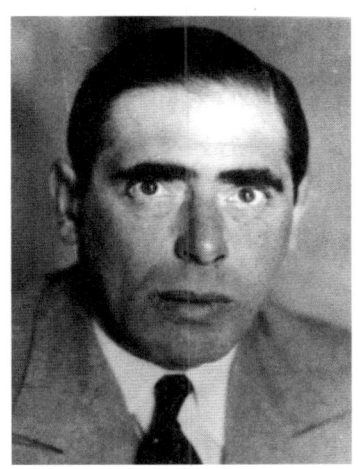

der »Hellseher des Teufels«

Unter dem bürgerlichen Namen Hermann Steinschneider – und noch
weniger unter seinem als eindeutig jüdisch erkennbaren Kosenamen
Herschel – hätte er als »Hellseher« wohl kaum so groß Karriere machen können. Erik Jan Hanussen, wie er sich hochstapelnd-arisie-
rend nannte, klang da schon viel besser. Nebst einträglichen Zu-
kunftsschaugeschäften hatte diese Künstlerbezeichnung zudem den
Vorteil, ihm die Tore zu jener politischen Bewegung zu öffnen, der er
sich letztendlich auf Gedeih und Verderb auslieferte, dem Nationalsozialismus.
Zur Welt kam der spätere Okkultkünstler am 2. Juli 1889 am
Yppenplatz in Ottakring, einem damals noch nicht eingemeindeten
Vorort Wiens. Sein zeitweiliger Weggefährte Géza von Cziffra behauptete in einer romanhaft ausgeschmückten Biografie, dass Her-
schels tatsächliche Geburtsstätte ein Wiener Kreisgefängnis gewesen
wäre. Seine Eltern sollen dort wegen angeblichen Diebstahls von Fa-
milienschmuck festgehalten worden sein.[1] Was laut Cziffra allerdings
nur ein Vorwand war, denn in Wirklichkeit hatten sich die beiden einen »romantischen Fehltritt«[2] geleistet. Hermanns Vater, der jüdische Schauspieler Siegfried Steinschneider, hatte nämlich Julie, die

Tochter des reichen jüdischen Pelzhändlers Samuel Kohn, ver- und dann auch noch entführt. Und dies hatte den Geschäftsmann so erzürnt, dass er die beiden zunächst polizeilich verfolgen und einsperren ließ, anbetrachts der Herniederkunft eines möglichen Stammhalters dann aber doch schonte.

Ob diese Geschichte nun stimmt oder nicht, ist nur schwer feststellbar. Die reiche Herkunft der Mutter mag durchaus zutreffen, beim Vater wird die Sache allerdings komplizierter. Vom Sohn später als »Schmierenkomödiant« abgetan, war dieser Spross einer angesehenen jüdischen Familie immerhin eine Zeit lang Mitglied im Ensemble des Theaters an der Wien. Über ihn könnte die Ahnenreihe des Hellsehers Hanussen-Steinschneider zurückreichen auf die »alten Wunderrabbis von Proßnitz«.[3] Diese Bezirksstadt in Mähren – heute heißt sie Prostějov – war allem Anschein nach die Heimat der Familie väterlicherseits. Zu Ende des 18. Jahrhunderts wirkte dort tatsächlich ein als Ahnherr in Frage kommender Rabbi namens Aaron Daniel Prossnitz mit dem angenommenen Namen Steinschneider.[4] In dessen Verwandtschaftslinie gehörte das Vermitteln rabbinischen Wissens ebenso zur Tradition wie das Weitergeben von Wundergeschichten. Hanussen-Steinschneider hat aus dieser Tradition bis zur Neige geschöpft. Aus jenen Schriften, in denen er später seine Weltanschauung darlegte, lässt sich überdies schließen, dass er dem Chassidismus nahe stand. Diese im osteuropäischen Judentum weit verbreitete Geistesströmung verband jahwistischen Gottesglauben mit Magie, kabbalistische Mystik mit Weltzugewandtheit und Wunderglauben mit Geschäftssinn.[5]

In diese Welt also wuchs Har(r)y, Herschel, Herschmann oder Chaim, wie er von seinen Eltern genannt wurde, hinein. Dass Papa Siegfried sich als Mitglied einer kleinen Theatergruppe verdingte, die quer durchs Land zog und an nicht grad noblen Orten auftrat, wie der Junge später behauptete, mag stimmen oder auch nicht. 1895 jedenfalls ließ sich die Familie im mährischen Boskowitz, dem heutigen Boskovice, nieder, wo der Vater einen Job als Vertreter einer Textilfirma annahm und Herschel die Grundschule besuchte. Um der in dem kleinen Nest herrschenden Langeweile zu entkommen, sammelte der Junge eine kleine Bande um sich und machte mit ihr die Gegend unsicher. Im Alter von neun Jahren soll ihn späteren Selbstdarstellungen zufolge die Versuchung überkommen haben, den ganzen Ort anzuzünden. Mit der simplen Begründung »Wir wollten Helden werden« entflammten sie schließlich eine Mühle, in der – oh wunderlicher Zufall – gerade ein Räuber Unterschlupf genommen hatte.[6] Durch dessen Festnahme wurde die Zündelei zu einer gemeinnützigen Tat und der junge Steinschneider ein gefeierter Held. Anderen Darstellung zufolge flog er jedoch – ganz unheroisch – wegen Brandstiftung von der Schule. Und um sich der Schande öffentlicher Brandmarkung zu entziehen, siedelte die Familie 1901 nach Wien zurück.

Dort kaum angekommen, verstarb die schon seit längerem kränkelnde Mutter. Als der Vater ein halbes Jahr danach wieder heiratete, war das angenehme Leben endgültig vorbei und Herschel ein ungeliebter Stiefsohn. Er entzog sich der misslichen Situation zu Hause, indem er sich während seiner schulfreien Zeit immer häufiger ins Café Louvre und andere verruchte Lokale absetzte. Die »Gauner und Huren«, die er dort traf, bezeichnete er später als »die anständigsten« unter allen Menschen. Eine 45-jährige Soubrette – Darstellerin kabarettistischer Sopranpartien – wurde Steinschneiders Angaben zufolge seine erste große Liebe. Um das Jahr 1903 nahm sie sich des damals 14-Jährigen an, machte ihn mit allerlei trickreichen Herrschaften bekannt und ermöglichte ihm ein einigermaßen gutes Auskommen. Unter ihren Fittichen wuchs der Junge hinein in eine Welt der Lebenslust, Künstelei und Betrügerei.

Was die weitere Laufbahn des jungen Steinschneider betrifft, so berichtete er später, dass er durch die österreichisch-ungarische Monarchie getingelt und auch in andere Länder gelangt wäre. 1906 hätte er die Rolle eines »Oberregisseurs« übernommen, 1909 in Sarajevo seinen Militärdienst abgeleistet und anschließend als Laufbursche der Theateragentur Minkus gearbeitet – wobei die letzteren beiden Angaben durchaus zutreffen könnten. 1912 hätte der mittlerweile 23-Jährige dann eine Operettentournee durch die Türkei organisiert, in Istanbul »Franz Lehár« höchstpersönlich auftreten lassen und sich auf dem Heimreiseschiff als »der berühmte Sänger Titta Ruffo« ausgegeben. Dass er die als Entgelt für die Schiffsfahrt gedachte Abschiedsvorstellung in letzter Minute »wegen Heiserkeit« absagte, war zumindest von der Begründung her nicht gelogen. Denn Singen war ebenso wenig seine Stärke wie Wahrheitstreue.

Am 19. Mai 1912 heiratete Hermann Steinschneider nach israelitischem Ritus in Wien die um vier Jahre ältere Souffleuse Herta Samter. Das bald darauf zur Welt gekommene Kind verstarb kurz nach der Geburt und in der Folge ging auch die Ehe schief. Schon 1913 lebten die beiden getrennt, blieben aber noch sieben Jahre lang verheiratet.[7] In der Zwischenzeit verdingte sich Hermann Steinschneider als Journalist. 1910 soll er laut Heinrich Wissiak unter Vermittlung seines Onkels Max Arminski im kroatischen Osiek für die »Regierungszeitung ›Die Drau‹«, danach in Wien für die »Österreichische Handelszeitung« und schließlich bei der »Hochzeitszeitung« gearbeitet haben.[8] Von 1912 an schrieb er unter dem sinnigen Namen »Adam Wahrheit« Artikel für verschiedene Zeitschriften und verfasste nebenbei Liebesromane und Gedichte.

Bis 1914 verdiente Steinschneider sein Geld hauptsächlich im Wiener Café Louvre, wo er sich als Couplet-Dichter und -Kopist versuchte. Daneben trat er unter Anderem im Wiener Kabarett »Simplicissimus« auf. Die Lieder, die er damals schrieb, erschienen 1915 in gedruckter Form bei zwei kleinen Verlagen im mährischen Olmütz unter den Titeln »Uhu ist tot« und »Was so übers Brettl ging … Poetika aus Musentempeln, die ohne Vorhang spielen«. Am 28. Mai 1913 wurde der nur mäßig erfolgreiche Komödiant unter dem Pseudonym »Faun« Mitarbeiter des Boulevardblattes »Der Blitz«. Als Einstiegsgeschichte dort entwarf er »Die Abenteuer des Major Quitsch«, eine Beschreibung nächtlicher Lokaltouren durch Wien. Günstige Darstellungen ließ er sich dabei von den jeweiligen Ladenbesitzern entsprechend entgelten. Weigerten sich die Betroffenen, so gab es eine schlechte Presse. Dies wiederum hatte beinah regelmäßig Beschlagnahmungen des »Blitzes« zur Folge. Als der Artikelschreiber am 14. August mit seinem treuen Gefolgsmann, dem »Pfeifendeckel Leitner« alias Erasmus Pankratius Roßkopf, im Phönix-Palast, einem Bordell im Prater, auftauchte, veranlasste dessen Besitzerin Amalia Swoboda vorsorglich seine Verhaftung.[9]

Steinschneider ließ sich dadurch allerdings nicht beirren. Er war, wie sein späterer Manager und Intimfeind Erich Juhn berichtete, »über Klatschaffären und Gerüchte […] so gut auf dem Laufenden, dass er Artikel über besonders exponierte Mitglieder der guten Gesellschaft drucken ließ und mit den Bürstenabzügen in der Hand nette, kleine Besuche machte, die regelmäßig die Zurückziehung des Artikels zur Folge hatten«.[10] Es ist anzunehmen, dass er sich auf diese Weise erkleckliche Summen ergaunerte. Im Verlag stieß er mit dieser Vorgangsweise zunehmend auf Probleme und wurde im Januar 1914 entlassen. Mit dem erworbenen Redakteurswissen gründete er daraufhin seinen eigenen »Blitz« und schaffte es immerhin, das Blatt ein halbes Jahr lang durchzubringen.

In der Zwischenzeit trat er des Öfteren wieder im Café Louvre auf und begegnete dort im Februar 1914 Joe Labéro. Dieser aus München stammende »Experimental-Psychologe« war vermutlich der erste, der Hermann Steinschneider mit der praktischen Umsetzung okkulter Künste im Rahmen theatralischer Aufführungen vertraut machte. Labéro brachte ihm die Grundlagen der Telepathie – sprich Wahrnehmung räumlich oder zeitlich entfernter Vorgänge – und des Muskellesens bei, tat dies aber nicht nur aus Sympathie mit dem jungen Wiener, sondern auch zu eigenem Nutzen. Denn der Münchner Trickkünstler hatte noch eine Rechnung offen mit einem aus Brünn stammenden Konkurrenten, dem einst berühmten »Magier« Eugen de Rubini alias Leo Rubiner. Konkret hoffte er, durch einen denunzierenden Brief, den er – ein Gegengeschäft zu seinen Lehrstunden – als Leitartikel in Steinschneiders »Blitz« unterbrachte, seinen Widerpart aus dem Geschäft drängen zu können. Der Plan ging zwar nicht auf, aber immerhin lernte der »Blitz«-Macher seinerseits auf diese Weise einen anderen namhaften Zauberkünstler kennen. Im Mai 1914 traf er erstmals mit Rubini zusammen und der brachte ihm weitere Tricks bei – vom Gedankenlesen über hypnotische Kunststücke bis zum Auffinden eines während seiner Abwesenheit im Saal versteckten Gegenstandes. Der umtriebige Journalist war ein gelehriger Schüler, wollte zunächst aber nicht selbst »Magie« betreiben, sondern aufklären. Bis in die Kriegszeit hinein hielt er Vorträge, in denen er die Tricks der Trickkünstler bloßlegte. 1917 veröffentlichte er sogar zwei Broschüren mit entlarvenden Erläuterungen zu einzelnen magischen Kunststücken: »Der hypnotische Schlaf« und »Worauf beruht das …?! Telepathie, ihre Erklärung und Ausübung«. Die beiden Bände blieben jedoch Ladenhüter, was dem Autor die bittere Erkenntnis entlockte: »Wer den Menschen das Wunder zu geben vorgibt, wird immer mehr Erfolg haben als der, der sie von der Unmöglichkeit dieser Wunder überzeugen will.«[11] Und weil Herschel Steinschneider nun mal Erfolg haben sollte, wechselte er die Fronten. Dieser Frontwechsel vollzog sich allerdings nicht auf heimatlichen

Bühnen, sondern in militärischen Gefilden. Im Spätsommer 1914 wurde Hermann Steinschneider eingezogen, erhielt eine profunde Grundausbildung und kam zunächst nach Galizien. Dort dürfte er tatsächlich im Kampf eingesetzt worden sein, entzog sich aber unter Vorspielung eines »Gemütsleidens« härteren Diensten. Dass er, wie er später berichtete, als Frontunterhalter »Schützengrabentheater, Läusewettrennen, Tombolaspiele« und Ähnliches veranstaltete,[12] mag durchaus zutreffen. Zum Kampfeinsatz jedenfalls taugte er nicht und so versetzte man ihn zur Feldgendarmerie nach Gorlice. Dort tat er sich mit dem örtlichen Bezirkshauptmann Mitschka zusammen, der die Kontrolle über die Feldpost innehatte, und veranstaltete mit dessen tatkräftiger Unterstützung »hellseherische Versuche«. In deren Rahmen förderte er Geheimnisse zu Tage, die ihm sein Kompagnon zuvor nach ausgiebiger Postlektüre zugesteckt hatte. Als zusätzliches Gustostückchen setzte der Soldatenunterhalter ein Ende 1913 in Berlin von einem gewissen Janos Bartel erworbenes Nummernspiel ein, »das nach einer bestimmten Regel gelegt, das Erraten von Zahlen« ermöglichte.[13] Mit dem Brimborium eines Magiers versehen, wurde Steinschneider bald zu einer Berühmtheit in der Truppe.

1916 begann er sich nebenher mit der Kunst des Wünschelrutengehens zu beschäftigen. Angeblich hatte ihm dabei der bekannte »Rutenforscher« Moritz Benedikt aus Wien als Lehrmeister gedient. Steinschneider setzte das Erlernte in eine materiell einträgliche Praxis um, spürte mit der Wünschelrute Wasseradern nach und erteilte dem Gendarmeriestab der Armee Unterricht im Rutengehen. Als zusätzliche Dienstleistung legte er den Offizieren und ihren Gattinnen Karten. Eines Tages fing Mitschka den Brief an einen Kompanieführer mit der an diesen gerichteten Nachricht von der Geburt eines Sohnes ab, was Steinschneider dem Betreffenden während der nächsten Vorstellung »voraussagte«. Diese »Hellsicht« sorgte für einigen Wirbel und machte Steinschneider zu einem gefragten »Propheten«. Als Belohnung für die zugetroffene Voraussage soll er von höchster Stelle belobigt und schließlich sogar befördert worden sein. Bei seiner Entlassung aus dem kaiserlich-königlichen Dienst war der zauberkünstelnde Soldatenunterhalter Zugführer und offizieller militärischer Wünschelrutengänger.

Um seiner weiteren Karriere einen profitableren Anstrich zu verlei-

Telepathologisches.

(Zeichnungen von Peter Eng.)

Der Telepath Hanussen entdeckt mit Hilfe der
Wünschelrute eine ergiebige Wasserquelle.

hen, legte sich Steinschneider im April 1918 den klingenden Namen
»Erik (Jan) Hanussen« zu. Dieses Pseudonym, ursprünglich »Hanus-
sohn«, soll laut Cziffra an jenen Hauptmann erinnern, der ihn
gleichsam an Sohnes statt angenommen hatte.[14] In Wirklichkeit legte
er sich den Namen auf Grund einer Anregung des Impresarios Joseph Koller in Anlehnung an die Tänzerin Ronnie Johannsson zu,
um nicht gleich von vornherein als Jude erkennbar zu sein.[15] Vor allem aber klang der Name viel besser und ließ sich entsprechend pro-
fitträchtiger vermarkten. Denn Herschel alias Erik wollte hoch hinaus. Ab April 1918 trat er in Wien, unter Anderem im Apollo-
Theater, vor vollen Sälen als geheimnisvoller »Telepath« auf, der Ge-

danken lesen und mit erstaunlichen geistigen Fähigkeiten die unglaublichsten Dinge bewerkstelligen konnte. Unter den Zuschauern befanden sich hochnoble Damen und Herrschaften und manche von ihnen wie etwa der österreichisch-ungarische Feldmarschall Graf Conrad von Hötzendorf waren sich nicht zu schade, ihm als »Medium« zu dienen.

Hanussen wurde schnell berühmt und eine namhafte Bewundererschar sorgte für die rasche Weiterverbreitung seines Rufs. Gleichsam als Zugabe zu seinen öffentlichen Darbietungen ließ er seine Fähigkeiten auch »wissenschaftlich« untersuchen. Die im Wiener Physikalischen Institut durchgeführten Experimente brachten zwar keine außergewöhnlichen Ergebnisse, aber allein die Tatsache, dass er sich einer fachkräftigen Jury stellte, machte ihn zu einer noch geheimnisvolleren Persönlichkeit. Im Februar 1919 lieferte er seinen bis dahin publicityträchtigsten Auftritt. Der »Hellseher« bot sich damals an, vermittels seiner gedankenleserischen Fähigkeiten einen Banknotendieb zu entlarven. Und es gelang ihm tatsächlich, einen Täter zu benennen und Pressevertreter zu dessen Versteck zu führen. Von den zugezogenen Zeitungen wurde er daraufhin groß als Entlarver des Diebs gefeiert und mit dem Ruf eines »telepathischen Detektivs« versehen. Die Folge war ein ungeheurer Rummel um seine Person, der bis Amerika widerhallte. Und es entstand ein Film, der 1920 unter dem Titel »Hypnose. Hanussens erstes Abenteuer. Detektiv-Drama in 5 Akten« öffentlich vorgeführt wurde. Die in dem Diebsfall ermittelnden Beamten, aus deren Kreis der »Hellseher« möglicherweise einen vertraulichen Hinweis erhalten hatte, waren über diese Entwicklung freilich wenig erfreut. Wegen seines enormen Ruhms wagten es die Behörden jedoch nicht, ihre bezüglich der Praktiken und der Herkunft Hanussens aufkommenden Zweifel öffentlich breitzutreten.[16]

Der »Telepath« konnte also weiter unbeirrt öffentlich auftreten. Und er betätigte sich zudem als Lehrer für eine zahlungskräftige Schülerschar. In seinem Unterricht verknüpfte er den herrschenden Okkultglauben mit Trickkünsten, die auf einer Mischung aus Fragenlogik, Muskellesen, Hypnose und massenpsychologischen Kenntnissen beruhten. 1920 brachte Hanussen-Steinschneider zwei »Lehrbücher« über »Die Wünschelrute« und »Das Gedankenlesen« auf den Markt. In Letzterem offenbarte er auch, worum es ihm eigentlich ging:

»Selbstbewusstsein und Selbstvertrauen [und] Kraft muss derjenige in sich fühlen, der herrschen will über die andern, Kraft derjenige, welcher dem Erdreiche seine Schätze abjagen will mit der Holzgabel in den Fäusten; Kraft zum Erfolg – auf dem Weg hinauf.«[17] In einem 1922 nachgereichten Werk über »Die Weltseele« bemühte sich der Zauberkünstler, seinem Tun einen umfassend esoterischen Anstrich zu geben. Dass dieser Anstrich stark jüdische Züge trug und dies politisch nicht ungefährlich war, ist dem Autor wohl erst nach der Veröffentlichung bewusst geworden. Im Jahr darauf ließ er die gesamte Auflage nämlich wieder einstampfen.

Privat fand Herschel Steinschneider unterdessen eine neue große Liebe. Risa Luksch, die am 22. März 1893 geborene Tochter eines Wiener Beamten, war sogar bereit, den mosaischen Glauben anzunehmen, um den Wünschen ihres Liebhabers gerecht zu werden. Zwei Wochen nach der offiziellen Scheidung von seiner ersten Frau – sie wurde nach alttestamentarischem Ritus per Brief vollzogen – ehelichte der »Magier« am 3. August 1920 im jüdischen Seitenstetten-Tempel die zu diesem Zeitpunkt bereits hochschwangere Konvertitin. Etwas mehr als einen Monat später, am 9. September, kam seine Tochter Erika zur Welt.[18] Viel Zeit für ein einigermaßen geregeltes Familienleben blieb den dreien aber nicht. Denn Hanussen war ein im In- und Ausland gefragter Magier – und überdies ein nicht unbedingt treuer Ehegatte.

Im Frühjahr 1921 wurde er von einem Wiener Großindustriellen zur Behandlung von Schluckbeschwerden zugezogen. Die von Hanussen dabei angewandte hypnotische Methode brachte den Behandelten – und letztlich Geheilten – auf die Idee, sich den griechischen Kriegsminister zwecks Einfädelung eines Waffengeschäfts mit dem gleichen Verfahren gefügig zu machen. Hanussen sah in der Sache kein Problem und zog los. In Athen kam er an den Minister zwar nicht heran, wohl aber an eine junge Griechin aus seinem Umfeld. Die freilich brauchte er nicht weiter zu hypnotisieren, denn sie gab sich ihm schon von vornherein in jeglicher Hinsicht hin. Und da er schon mal in Griechenland war, hielt der umtriebige Hypnotiseur gleich ein paar Vorstellungen ab und bekam ein Engagement am Dymotikon-Theater. Von dort aus tourte er weiter nach Saloniki und Istanbul, brach eine lange Reihe von Frauenherzen und wurde eigenen Angaben zu Folge so berühmt wie einst Karl May alias Kara ben Nemsi.

»El Sah'r«, einen Magier oder Zauberer, sollen ihn die Moslems in der Türkei genannt haben.
Über Smyrna respektive Izmir kehrte Hanussen zurück nach Griechenland, traf auf der Insel Xanthos Rauschgiftschmuggler und fuhr in ihrem Auftrag über das Mittelmeer nach Alexandria. In der ägyptischen Metropole führte er mehrere Auftritte durch und fand in dem gebürtigen Galizier Max Bock alias Philip Neufeld einen versierten Impresario. Mit ihm zusammen reiste er nach Damaskus und über Palästina zurück nach Kairo. Da ihm Ägypten nicht einträglich genug war, überquerte er neuerlich das Mittelmeer, um auf den Inseln Kos, Rhodos und Korfu spiritistische Sitzungen abzuhalten. In diesem Zusammenhang lernte er Iris, die Tochter des Direktors der Suezkanal-Gesellschaft, kennen – und verliebte sich in sie. Die Gefühlsstürme trafen Hanussen so heftig, dass er der Angebeteten sogar nach Port Said folgte, dort aber zum ersten Mal in seinem Leben von Skrupeln erfasst wurde. Wie konnte er, ein Trickkünstler und Casanova, ein so unschuldiges Geschöpf in ein so unstetes Leben, wie er es führte, hineinziehen? Ob wegen dieser Bedenken oder aus anderen Gründen – er brach die Beziehung wieder ab und suchte das Weite. Selbiges tat schließlich auch sein Impresario Neufeld. Als der Hypnotiseur – wieder ganz der alte Casanova – ihm eine Geliebte abspenstig machte, packte er seine Sachen und zog eigener Wege.[19]
Der wieder allein agierende »Magier« kehrte daraufhin nach Wien zurück und traf hier auf eine wirtschaftlich in die Krise geratene Welt. Im Herbst 1922 befand sich die Inflationszeit auf dem Höhepunkt und da war es nicht leicht für einen Künstler, ein ausreichendes Auskommen zu finden. Hanussen versuchte es auf seine gewohnte »telepathische« Art, aber auch als Dramatiker. Im Dezember 1922 kam seine Komödie »Der Doktor Svengali« im Wiener Bürgertheater zur Aufführung. Mit von der Partie war damals ein junger Schauspieler namens Karl Farkas, der später einer der bedeutendsten Kabarettisten Österreichs werden sollte. Das Stück selbst ähnelte sehr stark Paul M. Potters 1894 uraufgeführtem Drama »Trilby« und handelte – typisch für Hanussen – von einem »berühmten Telepathen«, der eine Frau durch Hypnose zur Liebe zwingen will. Als er sich dann tatsächlich in sie verliebt, verliert er seine Kraft und bricht zusammen.[20]
Im wirklichen Leben verlor der Zauberkünstler indes nichts von sei-

ner Energie und brach im Januar 1923 einen Zwist mit dem »Wiener Eisenkönig« Sigmund Breitbart vom Zaun. Dieser 1882 in Lodz geborene ehemalige Schlosser bog »dicke Eisenstangen zu Spiralen, schlug Nägel mit der flachen Hand in starke Bohlen« und »ging sogar so weit, Ketten zwischen den Zähnen zu zerbeißen, als wären sie Salzbrezeln«.[21] Je mehr er mit diesen Kunststücken Erfolg hatte, desto mehr wuchs Hanussens Eifersucht. Um dem Gegner – der wie er selbst vermutlich chassidischer Herkunft war – Boden abzugraben, lancierte er Zeitungsartikel, in denen Breitbart als »Schwindler und Betrüger« verunglimpft wurde. Manager des Eisenkönigs war der frühere Rubini-Sekretär (Adolf) Erich Juhn, der damit einmal mehr ins Schussfeld Hanussens geriet. Juhn war abseits seiner Theatertätigkeit Journalist und Funktionär verschiedener jüdischer Vereinigungen. Verwegen aussehend, »das Gesicht pockennarbig, der Blick stechend«,[22] empfand er sich als »guter Zionist«. In diesem Zusammenhang war ihm Hanussen spätestens ab dem »Krieg der Eisenbeißer« als Trickbetrüger, aber auch als Verräter am Judentum ein stechender Dorn im Auge.

Seinem Widersacher ließ er davon freilich nichts merken. Ungeachtet der sich gegen ihn zusammenbrauenden innerjüdischen Gewitterwolken engagierte Hanussen »ein blasses junges Mädchen« namens Martha Farra als »Medium«, präsentierte sie als »die stärkste Frau der Welt« und kopierte mit ihr die Tricks des Kontrahenten Breitbart. Ja, er überbot sie sogar noch, indem er seine Vorführungen mit magischem Klimbim anreicherte. Die Folge dieses zum Skandal hochgespielten Zaubererzwists waren gröbliche Auseinandersetzungen zwischen den Anhängern der beiden, die darin gipfelten, dass auch die Hauptdarsteller selbst aneinander gerieten. Dass Hanussen seine Mitarbeiterin in angeblicher Hypnose die gleichen Tricks, wie sie Breitbart anwandte, durchführen ließ, brachte Letzteren nämlich so sehr in Rage, dass er über den Kopisten herfiel und drohte, ihn umzubringen. Während Breitbart im nachfolgenden Prozess wegen »tätlicher Ehrenbeleidigung« zu einer hohen Geldstrafe verurteilt wurde, hatte die Sache für Hanussen schlimmere Folgen. Zunächst vier Tage lang in Arrest gehalten, wurde er am 5. Februar 1923 als tschechoslowakischer Staatsbürger für zehn Jahre des Landes verwiesen.

Dies brachte den aufstrebenden Magier allerdings keineswegs aus dem Konzept. Ganz im Gegenteil, strebte er doch schon längst nach einer internationalen, wenn nicht gar Weltkarriere. Mit dieser Erwartung begab er sich im Juni 1923 zusammen mit Martha Farra auf eine Tournee durch Osteuropa. Die Reise endete jedoch schon nach kurzer Zeit mit einem Fiasko. In Budapest, der wichtigsten Station dabei, verliebte sich nämlich sein »Medium« in einen Artisten namens »Rex«, bürgerlich Stefan Réthey, und beschloss daraufhin, Hanussen zu verlassen. In einer Nacht-und-Nebel-Aktion entfloh sie mitsamt ihrem Geliebten und – folgenschwer – auch den Requisiten des Magiers. Das Paar trat nun im oberungarischen Neutra mit einer eigenen Show auf, was Hanussen sehr bald zu Ohren gekommen sein muss. Er reiste den beiden nach, verprügelte sie und erstattete Anzeige wegen Diebstahls. Rex und Farra mussten die Requisiten zwar zurückgeben, vom Vorwurf des Diebstahls wurden sie jedoch freigesprochen, »weil die Angelegenheit auf dem Betrug des Publikums« beruhte.[23]

Wieder im Besitz seines Vorführungszubehörs machte sich der gehörnte Zauberkünstler auf die Suche nach einer neuen »Martha Farra« und fand sie in der 1903 geborenen Zirkusreiterin Rose Presi. Drei Monate lang trainierte er mit ihr, ehe sie im September 1923 im Liebich-Theater in Breslau zum ersten Mal gemeinsam öffentlich auftraten. In der Folge waren die beiden unter anderem in Nürnberg, Leipzig und Brüssel zu bewundern. Zum Abschluss der Tour gastierten sie Ende Oktober im Berliner Zirkus Busch. Hanussen war klug genug, sich angesichts der steigenden Inflation in Sachwerten auszahlen zu lassen und »legte [so] den Grundstock für sein Vermögen«.[24] In Berlin nahm er sich auch wieder einen Sekretär, und zwar einen alten Bekannten, nämlich seinen mittlerweile ins Elend gestürzten Ex-Impresario Philip Neufeld.

Eine der ersten Aktionen des Dreier-Teams war ein neuer Film. Der handelte – wie könnte es anders sein – von einem »scharfsinnigen Detektiv«. Und weil die Sache gut anlief, drehte man binnen kurzer Zeit ein paar weitere kleine Leinwandstreifen mit praktisch gleichem Inhalt. Zwischendurch trat Hanussen in Bratislava auf, im Dezember 1923 dann in Königsberg und Memel. Dort hatten die Behörden allerdings kein Verständnis für den Kettenzerbeißtrick und andere Betrügereien, die da vorgeführt wurden. Nach Beendigung des Gastspiels wurde die Künstlertruppe des Landes verwiesen. Hanussen ging nur allzu gern, hatte er doch unterdessen ein Angebot des New Yorker »Hippodrome« erhalten, das er angesichts der enormen Höhe des gebotenen Honorars nicht abschlagen konnte. In den USA angekommen, musste er freilich feststellen, dass das Theater nicht ihn allein engagiert hatte. Ihm zur Seite sollte nämlich sein alter Widersacher Breitbart auftreten und beide zusammen sollten in Vorstellungs-Wettkämpfen den »Krieg der Eisenbeißer« wieder aufleben lassen. Der entwickelte sich dann auch tatsächlich wie erwartet zu einem Publikumsmagneten, brachte aber mehrmals schwere Schlägereien mit sich. Die später von Hanussen als äußerst erfolgreich dargestellte Amerika-Tournee endete damit, dass seine »Martha Farra« bei einem Elefantenversuch verletzt wurde und sich daraufhin von ihrem Chef trennte. Einer Meldung des »Circus Performer Sues« vom 8. Juli 1932 zufolge soll sie nach ihrer Genesung geheiratet haben und wieder im Zirkusbereich tätig geworden sein. Gegner Hanussens waren unterdessen nicht müde ständig und immer wieder zu behaupten, sie wäre – natürlich aus Verschulden des »Magiers« – an den Folgen des Unglücks verstorben.

Üble Nachredner und sonstige Feinde hatte Hanussen zweifellos genug. Zurück in Deutschland ließ er sich im Frühjahr 1924 von seiner Frau Risa scheiden und engagierte mit der Rheinländerin Anna Schedel seine dritte »Martha Farra«. Im Sommer und Herbst tourte er mit ihr durch Sachsen, trat danach in Nürnberg und im Dezember in Köln auf. Dort wurde er auf Grund einer Anzeige Breitbarts »wegen grober Täuschung des Publikums« wieder einmal festgenommen. Als »Martha Farra« bei der Einvernahme dann jedoch eine vom Kläger selbst zur Verfügung gestellte Kette durchbiss, wurde die Sache wieder fallen gelassen und Hanussen durfte weiterziehen. Nach Auftritten in Polen, Ungarn und Jugoslawien erkrankte der Zauberkünstler und musste umgehend zurück nach Berlin, um sich operieren zu lassen. Sein Impresario Neufeld nutzte diese Gelegenheit und verließ ihn zum zweiten Mal – gemeinsam mit »Martha Farra« Nummer drei.[25]

Hanussen arbeitete von da an mit wechselnden Partnern und Partnerinnen und gastierte mit deren Spezialvorführungen im weiteren Verlauf des Jahres 1925 an verschiedenen Spielstätten in Berlin. Die dabei vorgeführten Tricks verliefen allerdings nicht immer zufrieden stellend. Das von ihm inszenierte »Schau-Hungern« etwa, bei dem eine in einem Glaskäfig ausgestellte Frau namens »Lola« den Weltrekord im Hungern brechen wollte, endete am 32. Tag damit, dass die Eingesperrte das Glas des Käfigs zertrümmerte. Am erfolgreichsten war fraglos »Omikron – der lebende Gasometer«. Der dafür von Hanussen engagierte Artist Fritz Jung brachte über Gummischläuche – angeblich durch Acetylengas aus dem Magen heraus, in Wirklichkeit vermittels eines mit Gasolin getränkten Schwammes im Mund – eine Gaslampe zum Brennen. Mit diesem Trick verblüfften Hanussen und Jung sensationslüsterne Zuschauer in mehreren Städten im Herzen Deutschlands. Nach einer neuerlichen Verhaftung wegen Betrugs durch die Polizei von Leipzig führten sie den Trick auch den dortigen Beamten vor – und hatten Erfolg. Sie wurden prompt wieder auf freien Fuß gesetzt. Eindrucksvoll getäuscht hat Hanussen sein Publikum schließlich noch mit seinem »blutweinenden Bergmann Paul Diebel« und Fakirtricks, die er zum Teil selbst durchführte.

Im Herbst 1926 beendete der Trickkünstler die durchaus nicht ungefährlichen Darbietungen und begab sich auf eine Vortragsreise durch die Tschechoslowakei. Am 26. November erhielt er eine auf ein halbes Jahr beschränkte Konzession der Brünner Landesverwaltung mit einer Berechtigung für Grafologie – sprich Charaktererkennung vermittels Handschriftenlesens –, »Salonzauberei« und Ähnliches. Nach seinen Auftritten in Prag im Juni 1927 bekam er jedoch Schwierigkeiten mit den örtlichen Behörden, die ihm Hypnose- und Telepathie-Vorführungen verboten. Um Kniffe nicht verlegen griff Hanussen daraufhin zu einem Trick und erfand das »Gomboloy«. Mit diesem Fantasienamen bezeichnete er laut einer im selben Jahr veröffentlichten Broschüre eine »orientalische Perlenschnur«, die er als »Hypnoskop« benutzte und mit deren Hilfe er sich – vorgeblich – selbst hypnotisierte, um daraufhin in Trance »wahrzusagen«.[26] Zwecks weiterer rechtlicher Absicherung tat er sich überdies mit der behördlich anerkannten Hellseherin »Fürstin Leila Hanuma« alias Fränkel, zusammen und erweiterte seine Okkultschau um die Chiromantie, das heißt Charakterdeutung auf der Grundlage des Handlesens.

Hanussen betätigte sich in seinen Shows von nun an nicht nur als Vorführer magischer Tricks, sondern auch als Schicksals- und Zukunftsdeuter. Er begann diesbezüglich sogar eigene Sprechstunden abzuhalten und mietete hierzu Hotelzimmer als Privatordinationen.

Die ihm eigene »Menschenkenntnis, Schlagfertigkeit und Kombinationskraft«[27] sorgten zunächst für Erfolg, doch sein Versuch, sich in Kurorten, die als Weissagungsstätten besonders einträglich waren, festzusetzen, schlug fehl. Um das Geschäft wieder anzukurbeln, suchte er im Juni 1927 per Annonce einen neuen Impresario – und fand ihn ausgerechnet in seinem alten Kontrahenten Erich Juhn. Ohne zu ahnen, welchen Unheilsbringer er sich da eingefangen hatte, entwickelte Hanussen alsbald vollstes Vertrauen zu ihm, ließ ihn samt Frau und Stiefkind bei sich wohnen und baute ihn als »Doktor Juhn« in seine öffentlichen Séancen ein. Dass der »Telepath« in dieser zwielichtigen Persönlichkeit nicht jenen Intimfeind erkannte, der letztendlich sein eigenes tragisches Schicksal besiegeln sollte, belegt, dass er im Grunde über keinerlei tatsächliche hellseherische Fähigkeiten verfügte. Aber wie auch immer, Juhn ließ sich seinen Hass auf Hanussen nicht anmerken, diente ihm über lange Zeit hinweg treu und machte dabei alle Täuschungsmanöver des Künstlers mit. Ja, er half ihm sogar beim Ausbau seines Programms.

So vermittelte er ihm zum Beispiel im August 1927 in Karlsbad »Frau Dagmar« alias Megalis, bürgerlich Magda Weindl, als neue Partnerin. Deren Trick, zu einer auf einem Zettel notierten Datums- und Ortsangabe »in Trance« die dazupassenden konkreten Vorgänge zu schildern, gefiel Hanussen so gut, dass er ihn in seine eigenen Vorstellungen einbaute. Als weiteres Gustostückchen versprach der »Telepath« auf Plakaten »Hellsehen an der kuperischen Kugel«. Mit diesem Ausdruck – er entlehnte ihn dem Roman »Eleogabal Kupers« von Karl Hans Strobl – bezeichnete er eine Kristallkugel, durch die er angeblich bestimmte Ereignisse »sehen« konnte. Bei der im Rahmen seiner Auftritte verwendeten Kugel handelte es sich in Wirklichkeit freilich um kein okkultes Zauberding, sondern schlicht um das in einem Fachgeschäft erworbene Abschlussstück eines Glaslusters. Und Hanussen bereicherte sein Programm noch weiter und erwarb kurze Zeit später in Franzensbad von Fred Marion alias Josef Kraus den »Televisions-Trick«. Unter Television, heute Psychometrie, ist an sich das Beschreiben von Schicksalen durch bloßes Befühlen von Gegenständen zu verstehen. Im vorliegenden Fall freilich setzte man keine okkulte Handlung, sondern beschaffte sich die notwendigen Informationen gleichsam durch die Hintertür im Voraus.

Während seiner Tournee durch böhmische und mährische Städte verfeinerte Hanussen seine Darbietungen immer mehr und bemühte sich gleichzeitig, die eigene Person mit einem Nimbus des Geheimnisvollen zu umgarnen. So gab er sich in einem erläuternden Flugblatt als »Sohn eines hohen österreichischen Staatsbeamten« aus, dessen Urgroßvater aus Dänemark stammte. Seine »hellseherischen Fähigkeiten« wollte er durch Zufall entdeckt, die Fakirkünste in Indien erworben und im Lauf der Zeit elf Sprachen erlernt haben.[28] Seiner Selbstdarstellung zufolge war er in allen okkulten Künsten bewandert und fähig, dieses Wissen auch an jedermann weiterzugeben. In einem seiner von Juhn mitgeschriebenen Vorträge erklärte er diesbezüglich: »Der Okkultismus ist die Lehre von den Dingen, die gemeinhin die Stellung des Menschen zum Übersinnlichen kennzeichnen sollen. [...] Und es ist gut, dass Mächte rätselhafter Art geheimnisvoll walten, es ist tröstlich, dass Mysterien uns umgeben.« Aber ist »damit der Zweck der Schöpfung erfüllt? [...] Ich behaupte, dass jeder unter Ihnen irgendwie die gleichen Fähigkeiten in sich tragen muss wie ich, nur mehr oder weniger offenbar, mehr oder weniger bewusst und stark. Ja, man kann sich durch intensive Betätigung vervollkommnen [...] Es sind keine Wunder, jeder kann dasselbe schaffen, wenn er den Willen dazu aufbringt.«[29] Und es waren immer mehr okkult Interessierte, die zumindest den Willen dazu aufbrachten, zum Meister zu pilgern, um von ihm das zu bekommen, was heute noch in Esoterikseminaren vermittelt wird: Selbstvertrauen, »innere Kraft«, Bezug zur übersinnlichen Welt und – nicht zu vergessen – eine Gemeinschaft Gleichgesinnter.

Angesichts des enormen Zuspruchs konnte es sich Hanussen leisten, immer höhere Honorare zu verlangen. Die Kunden und vor allem Kundinnen flogen ihm regelrecht zu und der »Hellseher« merkte rasch, dass so manche der Frauen, die zu ihm kamen, nicht nur spirituellen Rat suchten, sondern auch zu mehr bereit waren. Zu der solcherart entstandenen Frauenpartie um den »Hellseher« stieß im Herbst 1927 die 1903 in Berlin geborene Offizierstochter Elfriede Charlotte Rühle, genannt »Friedel« oder »Fritzi«. Ihr Verlobter Walter Zobel verdächtigte Hanussen, seine Braut in Hypnose verführt zu haben, und erstattete deswegen Anzeige gegen ihn. Juhn rettete die Situation, indem er den Frauenheld zur Eheschließung überredete. Und so heirateten Hermann und Friedel am 1. Januar 1928 im jüdischen Tempel zu Rumburg. Diese dritte Ehe hielt freilich nicht viel länger als die vorherigen. Bereits 1930 galt sie als zerrüttet und von 1932 an lebten die Eheleute getrennt.[30] »Fritzi« bewahrte sich dennoch ein gewisses liebevolles Verhältnis zu ihrem untreuen Mann und war auch die Einzige, die bis zuletzt zu ihm hielt.

Für eine Hochzeitsreise blieb indes keine Zeit. Hanussen trat beinah jeden Tag in irgendeinem Variété auf, kam über Breslau wieder in tschechische Gefilde und gastierte hier unter anderem im Hotel Monopol in Teplitz-Schönau. Dort allerdings fühlte er sich plötzlich unwohl. Nach der Vorstellung vom 9. Februar 1928 äußerte er: »Ich weiß nicht, ich habe ein verflucht dreckiges Gefühl heute!« Und auch am nächsten Abend hatte er »ein sehr unangenehmes Gefühl. Ich gäbe was drum, wenn heute ein anderer an meiner Stelle die Vorstellung durchführen wollte.«[31] Es war wohl das einzige Mal, dass er eine tatsächliche, berechtigte Vorahnung hatte. Denn in der Nacht darauf wurde er samt Sekretär Juhn und Begleiter Walther Scimanczek wegen Betrugsverdachts festgenommen. Während man die beiden Letzteren schon nach wenigen Tagen aus der Haft wieder entließ, musste Hanussen bis zum 2. März warten, ehe er auf Kaution frei kam. Die Umstände des Falles deuten darauf hin, dass Juhn hier den ihm verhassten »Hellseher« zum ersten Mal aus dem Verkehr ziehen wollte. Nachdem er ihn zunächst vernadert hatte, entlastete er Hanussen zwar bei seiner Einvernahme, verschwand jedoch unmittelbar darauf und wurde von den Behörden nicht weiter behelligt. Hanussen glaubte indes nach wie vor an seine Redlichkeit und trennte sich erst am 2. Juli 1929 im Gefolge eines heftigen Streits von ihm. Die Verhaftung Hanussens war begleitet von heftigen öffentlichen Kontroversen und Kundgebungen sowohl für als auch gegen ihn. Nach seiner Entlassung machte sich der »Hellseher« unverdrossen wieder an die Arbeit. Nebst Variété-Auftritten und seinen üblichen Geschäften begab er sich im Mai 1928 im Auftrag der Versicherungsgesellschaft Riunione Adriatica di Sicurtà wieder einmal auf Diebsjagd. Und er schaffte es erneut, den Täter, einen Postbeamten, ausfindig zu machen. Freilich nicht durch Hellseherei, sondern mit Logik und erstaunlichem Sachverstand. Was vermuten lässt, dass Hanussen, hätte er sich nicht so nachhaltig seinen Okkultschwindeleien hingegeben, ein durchaus brauchbarer Detektiv geworden wäre …

Die polizeilichen Ermittlungen gegen den des Betrugs angeklagten

Hanussen dauerten fast zwei Jahre. Vom 16. bis 19. Dezember 1929 fand der erste Akt im Leitmeritzer Schauprozess statt, der zweite folgte vom 20. bis 27. Mai 1930. Unter der Aufsicht der ihm gewogenen Gutachter Christoph Schröder und Walther Kröner vom Institut für metaphysische Forschung in Berlin erhielt der Zauberkünstler dabei die Gelegenheit, gerichtlich kontrolliert »hellzusehen«. Er tat dies zwar nicht erfolgreich, aber eindrucksvoll genug, um freigesprochen zu werden. In der von Richter Robert Schalek aufgesetzten Begründung dafür hieß es: Wenn »ein Mensch, der nicht schwachsinnig ist, zum Hellseher geht, um Erkenntnisse kraft einer geheimnis- und rätselvollen Seelengemeinschaft zu erlangen, kann er unmöglich mit voller Sicherheit hundertprozentige Wahrheit erwarten [...] Dazu kommt aber noch als gewichtigster Umstand, dass das Gericht nicht in der Lage ist, auszusprechen, dass der Angeklagte die Gabe des Hellsehens nicht besitze.«[32] Seine Anhänger jedenfalls glaubten ihm, und auch einzelne Polizeidienststellen ließen sich nach weiteren erfolgreichen Mordfallklärungen in Offenbach und Düsseldorf von der Wahrhaftigkeit des »Telepathen« überzeugen.

Die siegreiche Gerichtssaalmagie bescherte Hanussen – wie vorauszusehen war – breite Publizität und Sympathie, die er denn auch in vollen Zügen auskostete. Seine Rückkehr nach Berlin gestaltete sich zu einem wahren Triumphzug. Auf einer in der Reichshauptstadt einberufenen Pressekonferenz nahm er erstmals auch zur politischen Situation Stellung. Die »demokratische Diktatur«, erklärte er dabei, würde »sich befestigen«, und weiter: »Hitler wird zwar nie die gewünschte Führerstellung einnehmen, aber Hugenberg ist der kommende Mann, er wird die deutsch-nationale Richtung durchführen.«[33] Alfred Hugenberg galt als der Presse- und Filmzar Deutschlands und gehörte als Abgeordneter der Deutschnationalen Volkspartei zu den im künstlerischen wie politischen Bereich einflussreichsten Persönlichkeiten des Landes. Hanussen hoffte offensichtlich, sich mit solchen Prognosen bei ihm einschmeicheln zu können.

Als nun auch juristisch abgesicherter »bedeutendster Hellseher Deutschlands« schwamm er aber auch ohne die Hilfe dieses Potentaten auf einer »Welle der Wundergläubigkeit« nach oben und machte sein Geld auf lockere Art. Sein neuer Sekretär wurde damals der 1899 in Görz/Gorizia geborene ehemalige Offizier Izmet Aga Dzino. Hanussen holte ihn praktisch aus der Gosse, machte ihn durch Bezahlung seiner Spielschulden materiell von sich abhängig und dadurch gefügig. Mit ihm als Partner veranstaltete er ab März 1930 in Berlin, später in München und anderen großen Städten Deutschlands »Experimentalvorträge«, die immer wieder von Okkultforschern unterschiedlichster Art kritisch beäugt wurden. Während ihm die einen – wie die beiden Gerichtsgutachter – übersinnliche Wahrnehmungsfähigkeiten durchaus zutrauten, lehnten ihn andere brüsk ab. Der bekannte Psychologe und Theosoph Max Dessoir etwa merkte in der im Dezember 1930 erschienenen Neuauflage seines bis heute mehrfach nachgedruckten Standardwerkes »Vom Jenseits der Seele« an: »Bei einer persönlichen Begegnung habe ich von Hanussen nichts gesehen, was stärkeren Eindruck machen konnte.«[34]

Das Publikum indes war begeistert. Und dieser Erfolg rief natürlich verstärkt Neider auf den Plan. Einer davon war – wie nicht anders zu erwarten – der Ex-Impresario des Meisters, Erich Juhn. Von der Idee besessen, ihn zu Fall bringen zu müssen, folgte er seinem Erzrivalen nach Berlin und nahm dort dessen Konkurrenten und Kritiker Max Anton Moecke unter seine Fittiche. Moecke war Redakteur des Esoterik-Magazins »Der 6. Sinn« und angeblich Berater des Papstes im Seligsprechungsprozess von Katharina Emmerich, einer kreuzgezeichneten Augustinernonne des frühen 19. Jahrhunderts. Juhn unterstützte seinen Schützling bei diesem kirchlichen Engagement in bewusstem Gegensatz zu Hanussen, der sich schon seit Jahren intensiv mit der von der römisch-katholischen Kirche offiziell nicht anerkannten Seherin Therese Neumann aus Konnersreuth beschäftigte. Diese in seinen Augen antikirchlichen Aktivitäten Hanussens griff Moecke ebenso auf wie die Betrügereien des großen Trickkünstlers und prangerte ihn öffentlich als Scharlatan an. Der selbst nicht ganz ehrliche Frontmann Juhns hatte daraufhin mehrere Gerichtsverhandlungen durchzustehen, verlor dabei aber zumeist und war von daher letztlich doch nicht jenes Kaliber, das dem großen Okkult-Unterhalter die Stirn bieten konnte.

Ungeachtet aller kritischen Einwände wurde Hanussen am 31. August 1930 erstmals von einem Berliner Gericht als Sachverständiger zugezogen. Einen Monat später veröffentlichte der damit nunmehr auch amtlich anerkannte »Telepath« im Berliner Universitas-Verlag eine fantastisch ausgeschmückte Autobiografie mit dem Titel »Meine Lebenslinie«. Er stellte sich darin als mit allen Wassern gewaschener

Okkult-Profi dar, der im Leben zu Allerhöchstem berufen wäre. Kurz nach der Präsentation dieses Werkes eröffnete der Autor und Lebenskünstler am Kurfürstendamm eine Praxis für »Psychografologie, Geschäfts- und Schicksalsberatungen«. Abseits dessen lieferte er fast täglich ausverkaufte Vorstellungen und zeigte sich auch gern öffentlichkeitswirksam bei verschiedenen geschäftlichen und sportlichen Veranstaltungen. So zum Beispiel bei einem Galopperrennen im Hoppegarten, wo er sich von einem bestochenen Schalterbeamten »mit aufreizender Beiläufigkeit ein Banknotenbündel« überreichen und sich anschließend von der Presse als »Hellsehwunder vom Hoppegarten« feiern ließ.[35] Für die nach Sensationen gierenden Zeitungsleute bildeten Hanussens Aktionen fraglos eine stete Fundgrube Aufsehen erregender Stoffe.

Juhn verarbeitete unterdessen seine Zeit mit dem »Magier« in romanhafter Form. »Leben und Taten des Hellsehers Henrik Magnus« wurde im Oktober 1930 zunächst als Fortsetzungserzählung in der »Deutschen Zeitung Bohemia« abgedruckt und erschien anschließend in einem Wiener Verlag. Hanussen prozessierte gegen das Buch und behauptete, sein Ex-Kompagnon hätte die Geschichte von seinem eigenen Romanfragment mit dem Titel »Der Gott der Gaukler und der Frauen« abgekupfert. Nach mehreren Verhandlungen wurde Juhns Werk am 3. Februar 1931 schließlich aus dem Verkehr gezogen. Das für ihn negative Gerichtsurteil steigerte sicherlich noch den Rachedurst des Ex-Impresarios und er betrieb von da an mit gezielter Heimtücke den Untergang Hanussens.

Der befand sich zu jener Zeit auf dem Gipfel des Ruhms. Durch seine Kunstfertigkeit im Umgang mit dem weit verbreiteten Hellsehglauben häufte er enorme Reichtümer an und führte das Leben eines Fürsten. Er erwarb eine eigene Luxusjacht und suchte zwecks Imagepflege Kontakte zu Prominenten. Einer davon war der bekannte Arzt und Dichter Alfred Döblin, in dessen Gegenwart er am 16. März 1931 über den Untergang der Millionenstadt New York visionierte. Am 17. Oktober gleichen Jahres nahm er im Norag-Rundfunk als Diskussionspartner von Alfred Goetz an der ersten deutschen Radiosendung über Hellsehen teil. »Der Erfolg veranlasste die Norag, aus dem Hamburger ›Curio-Saal‹ eine ganze Séance live zu übertragen. Es soll die weltweit erste Übertragung einer Hellseh-Sendung im Rundfunk gewesen sein.«[36]

Hanussen nützte seinen Ruhm und gründete im November 1931 eine eigene Zeitschrift mit dem Namen »Die andere Welt. Das Magazin mit dem Wunderbaren«. Ab Januar 1932 erschien diese mit verschiedenen Bezeichnungen versehene »Hanussen-Zeitung« als Wochenmagazin, das nach einem Jahr angeblich eine Auflage von 140 000 Stück erreichte. Als Draufgabe nahm der Okkult-Künstler am 4. März 1932 bei der Columbia-Gesellschaft die erste »hellsehende Schallplatte« auf. Etwa um dieselbe Zeit entstand der »Bund der Hanussen-Freunde«, dem auch die vermögende Elisabeth Heine, seit 1930 Geschäftspartnerin des Magiers, angehörte. Dieser Bund sah seine Hauptaufgabe offensichtlich darin, dem »Meister« bei seinen juristischen Auseinandersetzungen beizustehen und seine Gegner zu bekämpfen.

In der Zwischenzeit machte Hanussen auch politisch Karriere. Über seine neue Geliebte, die unter dem Namen »La Jana« als Tänzerin auftretende »Baronin« Barbara van Swieten, lernte er den SA-Mann Wolf Heinrich Graf von Helldorf kennen. Der einflussreiche Nazi-Bonze war ehemaliger Freikorpskämpfer, Teilnehmer am Kapp-Putsch vom März 1920 gegen die damalige Reichsregierung, seit 1925 preußischer NSDAP-Abgeordneter und sollte später zum Polizeipräsidenten, zunächst von Potsdam, dann von Berlin, aufrücken. 1931 beteiligte er sich als einer der Anführer an der ersten Berliner Judenverfolgung, dem so genannten »Kurfürstendamm-Pogrom«. Hanussen schien es am günstigsten, sich mit diesem möglichen Gegner vorsorglicherweise zu verbünden. Jedenfalls lud er Helldorf mehrmals auf seine Jacht ein und besorgte ihm sogar einen indischen Knaben zum Auspeitschen. So nebenbei borgte er den SA-Leuten auch Geld und verlieh seine Autos an sie. Als offizieller Förderer durfte Hanussen eine SA-Uniform tragen und sein Privatchauffeur Ernst Bruno Mölcke wurde gar selbst SA-Mitglied. Die Sturm-Abteilung der NSDAP revanchierte sich, indem sie dem »Hellseher« eine persönliche Leibwache zur Verfügung stellte.[37]

So unbestimmt der jüdische Trickkünstler bisher auf der gesellschaftspolitischen Ebene agiert hatte, so klar »erkannte« er nun »hellsehend« im Nationalsozialismus die »Zukunft Deutschlands«. Zwecks Anbiederung an selbige distanzierte er sich sogleich in aller Form von seiner früheren Unterstüzung des deutschnationalen Hugenberg und machte sich außerdem daran, die Brücken zu seiner politisch unbequem gewordenen jüdischen Herkunft abzubrechen. Hanussen wiegte sich mit seiner Täuschungskunst in Sicherheit und verkündete in seinen Séancen immer wieder groß die Heraufkunft des »Dritten Reiches«. Auch in seiner Hauszeitung waren verschiedentlich politisch »hellsehende« Kommentare zu lesen, darunter auch solche bezüglich seines »Freundes Adolf«.

Ob Hanussen Hitler tatsächlich persönlich getroffen hat, lässt sich nicht mit Sicherheit sagen. Auf jeden Fall prophezeite er ihm eine große Zukunft. Ende 1931 etwa verkündete er: »Wir erleben ein Deutschland der starken Hand.« Und am 25. März 1932 hieß es in der »Hanussen-Zeitung«: »Ich sehe für die nächste Zeit im Leben dieses berühmten Mannes verschiedene Veränderungen [...] Es kommt seelisch eine Zeit starker Erschütterung [...] Die innere Spaltung einer kleinen Gruppe innerhalb der Partei wird in der nächsten Zeit bei Hitler große Erregung hervorrufen. Es droht diesem Mann Verrat durch einen Menschen, den er noch heute für seinen Freund hält. Die Führerschaft Hitlers über seine Partei wird ihm auch für die nächste Zeit unbestritten verbleiben.« Und abschließend: »Hitler wird im Bilde Deutschlands weiter eine große Rolle spielen, ohne dass jedoch Hitler jemals ein ganz bestimmtes Amt annehmen wird.«[38] Eine Fehlprognose, die nicht die einzige sein sollte in seiner Einschätzung der NSDAP und ihres Führers. Nichtsdestotrotz machte er deren politische Wendungen durch Anpassung seiner »Prognosen« kritiklos mit.

Doch mitten hinein in die politischen Aufstiegspläne Hanussens platzte eine Pressekampagne gegen ihn und seinen Sekretär Ismet Dzino. So wurde ihnen unterstellt, an der Erfüllung ihrer Prophezeiungen selbst mitgewirkt zu haben, etwa im Fall des von Hanussen vorausgesehenen tödlichen Unfalls von Fürst Lobkowicz bei einem Autorennen am 22. Mai 1932. Tatsächlich dürften manche der »hellgesehenen« Ereignisse in Wirklichkeit bloß Interna aus Hanussens Kontakten zu Geheimdienstspitzeln gewesen sein. Der in diesem Zusammenhang mehrfach genannte Paul Waschinski freilich war seinerseits nur ein Produkt der journalistischen Gerüchteküche.[39] Aber wie auch immer, seit Ende 1931 betrieben die »Welt am Abend«, die »Vossische Zeitung«, die »Volkszeitung«, die »Morgenpost« und vor allem der »Berliner Herold« eine wahre Hetzkampagne gegen den trickreichen Scharlatan. Als einer seiner entschiedensten Gegner

erwies sich dabei der 1897 in Bratislava geborene jüdisch-kommunistische Journalist Bruno Frei, mit bürgerlichem Namen Benedikt Freistadt. Von Erich Juhn gelenkt, betrieb er die »schonungslose Entlarvung« Hanussens »bis zum Äußersten [...] Hanussen ist der Cagliostro der deutschen Bürgerrepublik, der Rasputin Hitlerdeutschlands. Der Morast, der ihn an die Oberfläche trieb, zu Glanz und Glück, zeigt den gesellschaftlichen Krater in siedender Bewegung. Ein Ausbruch kündigt sich an, eine Revolution, die in ihrer glühenden Lavamasse die berstenden Paläste einer morschen Gesellschaft begraben wird.«[40]
In dieser immer bedrohlicher werdenden Situation standen zwar Graf Helldorf und andere Förderer zu ihm, der »Hellseher« sollte jedoch gewarnt sein. Stattdessen aber stellte Hanussen seine altbekannte Überheblichkeit zur Schau, fuhr in aufreizender Art große Limousinen, kaufte sogar ein eigenes Flugzeug und feierte rauschende Feste auf seinem im Volksmund »Jacht der sieben Sünden« genannten Luxusboot. Auch kleinere Rückschläge wie die Misserfolge bei Auftritten in Paris im März sowie in Kopenhagen im September 1932 konnten ihn nicht aus der Ruhe bringen. Immerhin hatte er ja seit Februar jenes Jahres ein festes Engagement an der Berliner Scala. Die Presseattacken gegen ihn wurden indes immer heftiger. Am 12. Dezember 1932 denunzierte Goebbels' Maganzin »Angriff« Hanussen als Jude, woraufhin dieser Helldorf einschaltete und mit dessen Hilfe tags darauf eine Gegendarstellung in der Zeitung unterbrachte. Frei und Juhn, die Erzgegner des »Hellsehers«, ließen die Sache freilich nicht auf sich beruhen. Und so kündigte Ersterer am 14. Dezember an: »Wir werden mit Hanussen aufräumen und nicht eher ruhen, als bis Berlin von dem letzten Rest des Hellseher-Schmutzes gereinigt ist.«[41] Worauf der Angefeindete konterte, dass »der Tag, an welchem diese Sudelei aufhören muss«, zugleich jener Tag wäre, an dem »das völkische Deutschland sein endliches Erwachen feiert.«[42] Eine unverblümte Kriegserklärung an den Kommunisten Frei.
Als die Nazis im Januar 1933 die Macht übernahmen, fühlte sich Hanussen angesichts seiner guten Kontakte zur braunen Elite allen Verunglimpfungen zum Trotz sicher. Um noch sicherer zu gehen, ließ er sich – den Angaben seiner Privatsekretärin Carmen Gottlieb zufolge – Anfang Februar taufen und wurde Mitglied der NSDAP. Am 8. Februar feierte er in der »Hanussen-Zeitung« den »Sieg« der glor-

reichen nationalsozialistischen Bewegung. »Herr Reichskanzler! Ich bin kein Politiker und will es nie sein. Meine Mission ist die innere Schau und die Verkündung ihrer Gesichte. Ich sah Ihr Kommen [...] Damit habe ich meine Pflicht erfüllt. [...] Und so verkünde ich weiter: [...] Es gibt noch Kampf und Sturm, aber es wird ein Kampf, der zum Siege führt, und ein Sturm, der über alle Hindernisse hinwegfegt, die noch im Wege stehen.«[43]

Als fünf Tage später »Berlin am Morgen« verboten wurde, glaubte Hanussen, dass nun jene Kritiker, die seine jüdische Herkunft medial breit getreten hatten, mundtot wären. Er sollte sich jedoch täuschen. Denn Juhn wandte sich nun direkt an Hitler und schickte ihm brieflich per Faksimile Dokumente. Deren von der Gestapo überprüfter Inhalt ergab: »Hanussen war kein skandinavischer Graf in SA-Uniform, sondern ein Wiener Jude tschechischer Herkunft. Sein Todesurteil.«[44] Der selbst ernannte »Prophet des Dritten Reiches« sonnte sich währenddessen ahnungslos weiter in seinem Ruhm und weihte am 26. Februar im Westen Berlins mit großem medialen Getöse seinen »Palast des Okkultismus« ein, ein pompöses, mit allen technischen Tricks ausgestattetes Gebäude im architektonischen Stil des Nationalsozialismus. Später sollte noch eine Hanussen-Klinik folgen und eine Filmwerkstatt entstehen.

Das Schicksal Hanussens war indes längst besiegelt. Der eigentliche Anlassfall für seine Vernichtung war die kryptische »Voraussage« des Reichstagsbrands vom 27. Februar. Laut Geza von Cziffra soll Hanussen an der Manipulierung des kommunistischen Feuerstifters Marinus van der Lubbe selbst beteiligt gewesen sein, also an vorderster Front des politischen Täuschungskampfes gestanden haben. Diese Verwicklung des »Hellsehers« in das politische Tagesgeschehen wäre dann das Hauptmotiv für seine Liquidierung gewesen, doch bestehen, wie Wilfried Kugel belegt, keine Zweifel daran, dass seine Ermordung von höchster Stelle, möglicherweise sogar von Hitler selbst, längst beschlossen war.[45] Daran konnte auch ein Jubelartikel Hanussens vom 8. März, in dem er die Besetzung der KPD-Zentrale durch die SA enthusiastisch feierte, nichts mehr ändern.

Am 24. März 1933 holten SA-Männer den unbequem gewordenen »Hellseher« aus seiner Wohnung ab und noch am selben Tag oder dem Tag danach wurde er erschossen. Zwei Wochen später, am 7. April, fanden Chaussee-Arbeiter im Süden Berlins seine Leiche. Nach

Einstellung des »gegen Unbekannt« geführten Verfahrens per 1. Juni 1933 wurde Hanussen-Steinschneider am Stahnsdorfer Friedhof in Berlin im Beisein seiner Ex-Ehefrau Fritzi zu Grabe getragen. Endgültig geschlossen hat man die Ermittlungsakten in diesem Mordfall aber erst 1965. Als Mörder des »Telepathen« wurde damals der SA-Obersturmbannführer Rudolf Steinle namhaft gemacht. In einem Geheimschreiben vom 25. Juli 1933 hatte dieser nämlich vermerkt: »Ich bin dem Befehl« eines gewissen Herrn von Ohst »nachgekommen und habe den Juden Steinschneider auf der Chaussee zwischen Zossen und Baruth erschossen.« Eine knappe Notiz zu einem an Täuschungsmanövern und Legendenbildungen reichen Fall.

Als Mythos lebt Hanussen bis heute fort. 1955 drehte Georg Marischka mit O. W. Fischer in der Hauptrolle eine erste filmische Biografie des »Hellsehers«. Nach längerer Pause leitete 1978 Géza von Cziffra mit seiner Version des Reichstagsbrands eine Hanussen-Renaissance ein. In diese Bresche sprang 1980 Bruno Frei mit einer Neuauflage seiner Biografie des Hellsehers. Die Erkenntnis beider Autoren: Hanussen tat im Grunde nichts anderes als Hitler. Auch er versuchte vermittels seines »Handwerkszeugs aus Magie und Hellsehen« die Massen dazu zu bringen, ihn als »Wundermann« zu verehren.[46] Ganz in diesem Sinne inszenierte István Szábo 1988 mit Klaus Maria Brandauer in der Titelrolle ein filmisches Epos auf den »Hellseher«. In der esoterischen Szene fand Herschel Steinschneider schon zu Lebzeiten Nachahmer – und er findet sie bis heute. Etwa in den Gestalten der mit viel Pompöse auftretenden »Hellseher« Wilhelm Gerstel alias »Hanussen II« und Gerhard Belgardt alias »Hanussen sec[undus]« – zwielichtige Wundermänner ganz im Sinne ihres großen Vorgängers und Vorbilds Erik Jan alias Hermann alias Hary oder Herschel Steinschneider-Hanussen.

MATHILDE LUDENDORFF

und ihre rechte Gotterkenntnis

»Gotterkenntnis« kann mitunter schwer wiegende politische Konsequenzen nach sich ziehen. Im Fall der Mathilde Ludendorff führte sie zur Entstehung einer »völkisch-religiösen Randsekte«,[1] die selbst von manchen Nazi-Ideologen als zu weit rechts stehend empfunden wurde. Nichtsdestotrotz finden ihre »lebenskundlichen« Ideen bis heute eine gläubige Verehrerschar, die sich selbst durch noch so grundlegende Widersprüchlichkeiten im Ludendorffschen Gedankengang nicht beirren lässt.

Zur Welt kam die nachmals in die spirituellen Sphären des deutschen Volkstumsglaubens enthobene »Feldherrin« am 4. Oktober 1877 in Wiesbaden. Die Eltern, Johannes Luise Ernestine geb. Piepers und Bernhard August Friedrich Spiess waren cousinisch verwandt[2] und weltanschaulich geprägt durch strenge lutherische Lebensrichtlinien. Nach einem älteren Bruder und ihrer geliebten Schwester Lining bzw. Lina war Mathilde Friedrike Karoline, genannt Tilli, ihr drittes Kind. Ein viertes, Friedel bzw. Frieda, folgte etliche Jahre später. Die Mutter, Tochter eines Steuerrats aus Köln, war eine zurückhaltende, nach Darstellung ihrer Töchter warmherzige und »immer schaffensfrohe« Frau »mit klarem Blick«. Der aus Marburg an der Lahn stammende Vater dürfte demgegenüber ausgesprochen streng und fordernd gewesen sein. Er hatte in Befolgung der familiären Tradition den Beruf eines evangelischen Pfarrers ergriffen und betreute als solcher die Gemeinde von Wiesbaden. Daneben war er Gymnasiallehrer und laut Bekunden Mathildens ein »hoch begabter Wissenschaftler«.[3]

Die Erziehung der Töchter erfolgte nach engen christlich-bürgerlichen Normen. Das Gottesbild, das Tilli dabei entwickelte, war von einer geradezu verblüffenden Naivität. »Als siebenjähriges Kind« etwa »hatte sie eine Schulaufgabe vergessen und bat Gott in ihrer Angst, dass die Schule abbrennen möge. Als das Gebet unerhört blieb, erfasste sie ein Gefühl der Enttäuschung. Gott ›hatte mich im Stich gelassen – und von nun ab betete ich nur noch die lauten Gebetsformeln in Gegenwart der Mutter‹.«[4] Angesichts weiterer, ähnlich gelagerter Enttäuschungen dürfte ihr Vater- und Gottesbild bereits früh grobe Sprünge bekommen haben. Der evangelische Sektenjäger-Pastor Friedrich-Wilhelm Haack glaubte von daher, quer durch ihre Schriften eine stete kritische Auseinandersetzung mit ihrem Vater und dessen Gott ausmachen zu können.[5] Jener Pfarrer, der Mathilde 1891 konfirmierte, scheint durch seine Ablehnung des »Lebensfrohsinns«, den er grundsätzlich »für Sünde« hielt,[6] die ablehnende Haltung des Mädchens gegenüber dem christlichen Glauben noch verstärkt zu haben.

In der Schule machte sich Tilli unterdessen recht gut. Sie lernte brav und absolvierte nach der Grundschule eine Ausbildung zum Lehramt für mittlere und höhere Töchterschulen. Teil dieser Ausbildung war auch ein Kursus in erster Hilfe. Die vortragende »Frankfurter Ärztin« wühlte Mathilde »bis ins Innerste« auf und weckte in ihr den Wunsch, selbst Medizinerin zu werden. Für diese Absicht aber hatte ihre familiäre Umgebung, in der die »Geisteskräfte des Weibes«, wie sie später vermerkte, gering geachtet wurden, kein Verständnis.[7] Da galt Lehrerin immer noch als höchste Stufe, die eine Frau auf ihrer beruflichen Leiter erreichen konnte.

1895 bestand Mathilde problemlos die Lehramtsabschlussprüfung und erhielt auf Vermittlung ihres Vaters einen Posten im Mädchenpensionat von Biebrich. Dort versah sie gewissenhaft ihre Pflichten, fühlte sich allerdings zunehmend unwohler. Das herrische Verhalten der Vorsteherin machte ihr ebenso zu schaffen wie das hartherzige –

und auch auf der religiösen Ebene ausgesprochen engstirnige – Klima der Schule. Die aus diesem Empfinden erwachsene Abneigung und ihr allen Anfechten zum Trotz aufrecht bleibender Wunsch, Ärztin zu werden, waren Anlass für sie, das Pensionat wieder zu verlassen und sich weiterzubilden. Ab Herbst 1897 besuchte Mathilde das lateinische Gymnasium von Karlsruhe und sie erwies sich auch hier als lerneifrig und zielbewusst. Der Vater, mit dem sie Briefe in lateinischer Sprache wechselte, unterstützte sie trotz seiner Skepsis und zeitweiligen harten Tadels nach Kräften. Er war es auch, der Mathilde grundlegende persönliche Kontakte in ihrer neuen örtlichen Umgebung vermittelte. So etwa zur Familie Wendt, bei der sie erstmals, ohne schlechtes Gewissen zu haben, »Kunstsinn und Lebensfreude« erleben durfte.[8]

Nach bestandenem Abitur im Juli 1901 war sie zunächst gezwungen, nach Lautersheim zu fahren. Ein Onkel von ihr war nämlich gestorben – und dieses Naherlebnis des Todes hinterließ einen nachhaltigen Eindruck bei ihr. Mehr noch als früher war sie nun überzeugt, dass man angesichts der Vergänglichkeit des Lebens jeden Augenblick genießen sollte. Mathilde tat dies während des folgenden Sommers auf dem Gut einer befreundeten Geheimratsfamilie in Heitersheim und begab sich im Oktober 1901 nach Freiburg, um dort endlich ihr hart erkämpftes Medizinstudium zu beginnen. Die Pfarrerstochter war eine der ersten Frauen, die es schafften, eine Studiengenehmigung zu erwirken – und sie war sich dieser Vorkämpferinnenrolle für mehr Frauenrechte durchaus bewusst. Noch im hohen Alter wies sie immer wieder darauf hin, dass sie eine Pionierin im Hinblick auf eine Emanzipation der Frauen war. Und um das Bild einer Streiterin für die Gleichberechtigung komplett zu machen, kleidete sie sich stramm mannsbildhaft und gewöhnte sich das Rauchen an.

Mit den bezüglich einer weiblichen Akademikerlaufbahn uneinsichtigen Professoren hatte Mathilde wohl ihre liebe Not, aber sie kämpfte und strebte sich durch. Einen besonderen Eindruck bei ihr hinterließ der greise Zoologie-Professor Weismann, der ihr Darwins Evolutionstheorie näher brachte und eigenem Bekunden zufolge einen ersten »Erkenntnis«-Prozess in ihr bewirkte. Beinah visionär wurde ihr damals, wie sie schrieb, bewusst: »Nur der Körper ist sterblich im Sinn eines normalen Todes, die Keimzellen besitzen die potenzielle Unsterblichkeit der Einzelligen, und sie müssen sie ebenso gut wie

[die Vielzelligen] besitzen, wenn nicht ihre Art aufhören soll zu existieren«. In dieser Idee lag, wie die Studentin »erkannte«, der »Weg zu den letzten Rätseln, die die Menschen je vergeblich umsannen«.[9]
Als Stipendien und familiäre Mittel für das Studium nicht mehr reichten, gab Mathilde nebenbei Nachhilfeunterricht in Mathematik und anderen Gegenständen. In ihrer Freizeit, vor allem an den Wochenenden, radelte sie mit Vorliebe durch den Schwarzwald, besuchte Freunde und Bekannte und erfreute sich zwischendurch auch mal an Tanzfesten. Bei einer solchen Veranstaltung lernte sie im Dezember 1902 Gustav Adolf von Kemnitz kennen. Dieser Enkel eines Großkaufmanns und zugleich Spross einer alten Adelsfamilie hatte eine materiell einträgliche Laufbahn vor sich. Als er sich dann in die ansehnliche Pfarrerstochter verliebte – und sie sich auch in ihn –, ließ er seine Pläne, nach Amerika überzusiedeln, wieder fallen. Ein erfülltes Liebes- und Familienleben war ihm offensichtlich wichtiger.
Die Angehörigen der beiden Seiten sahen die Sache freilich nicht ganz so locker. Denn für Gustav Adolf hatten die Eltern eigentlich eine andere, standesgemäße Ehe vorgesehen und Mathilde wurde von ihren Familienangehörigen – mit Ausnahme der Schwester Frieda – gedroht, dass sie, wenn sie diesem reichen Herrn das Jawort gäbe, ihre Familie nie wieder sehen würde.[10] Die beiden Verliebten hatten alle Mühe, sich in dem nachfolgenden Intrigenspiel zu behaupten und die Sache schließlich zu einem guten Abschluss, nämlich der allseitigen Zustimmung zu ihrer Verheiratung, zu bringen.
In der Zwischenzeit geriet die in Liebesabenteuer und familiäre Querelen verstrickte Mathilde mit ihrem Studium ins Trudeln. Sie entschuldigte dies später mit der Bemerkung: »Minne spinnt des Weibes Seele gefährlich ein, lockt zum Sinnen und zum Träumen.«[11] Aber ganz weggeträumt hat sie sich dann doch nicht aus der universitären Welt. Von einer Studiengemeinschafts- in eine Einzelwohnung gezogen, schaffte die junge Braut die anstehenden Prüfungen und bestand im Februar 1904 das erste Examen. Im Sommer gleichen Jahres besuchte sie zusammen mit ihrem Verlobten London, fand die Perspektive, dort vielleicht ein Leben verbringen zu müssen, aber, wie sie später eingestand, nicht sonderlich reizvoll: »Unerträglich waren doch diese heruntergekommenen Menschen, die sich durch ihre seltsamen Morallehren und Sitten unfähig gemacht hatten, zu den reinen Auffassungen und Sitten der Lebensführung unserer Ahnen zu-

rückzufinden, nein, die sich lieber an den jüdischen Erzvätern entwickelt hatten.«[12]

Solche Einwände gegen ein »Leben in der Fremde« konnte ihr Geliebter natürlich so einfach nicht vom Tisch wischen und er entschloss sich daher, seine berufliche Perspektive grundlegend zu ändern. Statt weiter an seiner Unternehmerlaufbahn zu basteln, wechselte er an die Universität von Berlin und begann dort ein Studium in Zoologie und vergleichender Anatomie. Mathilde zog mit ihm in die Reichshauptstadt, wo die beiden am 24. Oktober endlich Hochzeit feiern konnten. Den folgenden Winter verbrachten die Frischvermählten auf einem Kemnitzschen Familienbesitz in Halensee und genossen die dort herrschende Ruhe. Allerdings verlief die Zeit in der Abgeschiedenheit dann doch nicht ganz problemlos. Während sich Gustav Adolf mit Eifer seinen neuen Studienplänen widmete, hatte Mathilde nämlich mit einem hartnäckigen Darmleiden zu kämpfen und wurde durch ärztlich verordnete Hungerkuren noch weiter geschwächt. So kehrten sie schließlich zwecks besserer ärztlicher Unterstützung nach Berlin zurück.

Über Freunde kam das Paar hier in Kontakt mit antiklerikalen, germanentümelnden Kreisen und begeisterte sich zunehmend für deren Weltanschauung. Lang allerdings blieben die Kemnitz nicht in der mit einem wachsenden Deutschtumsglauben konfrontierten Metropole. Wegen der anhaltenden gesundheitlichen Probleme Mathildes beschloss das junge Ehepaar im Sommer 1905, nach München zu übersiedeln und dort weiterzustudieren. In Planegg, einem Vorort der bayerischen Hauptstadt, erstanden sie ein Haus, wo sie erstmal ein wenig Erholung fanden. Entspannung vermittelten ihnen auch ihre von dort aus regelmäßig unternommenen Ausflüge in die Berge.

Das Jahr 1906 brachte einen radikalen Wandel im Leben der Mathilde von Kemnitz. Zunächst trat sie – wie sie sich schon lange vorgenommen hatte – aus der Kirche aus und stellte damit ihre Angehörigen, vor allem den in Glaubensdingen strengen Herrn Papa, neuerlich vor arge seelische Probleme. Im Herbst kam dann Tochter Ingeborg zur Welt und die junge Mutter musste deshalb ihr Studium unterbrechen. Zu schlechter Letzt starb dann am Weihnachtstag der seit längerem zunehmend verstörte, von seinem Pfarrersposten mittlerweile in den Ruhestand entlassene Vater. Die Jungeltern trauerten freilich nicht allzu lange und fanden bald eine neue Lieblingsbeschäftigung: das Fotografieren. Zunächst bloß eine kleine Freizeitbeschäftigung, wurde ihnen das Bildermachen bald zu einer richtigen Besessenheit. Die Kemnitzs knipsten so ziemlich alles, was ihnen vor die Linse kam, nahmen mit den geschossenen Fotos immer wieder an Wettbewerben teil und heimsten dabei etliche Preise ein. Die vielen Auszeichnungen waren der Grund, weshalb sie, wie Mathilde autobiografisch vermerkte, schlussendlich nur noch außer Konkurrenz antraten, »um nicht anderen Menschen die Freude am Siege abzusperren«.[13]

Zwischendurch war Mathilde von Kemnitz hauptsächlich damit beschäftigt, die kleine Ingeborg durchzubringen. Das Mädchen war nämlich ständig krank und das erforderte viel Pflegearbeit. Mittendrin wurde die geplagte Mutter dann auch noch zum zweiten Mal schwanger. Am 1. April 1909 schenkte sie in der Klinik in der Münchner Seitzstraße zwei »blühenden stark gewachsenen Jungen«, einem prächtigen Zwillingspaar, das Leben. Dass sie die beiden nicht taufen ließ, führte zu neuerlichen schwer wiegenden Problemen mit dem familiären Umfeld. Die Streitereien darüber hielten lange an. Erst zu Kriegsbeginn 1914 akzeptierte die Verwandtschaft das kirchenfeindliche Verhalten des Elternpaares.

Während Mathilde sich um die Kinder kümmerte, machte Gustav Adolf an der Universität München Karriere. Im Oktober 1910 beschloss die von der Hausarbeit nur wenig befriedigte Mutter, ihr Studium fortzusetzen und einen Neuanlauf an der Münchner Universität zu starten. Ihr wichtigster Lehrer wurde in der Folgezeit der Psychiater Emil Kraepelin, dessen Idee des »induzierten Irreseins« sie mit Begeisterung aufnahm. Ins Spirituelle überhöht, sollte diese Idee später zum ideologischen Kernstück ihrer »Gotterkenntnis« werden. Dabei nahm sie freilich wesentliche Änderungen am ursprünglichen Konzept vor. Denn während Kraepelin darunter ein aus der Umgebung übertragenes wahnhaftes Verhalten einzelner Menschen verstand, war »induziertes Irresein« für Mathilde von Kemnitz ein die gesamte Menschheit betreffendes Phänomen. Sie gelangte dabei laut Kurt Hutten zur »Auffassung, wonach das gesamte Weltgeschehen seit Moses Zeiten im Grunde nichts anderes als eine riesige Verschwörung der Juden sei. Diesen sei nämlich gelungen, der Menschheit – und insbesondere den Deutschen – eine Art von Irresein zu ›induzieren‹, und zwar zunächst mit Hilfe des Christentums, dann aber auch mittels der Freimaurerei und des Sozialismus. Vermittels dieses epochalen Suggestivunternehmens habe Juda vornehmlich die Deutschen, aber auch andere Völker ihrer ›arteigenen Gotterkenntnis‹ entfremdet und damit wehrlos gemacht.«[14]

Es sollte noch etliche Jahre dauern, bis sie diese Idee, wohl selbst eine Art »induziertes Irresein«, zu einer eigenständigen Weltanschauung ausformulierte. Fürs Erste hatte sie damit zu tun, ihr Studium zu Ende zu bringen. Die Schwierigkeiten, auf die Mathilde dabei stieß, führte sie in späteren Darstellungen allerdings nicht so sehr, was naheliegender gewesen wäre, auf die Vorurteile männlicher Kollegen gegenüber Frauen zurück, sondern auf höhere Kräfte. »Okkultbrüder« und Geheimorden, glaubte sie, wären schuld, dass ihr so viele Hindernisse in den Weg gelegt wurden.[15] Und so war sie überzeugt davon, dass ihr Studienabschluss im Jahr 1913 nur durch göttliche Führung möglich war. Die Doktorarbeit, die sie damals ablieferte, trug den Titel »Der asthenische Infantilismus des Weibes in seinen Beziehungen zur Fortpflanzungstätigkeit und geistigen Betätigung«. Die Dissertantin vertrat darin die für ihre Zeit revolutionäre These, dass »ein wissenschaftliches Urteil über geschlechtsspezifische Unterschiede der geistigen Leistungsfähigkeit bei Mann und Frau [...] erst dann möglich [sei], wenn die Chancengleichheit der Geschlechter gesellschaftlich durchgesetzt und über mehrere Generationen hinweg praktiziert worden sei.«[16] Ein für die Frauenbewegung an sich richtungweisendes Werk, das auf Grund ihres späteren »induzierten« Rassismus von heutigen Feministinnen allerdings kaum beachtet wird.

Nach der Promotion wurde Mathilde Assistenzärztin bei Joseph Albert Amann an der Gynäkologischen Universitätsklinik in München. Ein halbes Jahr später nahm Kraepelin sie als Volontärassistentin zu sich an die Psychiatrische Universitätsklinik. 1915 kam Mathilde von Kemnitz dann als Nervenärztin ans Kainzenbad bei Partenkirchen und erwarb sich dort den Ruf einer engagierten Doktorin. Einer großartigen medizinischen Karriere wäre eigentlich nichts mehr im Weg gestanden. Doch fand ihr beruflich-privates Glück ein jähes Ende, als ihr an der Münchener Universität mittlerweile habilitierter Mann zu Weihnachten 1916 bei einem Lawinenunglück in der Rofan-Gruppe ums Leben kam. Ein Unglück, das Mathilde schwer traf und regelrecht aus der Bahn warf. Nur mit halber Kraft und von anhaltender Trauer geschwächt arbeitete sie weiter, zunächst noch am Kainzenbad, danach am Offiziersgenesungsheim in Partenkirchen. Im Frühsommer 1917 nahm sie gemeinsam mit ihren Schwestern an der Unfallstelle in einem eigens entwickelten Ritual Abschied von ihrer verunglückten großen Liebe.

Nach der Schließung ihrer Arbeitsstätte in Partenkirchen wechselte Mathilde im Mai 1917 an das Kurheim »Fürstenhof« in Garmisch, wo sie die Stelle einer ärztlichen Leiterin übernahm. Das materielle Durchkommen bereitete ihr offensichtlich gröbere Schwierigkeiten und deshalb wollte sie mit ihren Kindern nicht länger alleine bleiben. Kurz entschlossen heiratete sie im Frühling 1919 Edmund Georg Kleine, einen deutschnationalen Major, der ihr, wie Schwester Frieda vermerkte, eine wahre Ehehölle bereitete. Zu den familiären Problemen kamen mit der Zeit neuerliche körperliche Schwierigkeiten und eine Operation im Juni 1920. Kurz zuvor hatte sie mit ihren Kindern, aber ohne den ungeliebten Mann, ein neues Haus in Tutzing bezogen. Im nachfolgenden August wurden die beiden – doch noch im Einvernehmen – geschieden und Mathilde konnte sich wieder anderen Aufgaben widmen. Unter anderem organisierte sie im Herbst 1920 an der Münchener Universität ein allgemeines Frauenkonzil und gründete in diesem Zusammenhang einen »Weltbund Nationaler Frauen«.

Noch während ihres Ehezwischenspiels begann »Frau Dr. med. Mathilde von Kemnitz« – den Namen Kleine benutzte sie nie – Vorträge zu halten, in denen sie psychologische mit spirituellen Ansätzen vermischte. Nebenbei praktizierte sie auch weiterhin als Nervenärztin und beobachtete ihre Patienten und Patientinnen sehr genau. Auf der Grundlage ihrer dabei gemachten Erfahrungen, ergänzt durch Ideen Kants, Schopenhauers und Nietzsches sowie der biologischen Entwicklungslehre von Charles Darwin und Ernst Haeckel, entwickelte sie eine eigenständige »philosophische Welterkenntnis«. Bei deren Formulierung stand sie bereits deutlich merkbar unter dem Einfluss deutschnationaler Kreise, doch war ihr Werk auch unverblümt von erotischen Elementen durchdrungen. Eigenem Bekunden zufolge hatte ihr ein aus dem Jenseits herüberwirkendes deutsches Gottempfinden die damals formulierten Erkenntnisse eingegeben. Was sie in ihrer umständlichen Sprache später so beschrieb: »Heimat meines Wissens [...], die mir einst das starke Ahnen des Todessinnes schenkte und hiermit das Tor zu den Intuitionen meines philosophischen Schaffens weit öffnete.«[17]

In den Jahren 1920/21 hielt Mathilde von Kemnitz ihre Ideen in drei grundlegenden Werken fest: »Das Weib und seine Bestimmung«, »Erotische Wiedergeburt« und »Triumph des Unsterblichkeitswillens«. Zwischen 1923 und 1927 folgte sodann »Der Seele Ursprung und Wesen« mit den drei Teilen »Schöpfungsgeschichte«, »Des Menschen Seele« und »Selbstschöpfung«. In diesen Schriften wandelte sich Mathildens »philosophische Weltschau« allmählich zur germanisch-christlichen »Gotterkenntnis« auf der Grundlage eines ausgeprägten Weltverschwörungsdenkens. Denn die aus dem »Erbgut des deutschen Volkes« schöpfende »arteigene Gotterkenntnis« war ihrer Ansicht nach gefährdet durch das als »Propagandalehre für die jüdische Weltherrschaft« entlarvte Christentum. Dem Alten Testament entnahm sie in diesem Zusammenhang die in deutschvölkischen Kreisen weit verbreitete Ansicht, dass die Juden »durch ihre Rasse und ihren Gott ›Jahweh‹ dazu angehalten« wären, »alle Völker zu hassen«.[18] Später wurde das Weltverschwörungsgebäude noch um eine starke freimaurerische und eine etwas schwächere jesuitische Nuance erweitert. Als schriftliche Belege ihrer konspirationsgläubigen Ideen entstanden 1927/28 zwei Schriften mit den Titeln »Vernichtung der Freimaurerei durch Enthüllung ihrer Geheimnisse« und »Kriegshetze und Völkermorde in den letzten 150 Jahren im Dienste des ›allmächtigen Baumeisters aller Welten‹«.

Der deutschgläubigen Autorin und nach wie vor praktizierenden Nervenärztin zur Seite stand zur Zeit der Veröffentlichung ihrer Gott- und Weltverschwörungserkenntnis jener Mann, der ihr weiteres Leben in entscheidender Weise mitbestimmen sollte: der renommierte und in nationalsozialistischen Kreisen hoch angesehene Weltkriegsgeneral Erich Ludendorff. Im Oktober 1923 begegneten die beiden einander zum ersten Mal in München, mitten »im völkischen Kampfe«, wie der General später bemerkte. Vermittler des Treffens war Gottfried Feder, ein gebürtiger Würzburger, bloß sechs Jahre jünger, seit 1919 führendes Mitglied der Deutschen Arbeiterpartei, nachmals NSDAP, und von 1924 an deren Abgeordneter im Reichstag. Feder bestärkte die deutschgläubige Ärztin in ihrem Judenhass und Weltverschwörungsglauben und verhalf ihr zu hochrangigen Parteikontakten.

Mathildes zweite große Liebe, der am 9. April 1865 in Kruszczewina nahe Posen geborene Erich Ludendorff, entstammte einer pommerschen Gutsbesitzerfamilie. Seit 1882 in der Armee Dienst tuend, fungierte er während des Ersten Weltkriegs als Generalmajor und Kommandeur der in Straßburg stationierten 85. Infanteriebrigade. Strategisches Geschick paarte sich bei ihm schon damals mit völkischen Machtträumen und nach dem Krieg mit bitterer Enttäuschung über die Niederlage Deutschlands. Im Herbst 1918 begab sich Ludendorff auf Erholungsurlaub nach Schweden, kehrte aber bald wieder zurück und schloss sich im Februar 1919 in München der völkischen Bewegung an. Beim Berliner Kapp-Putsch vom 13. März 1920 noch im Hintergrund wirkend, war er einer der Drahtzieher des Hitler-Putsches vom 9. November 1923. In beinah selbstmörderischer Standhaftigkeit den auf ihn gerichteten Gewehren trotzend, wurde er festgenommen, des Hochverrats angeklagt, auf Grund seines guten Rufs als General aber freigesprochen. Zur Zeit, da sich diese Vorfälle ereigneten, stand er bereits in Kontakt mit Mathilde von Kemnitz. In ihrer »Gotterkenntnis« glaubte er das gefunden zu haben, »was mir bisher für völkische Lebensgestaltung gefehlt hatte«. Da störte es ihn auch nicht, dass diese Frau im Gegensatz zu ihm Gewalt als Mittel der Politik ablehnte.[19]

Anlässlich eines zu seinen Ehren veranstalteten Geburtstagsfestes am 10. April 1924 hielt Mathilde eine programmatische Rede über den »Göttlichen Sinn der Völkischen Bewegung« und begeisterte den General damit außerordentlich. »Ihre schöne klangvolle Stimme unterstützte ihre vollendet vorgetragenen, geschlossenen, auf hoher sittlicher und völkischer Warte stehenden Ausführungen«, merkte er dazu später an und zeigte sich im folgenden August, als Mathilde von Kemnitz eine Rede auf der Tagung der nationalsozialistischen Deutschen Freiheitsbewegung hielt, noch tiefer beeindruckt. Die bewunderte Frau sprach damals über die »Allmacht der reinen Idee«, warnte vor einem Absterben des Gotterlebens und wandte sich an »die seltenen Vollkommenen«, wie sie gerade in der NS-Bewegung zu finden wären.[20] Wobei Mathilde von Kemnitz in Erich Ludendorff einen ganz besonders »Vollkommenen« fand. Dass dieser Kriegsheld noch verheiratet war, störte sie wenig – ja, sie kümmerte sich sogar noch um die schwer kranke Frau, als sich der General bereits hatte scheiden lassen. Am 16. September 1926 heirateten Erich und Mat-

Mathilde und Erich Ludendorff

hilde und sie betrachteten diesen Akt in egomanischer Überheblichkeit als »Wendepunkt [...] im Leben unseres Volkes, vielleicht aller Völker«.[21]

Noch im gleichen Jahr gründete das im bayerischen Tutzing ansässige Ehepaar den »Tannenbergbund«, dessen »politisch-kulturelle Zielsetzungen« in einer im Februar 1927 beigefügten eigenen »Kampfsatzung« grundgelegt wurden. In Anpassung an die von der nationalsozialistischen Bewegung vorgegebenen Richtlinien heißt es darin: Wir erstreben »ein wehrhaftes und freies Großdeutschland, das das Deutsche Volk eng mit der Heimaterde verbindet und ihm in Deutscher Weltanschauung die geschlossene Einheit von Blut (Rasseerbgut), Gotterkennen, Kultur und Wirtschaft wiedergibt. [...] Das Volk ist eine lebendige Einheit Deutscher Menschen, die in Selbsterhaltung und darüber hinaus einander durch Arbeit mit Kopf und Hand dienen und ihre göttliche Aufgabe erfüllen. [...] Die Heimaterde ist dem Volke das unersetzliche Vaterland. Es ist mit ihr verwachsen. Durch Pflege der Heimatliebe [...] wird das Verwachsen noch inniger. Heilige Deutsche Erde darf nie Handelsware sein. [...] Dem wieder mit der Scholle verwachsenen Volke muss die Einheit von Blut, Glauben, Kultur und Wirtschaft, wie sie einst die Ahnen besaßen, wieder errungen werden. Dies entscheidet über Leben und Verkommen des Volkes. Blutsbewusstsein und Rassestolz sind Rückgrat des Volkes. Reinheit der Rasse ist heiliges Gesetz der Erhaltung ihrer Seele. Sie zu hüten ist oberste Pflicht der Volksleitung. Mischung mit Fremdblut ist Volksvergiftung. Mit dem Wiedererwachen des Rassebewusstseins schwindet die Überheblichkeit einzelner Volksgruppen.«[22] Die Ludendorffs wollten mit ihrem Bund natürlich nicht am Rande der Gesellschaft dahinvegetieren. Um etwas mehr Einfluss zu gewinnen, bot sich Mathilde, wie ihr Gegner Alfred Rosenberg später behauptete, Adolf Hitler sogar als »geistige Führerin« an.[23] Dass sie dabei zurückgewiesen und von den meisten führenden Nationalsozialisten gemieden wurde, scheint ihre Sympathien für die NSDAP etwas gedämpft zu haben. Ihr Einsatz für die deutsche Sache blieb aber ungebrochen. Zwischen dem Frühjahr 1927 und Februar 1933 hielt sie Vorträge in den wichtigsten Städten Süddeutschlands und des Rheinlandes. Um der dabei entstehenden Gefolgschaft eine organisatorische Basis zu verleihen, gründeten die Ludendorffs 1930 den Verein »Deutsch-Volk«, dessen Aufgabe vornehmlich die Pflege des »philosophischen Werkes« Mathildens sein sollte, der aber auch Hilfe und Unterstützung in den verschiedenen gerichtlichen Auseinandersetzungen bieten wollte. So etwa 1929, als die ludendorffische Gotterkennerin wegen Verstoßes gegen das Republikschutzgesetz belangt wurde, oder 1930, als man sie wegen eines »Religionsvergehens«, sprich einer öffentlichen Beleidigung der Kirche, anklagte. In allen Fällen konnte sie sich mit vielen juristischen Tricks und Windungen aus der Affäre ziehen.

Als Sprachrohr ihrer Bewegung publizierte das Ehepaar »Ludendorffs Volkwarte« und gab dem Blatt den kämpferischen Untertitel: »Sieg der Wahrheit: Der Lüge Vernichtung! – muss jeder Deutsche lesen!« Die mit sinnträchtigen Beilagen wie »Das schaffende Volk« oder »Am Heiligen Quell deutscher Kraft« versehene Zeitschrift verstand sich als »Kampfblatt für die Befreiung aus dem versklavten, kapitalistischen, sozialistischen und christlichen Zwang, ausgeübt durch Wirtschaft, Staat und Kirchen; [...] für die Kampfziele Ludendorffs, für Einheit von Blut, Glauben, Kultur und Wirtschaft und für die Freiheit und die Wohlfahrt aller Deutschen; für die Aufklärung des Volkes über drohenden Krieg«.[24] Wobei als Kriegstreiber freilich nicht die Nazis, sondern – wie gehabt – jüdisch-freimaurerische Weltverschwörer mit einem Schuss Jesuitenblut ausfindig gemacht wurden. Die Herrschaftsübernahme durch die NSDAP im Januar 1933 wurde von Mathilde Ludendorff zunächst begeistert gefeiert, doch zogen bald drohende Wolken am »arteigenen« Horizont auf. In der NSDAP war Mathilde Ludendorff nämlich nach wie vor nicht unbedingt wohl gelitten und Hitler selbst sprach bisweilen ausgesprochen verächtlich von ihr.

Nichtsdestotrotz flossen Mathildens gotterkennende Ideen nach wie vor unbeirrt und massenweise per Feder auf Papier und per Publikation unter ihre gläubige Anhängerschar. 1930/35 erschien »Der Seele Ursprung und Gestalten« in drei Teilen: »Des Kindes Seele und der Eltern Amt. Eine Philosophie der Erziehung«, »Die Volksseele und ihre Machtgestalter. Eine Philosophie der Geschichte« sowie »Das Gottlied der Völker. Eine Philosophie der Kulturen«. 1935 folgten »Philosophische Grundfragen« unter dem Titel »Aus der Gotterkenntnis meiner Werke« und 1936 »Das große Entsetzen – die Bibel nicht Gottes Wort«, eine harsche Abrechnung mit den beiden großen Kirchen Deutschlands. Dazu kamen Kleinschriften wie »Erlösung von Jesu Christo«, »Der Segen der Gotterkenntnis« und »Ein Wort der Kritik an Kant und Schopenhauer« sowie 1941 »Der Siegeszug der Physik. Ein Triumph der Gotterkenntnis meiner Werke«.

Als das letztgenannte Werk erschien, war Mathilde Ludendorff längst ins politische Abseits geraten. Am 22. September 1933 wurden der »Tannenbergbund« und der Verein »Deutsch-Volk« aus »politischen Gründen« verboten, wie überhaupt Rechtsaußen-Okkultisten dem an die Macht gekommenen nationalsozialistischen Regime offensichtlich nicht mehr genehm waren. Dennoch bekannten sich gerade die Ludendorffer in betonter Weise zu den Zielen der neuen diktatorischen Reichsführung. Erich Ludendorff formulierte dies 1937, bezugnehmend auf den »notwendenden Kampf« gegen die »Juden-Rom-Freimaurer-Geheimverschwörung« so: »Wir wissen um die hohe Verantwortung [...] Wir werden dem armen, betrogenen, überlisteten, an Leib und Seele beraubten Volke Euer Schicksal künden, damit es endlich das Wirken seiner Todfeinde erkennt und für alle Zukunft verhindert.«[25] Im April 1935 versuchte der alte General Hitler persönlich die Bedeutung der von seiner Frau entfachten Bewegung für den nationalsozialistischen Kampf klar zu machen. Der »Führer« zeigte sich dabei zwar an einer Versöhnung interessiert, brachte der Religionsstifterin aber nach wie vor unverhohlene Abneigung entgegen.

Dies scheint Erich Ludendorff nur noch weiter bestärkt zu haben, sich für die »Gottesschauende« an seiner Seite einzusetzen. 1937 widmete er ihr eine huldigende Schrift mit dem Titel »Mathilde Ludendorff – Ihr Werk und Wirken«. Gotterkenntnis, hieß es darin, ist »das große Geschenk, das die deutsche Frau Mathilde Ludendorff Menschen und Völkern gibt, das größte, was ihnen überhaupt gegeben werden kann. Die Tatsächlichkeit dieser Gotterkenntnis ist unerschütterlich wie das Gesetz der Schwerkraft.« Mathilde Ludendorff führe »fast unmerklich durch ihre philosophischen Erkenntnisse die größte Revolution, die die Welt seit Jahrtausenden, ja je erlebt: den Sturz der Priesterreligionen und okkulter Wahnvorstellungen aller Art und ihrer Machtansprüche und tatsächlichen Macht über Menschen und Völker und stellt dagegen [...] deutsches Gotterkennen, das heißt Gotterkenntnis [...] In eigenem Suchen und Ringen war ich Mathilde Ludendorff zur Seite getreten und vertrat ihr Werk mit meinem Namen und Willen aus ernstester Überzeugung.« Und ich bereicherte sie »durch mein Wissen und meine Lebens- und Kampferfahrung und förderte ihr Werk auch durch meine Art der Volkserziehung.«[26] Bei seinen nationalsozialistischen Kampfgefährten freilich machte er sich durch sein vehementes Eintreten für Mathildens Anliegen unterdessen immer unbeliebter. Die obskure »Gotterkenntnis« seiner Frau brachte ihn letztlich auch selbst in Verruf. Nichtsdestotrotz stand er bis zu seinem Tod treu zu seiner bewunderten Mathilde. Nach einer Unterredung mit Hitler am 30. März 1937 erwirkte Erich Ludendorff für die von seiner Frau geführte Bewegung immerhin noch einmal das Recht, sich in bescheidenem Rahmen neu zu formieren. Nach seinem Tod am 20. Dezember gleichen Jahres war es mit dem Entgegenkommen seitens des NS-Regimes dann aber endgültig vorbei.

Der nach dem Ludendorff-Hitler-Gespräch entstandene Verein

»Deutsche Gotterkenntnis (L)« durfte seine Arbeit bis 1945 nur noch in eingeschränktem Umfang aufrechterhalten. In späteren Selbstdarstellungen hat die Ludendorffer-Bewegung immer wieder versucht, sich als vom Nationalsozialismus verfolgt darzustellen. In der Tat standen einzelne Mitglieder wie der Wiener Josef Jekel unter Beobachtung der Gestapo. KZ-Opfer, wie verschiedentlich kolportiert, gab es unter ihnen jedoch keines. Ende Juni 1939 soll eine »Nacht der langen Messer« gegen Mathilde Ludendorff und ihren Mitarbeiterstab geplant gewesen sein. Was angeblich auch der Grund dafür war, dass sich der Vorstand des Vereins im Sommer selben Jahres in die bayerische Bergwelt zurückzog.[27] Diese Behauptungen lassen sich allerdings nicht belegen. Fest steht allerdings, dass die Vereinszeitschrift »Am Heiligen Quell« im Herbst 1939 eingestellt werden musste, da dem Verlag »aus Kriegsgründen«, wie es hieß, kein Papier mehr geliefert werden konnte. Mathilde Ludendorff versuchte ungeachtet dessen bis zuletzt, sich als regimetreu und »besorgt um das Deutsche Volk« darzustellen. In Anbetracht ihres geringen Anhangs und einer Gestapo-internen Beurteilung als eher ungefährlich ließ man sie gewähren.

Nach Kriegsende stellte der Verein »Deutsche Gotterkenntnis (L)« seine Tätigkeit zunächst vollständig ein, doch zeigte sich Mathilde Ludendorff bald wieder kampfbewusst. Ihre durch die nationalsozialistische Terrorherrschaft so gründlich in eine massenvernichtende Praxis umgesetzte »Gotterkenntnis« als NS-verfolgt darstellend, hoffte sie, der Entnazifizierung zu entgehen. Sie traf sich bald wieder mit Gesinnungsgenossen, warb öffentlich für ihre Bewegung und gab ab 1948 die Zeitschrift »Der Quell« heraus. Am 15. Juli 1949 gründete die neu konstituierte Ludendorffer-Gemeinschaft in Stuttgart den Verlag Hohe Warte, dessen Sitz später – zusammen mit der gotterkennenden Weltanschauungszentrale – nach Pähl in Oberbayern verlegt wurde. In Überschätzung der eigenen Person stellte Mathilde Ludendorff damals fest: »Die Deutschen [...] haben sich zu Zehntausenden von meiner Philosophie, die mit Recht den Namen Gotterkenntnis erhielt, überzeugt erklärt.«[28] Was auf die Zeit bis 1937 durchaus zugetroffen haben mag, nach Kriegsende waren es jedoch höchstenfalls an die 5000 Gläubige, die sich zur »Gotterkenntnis Ludendorff« bekannten.

Mitten in ihrem Neuformierungsprozess erhielt die Bewegung am

24. August 1949 einen schweren Dämpfer. Auf »Grund des Gesetzes zur Befreiung von Nationalsozialismus und Militarismus [...] wurde in der Hauptkammer München« damals nämlich der Antrag eingebracht, Frau Ludendorff »in die Gruppe 1 der Hauptschuldigen einzureihen«.[29] Das am 16. Dezember abgeschlossene Prüfungsverfahren ergab, dass sich in den Werken der Religionsstifterin tatsächlich verhetzende, antisemitische und dem Geist des Nationalsozialismus entsprechende Passagen fanden, weshalb sie per Urteilsspruch vom 5. Januar 1950 als »Hauptschuldige« mit der Anklage vor dem Nürnberger Kriegsverbrechertribunal bedroht wurde. Im Rahmen des Revisionsverfahrens wurde die Sache dann aber noch einmal ein Jahr lang geprüft. Auf Basis der dabei eingeforderten Gutachten und zahlreicher Zeugenaussagen wurde Frau Ludendorff am 8. Januar 1951 zur »Belasteten« heruntergestuft. Damit war sie praktisch frei und hatte die Möglichkeit, ihre Bewegung nun auch organisatorisch auf neue Beine zu stellen.

1951 wurde der bereits seit Kriegsende bestehende »Bund für Gotterkenntnis (L)« amtlich registriert und damit offiziell anerkannt. In diesen Dachverband wurden in der Folgezeit die regionalen ludendorffischen Vereine wie die »Österreichischen Freunde der Gotterkenntnis (Ludendorff)« aufgenommen. Unter der Schirmherrschaft des Bundes hielt man alljährlich Ferienlager und »Lebenskunde«-Tagungen ab und richtete 1955 sogar eine eigene »Hochschule für Gotterkenntnis« ein. Bei aller vorgeblichen NS-Gegnerschaft blieb die von den Ludendorffern verbreitete Weltanschauung freilich unverändert verhetzend. In den Wiederauflagen der alten Werke Mathilde Ludendorffs – die sich von Kriegsende bis 1950/51 in öffentlichen Bibliotheken zum Teil »unter Sperre« befunden hatten – wurden die antisemitischen und rassistischen Auslassungen in voller Länge nachgedruckt. Nebenbei veröffentlichte die von ihren Anhängern als »Schöpferin und Kämpferin für die Gotterkenntnis« verehrte Mutter der Bewegung aber auch neue Werke, 1950/54 etwa »Wunder der Biologie im Lichte der Gotterkenntnis meiner Werke« in zwei Bänden, 1957 »Das Hohelied der göttlichen Wahrheit«, 1959 »In den Gefilden der Gottesoffenbarung«, fünf Bände »Lebenserinnerungen« sowie 1960/62 »Das Jenseitsgut der Menschenseele« in drei Teilen: »Der Mensch, das große Wagnis der Schöpfung«, »Unnahbarkeit des Vollendeten« und »Von der Herrlichkeit des Schöpfungszieles«.

Wenn sich die Ludendorffer-Bewegung in offiziellen Selbstdarstellung nach außen hin zunächst betont antinazistisch gab, so änderte sich diese Linie ab Mitte der 1950er-Jahre. Am 10. Oktober 1958 gab sich der »Bund« schwer rassistische Satzungen, ergänzt durch entsprechende »Richtlinien für politisches Wirken«, die der Verlag Hohe Warte am 9. April des Folgejahres veröffentlichte. Darin wurden die weltanschaulichen Grundlagen des alten Vereins »Deutsch-Volk« wieder aufgegriffen und aktuellen Gegebenheiten angepasst. Erklärtes Ziel war es nach wie vor, die »gotterkennenden« Ideen der Mathilde Ludendorff, einschließlich der Unterstellung einer jüdisch-freimaurerischen Weltverschwörung und der Forderung nach »Rassen(r)einheit«, gleichsam missionarisch im Volk zu verbreiten. Die verhetzenden Passagen in den Bundes-Satzungen waren Anlass für eine genauere Beobachtung des Vereins durch den Verfassungsschutz. Dass schließlich ein Verfahren wegen nationalsozialistischer Wiederbetätigung eingeleitet wurde, war die behördliche Reaktion auf einen in der Januar-Nummer 1961 des »Quell«-Magazins veröffentlichten antisemitischen Artikel des früheren NSDAP-Propagandisten Johannes van Leers alias Felix Wietholdt. Im Gefolge dieses Verfahrens wurde der Verein noch im gleichen Jahr erstinstanzlich verboten. Ludendorffer-internen Angaben zufolge hatte der ins Visier der Behörden geratene Bund für Gotterkenntnis (L) damals 3948 zentral organisierte Mitglieder mit lokalen »Ordnern und Leitern«, deren Aufgabe unter anderem die Organisation von Zusammenkünften war. Zu diesen Treffen wurden nur Bundesmitglieder und Bezieher der beiden Vereinszeitschriften »Quell« und »Volkswarte« eingeladen. Nach dem Erstgerichtsurteil setzte der Verein seine Tätigkeit zunächst uneingeschränkt fort. In einem Dokumentationsband stellten juristisch versierte Mitglieder den Rechtsstreit ausführlich dar und ergänzten ihn mit entlastenden Stellungnahmen. Ihr Einsatz trug jedoch keine Früchte. Am 28. Januar 1965 bestätigte der Bayerische Verwaltungsgerichtshof das Verbot des Bundes wegen »verfassungsfeindlicher Zielrichtung und Tätigkeit«. Mathilde Ludendorff zog sich daraufhin aus der Öffentlichkeit zurück und publizierte auch nicht mehr. Ihr engerer Anhängerkreis formierte sich unterdessen als »Weltanschauungsgemeinschaft Gotterkenntnis Mathilde Ludendorff« neu und gab als Sitz des Vereins Tutzing, die letzte Wohnstätte der gottschauenden Generalswitwe, an. Die war zu jener Zeit gesundheitlich bereits schwer angegriffen und starb am 12. Mai 1966. Das juristische Ringen um die von Mathilde Ludendorff begründete Gemeinschaft ging unterdessen weiter. Das Verbotsurteil wurde zunächst durch sämtliche Instanzen bestätigt, am 23. März 1971 jedoch auf Grund gemäßigterer neuer Satzungen vom Bundesverwaltungsgericht wieder aufgehoben. Dass sich die Weltanschauungsgemeinschaft nun mit Punkt und Beistrich zur Verfassung der Bundesrepublik Deutschland bekannte, konnte freilich den Verdacht, dass es sich bei ihr um eine rechtsextreme, möglicherweise sogar neonazistische Organisation handelte, nie ganz ausräumen. Und so verwundert es nicht, dass sich andere rechtsextreme Glaubensvereinigungen seit jeher betont solidarisch mit den Anhängern der Ludendorffschen Gotterkenntnis zeigten. Bis heute wird »das Lebenswerk unserer großen Philosophin Dr. Mathilde Ludendorff« von Vertretern rechtsextremer Glaubensgemeinschaften – so etwa 1993 vom Goden-Referenten Kurt Kibbert – ausdrücklich gewürdigt.[30]

Ihrer Glaubensmutter entledigt vegetierte die ludendorffische Bewegung in den späten 1960er- und frühen 1970er-Jahren als Randgruppe im völkischen Spektrum eher unbeachtet dahin. Nach der Wiederzulassung entstanden zunächst einzelne lokale Gruppen. Im Juli 1977 wurde dann in Essen der sich betont verfassungstreu gebende und laut Satzung auf »Völkerverständigung« ausgerichtete »Arbeitskreis für Lebenskunde e.V.« gegründet. Neben gemeinsamen Tagungen mit dem Bund für Gotterkenntnis war dieser Verein lange Zeit vor allem im Umfeld ökologischer Gruppierungen – etwa der vereinten Grünen Österreichs (VGÖ) – aktiv und an der Herausbildung einer »bürgerlichen Grün-Bewegung« in vorderster Front mitbeteiligt. Seit den 1980er-Jahren veranstaltet der Arbeitskreis Jugendlager und Fortbildungen. Er ist heute ein nach Ansicht verschiedener Beobachter »rühriger« Bestandteil der rechtsextremen Szene in Deutschland und Österreich. Zum Umfeld des Ludendorffer-Kreises gehört weiters der im nordfriesischen Viöl – vormals in Struckum – ansässige Verlag für ganzheitliche Forschung, dessen Leiter Franz Karg von Bebenburg immer wieder Klassiker aus der Glanzzeit der Bewegung herausgibt, so zuletzt 1999 Kurt Baschwitz' »Der Massen Wahn. Ursache und Heilung des Deutschenhasses« als Faksimile der Ausgabe von 1932. Im ludendorffisch-gotterkennenden Denken dürfte sich seit damals nicht allzu viel geändert haben.

170

Julius Evola

und die Esoterik des Faschismus

Manche sehen in ihm eine Art »graue Eminenz« des italienischen (Neo-)Faschismus, anderen gilt er als simpler Philosoph ohne größeren politischen Einfluss. Tatsächlich stand Julius Evola irgendwo dazwischen – oder, wie er sich selbst einschätzte, darüber. Nicht »vulgärer Faschist« wollte er sein, sondern »Superfaschist«, nicht profaner »wissenschaftlicher Rassenforscher«, sondern einer, der »Blut und Geist« in den Rassen suchte und aristokratische Eliten für das Um und Auf der Menschheitsentwicklung hielt. Die Neue Rechte verdankt ihm zweifellos wichtige Impulse, aber auch politisch ungebundene Theoretiker äußerten sich bisweilen wohlwollend über den »Baron«, und ganz besondere Verehrung widerfährt ihm von verschiedenen esoterischen Kreisen.

Dreh- und Angelpunkt des Künstlers, Magiers, Philosophen, Schriftstellers und politischen Agitators war – materiell wie geistig – die »alte Kaiserstadt« Rom. Hier kam Giulio Cesare Andrea Evola, so sein eigentlicher, angetaufter Name, am 19. Mai 1898 als Sohn von Vincenzo Evola und seiner Frau Concetta geb. Frangipane zur Welt. Er war Spross einer spanisch-stämmigen sizilianischen Landadelsfamilie, die laut eigenem Bekunden auf »nordisch-germanischen Ursprung« zurückging und ursprünglich »Hevelar« hieß.[1] In adeligem und streng katholischem Geist erzogen interessierte sich der heranwachsende Eliteschüler zunächst für Technik und Mathematik und begann 1915 in Rom ein Ingenieursstudium.

Nebenbei aber entwickelte Giulio eine ausgeprägte Vorliebe für Philosophie und Kunst. Er dichtete, philosophierte, malte und stellte seine künstlerischen Produkte auch öffentlich zur Schau. 1915 entstanden erste Bilder im Stil des »idealismo sensoriale« und ab 1916 schrieb er Gedichte, zunächst in seiner Muttersprache, später – als Ausdruck seiner Sprachbegabung – in Französisch. Besonderen Einfluss auf ihn gewannen damals Emilio Filippo Tommaso Marinetti und Giovanni Papini. Diese beiden »ultraprogressiven Dichter« und Begründer des Futurismus vertraten einen Nihilismus, »der nur das nackte Individuum bestehen ließ, jenes Individuum, das jede Unterstützung verachtete und gegen jede Ausflucht Stellung nahm.«[2] Marinettis Lobeshymnen auf den Krieg als »einziger Hygiene der Welt« beeinflussten den jungen Aristokraten auch praktisch. Er meldete sich freiwillig, rückte ein und kam 1917 als Offiziersanwärter der Artillerie an die Front. Seine Hoffnung, dort endlich richtige Kampferfahrungen sammeln zu können, erfüllte sich jedoch nicht, und da ihn das Leben zu jener Zeit auch sonst eher frustrierte, geriet Giulio Evola erstmals in eine tiefe Sinnkrise.

Zurück in Rom brach er 1919 sein Studium vor der letzten Prüfung endgültig ab, um, wie er behauptete, nicht als »Herr Doktor« zu enden wie all die andern bürgersprössigen Streberlinge.[3] Stattdessen probierte er eine Reihe verschiedener Drogen aus und gab sich ganz seinen künstlerischen Neigungen hin. Noch im gleichen Jahr nahm er an der von Marinetti organisierten futuristischen Ausstellung im Palazzo Cova in Mailand und 1920/21 an einer internationalen Ausstellung moderner Kunst in Genf teil. Seine ideelle Ausrichtung war unterdessen noch radikaler geworden. Als »kämpferischer Gegner jeglicher Verbürgerlichung« hatte sich Evola dem Dadaismus zugewandt, mit dessen Begründer Tristan Tzara er in persönlichem Kontakt stand. Dieser 1896 geborene rumänisch-jüdische Dichter mit dem bürgerlichen Namen Sami Rosenstock hatte während des Krieges begonnen, mit bewusst übertriebener Ironie gegen die in seinen Augen verkommene Gesellschaft und deren Ordnungsprinzipien anzukämpfen.

Von den Ideen dieses Radikalverneiners ausgehend wurde Evolas erklärtes künstlerisches Ziel die Verkündung der »Idiotie«, des egozentrischen »Wahnsinns« als Triebkraft des Seins. In seiner 1920 in Rom publizierten Schrift »Abstrakte Kunst« merkte er dazu an: »Kunst ist Egoismus und Freiheit [...], die von einem höheren Bewusstsein kommt und daher die Leidenschaften und die auf den gemeinen Erfahrungen beruhenden Kristallisierungen transzendieren kann.«[4]

Während Evolas avantgardistische Bildprodukte in internationalen Ausstellungen zu bewundern waren, erschienen seine Gedichte in führenden Kunstzeitschriften jener Zeit wie etwa »Dada« und »Bleu«. 1922 geriet der als Künstler hoch geachtete Baron jedoch erneut in eine Sinnkrise und die hatte tief greifende Folgen. Seinem hoch verehrten poetischen Vorbild Arthur Rimbaud folgend hörte Evola damals von einem Tag zum nächsten auf mit dem Malen und Dichten. Er zog sich, wie er vermerkte, »ganz auf sich selbst« zurück und wollte in ganz anderen Bereichen, als er bisher tätig war, neue Lebenserfahrungen sammeln. So führte er während der nächsten drei Jahre verschiedene Rauschgiftexperimente durch und begann zu klettern – eine Leidenschaft, der er bis zu seiner Querschnittlähmung 1945 bei jeder sich bietenden Gelegenheit nachzukommen trachtete. Das Bergsteigen war bei Evola jedoch mehr als bloß körperliche Ertüchtigung: Die »Heiligkeit der Bergwelt« blieb ihm zeitlebens ein »Idealbild göttlicher Kraft«[5] – und folgerichtig verfügte er testamentarisch, seine Asche in eine Gletscherspalte des Monte Rosa zu streuen.

Vorerst aber war Evola noch quicklebendig, reiste viel und studierte mit Inbrunst philosophische Werke. Wichtige Lebensrichtlinien lieferte ihm dabei zuallererst der egozentrische Philosoph und Elitedenker Friedrich Nietzsche. Von ihm rührte unter anderem Evolas Glaube her, dass unsere verkommene Gesellschaft untergehen und ein radikaler Neubeginn auf der Grundlage einer gleichsam aristokratischen Überlieferung gemacht werden müsse. Besonders beeindruckt und geprägt haben ihn in Ergänzung zu diesem deutschen Grübler die »heiligen Verdammten«[6] Carlo Michelstaedter, Otto Braun und Otto Weininger. Alle drei waren sie von der Illusionshaftigkeit des Lebens überzeugt und begingen in jungen Jahren Selbstmord. Evola war bei aller Sinnkrisenanfälligkeit sicherlich nie wirklich selbstmordgefährdet, bewunderte aber den Mut eines jeden, der bewusst aus dem Leben schied. Mehr noch aber bewunderte er ihre Formulierkunst und übernahm von Weininger eins seiner Lebensmotti: »Wahrheit, Reinheit, Treue, Aufrichtigkeit sich selbst gegenüber. Das ist die einzig denkbare Ethik.«[7] Dieser frauenverachtende Wiener Jude war es auch, der Evola zum Antisemitismus führte, indem er das Judentum für den »entarteten Geist der Moderne« verantwortlich machte. Dies hinderte den jungen Baron freilich nicht, einzelnen Personen jüdischer Herkunft höchste Ehrerbietung entgegenzubringen. So etwa dem aus Gorizia/Görz gebürtigen Michelstaedter, aus dessen Werken er eine grundlegende Weltanschauung für sich selbst herausholte: »Wert gibt es nur in dem, was für sich selbst existiert, was das Prinzip des inneren Lebens und der eigenen Macht von nichts und niemandem verlangt – die Autarkie.«[8]

Als weitere Quellen der Inspiration nannte Evola den »Massenpsychologen« Gustave Le Bon, den Individualanarchisten Max Stirner sowie die Philosophen Seneca, Spinoza, Vico, Fichte und Donoso Cortès. Speziell bearbeitet und ins Italienische übersetzt hat der Baron darüber hinaus die Matriarchatsideen Johann Jakob Bachofens, einzelne Romane des esoterischen Kultautors Gustav Meyrink, die Kriegsverherrlichungen Ernst Jüngers und Oswald Spenglers »Untergang des Abendlandes«. Zu allen diesen kam als weitere weltanschauliche Grundlage Platos Staatstheorie, insbesondere der darin enthaltene »Opfer«-Mythos, der sich auch in Evolas späteren Werken immer wieder findet: »Das Wesentliche an einer guten und gesunden Aristokratie ist, [dass sie] mit gutem Gewissen das Opfer einer Unzahl Menschen hinnimmt, welche um ihretwillen (ihrer selbst willen) zu unvollständigen Menschen, zu Sklaven, zu Werkzeugen herabgedrückt und vermindert werden müssen.«[9] Auf diese Weise würde sich »eine ausgesuchte Art Wesen zu ihrer höheren Aufgabe und überhaupt zu einem höheren Sein« emporheben. Dieses »höhere Sein« konnte sich natürlich nicht nur auf die materielle Natur beziehen, sondern musste auch ein spirituelles Fundament haben. Für dessen Grundlagen griff Evola unter anderem auf die Ideen Meister Eckharts, Laotses sowie die altindischen Epen zurück. In Verbindung der daraus entnommenen materiell-spirituellen Anschauungen mit der für Evola charakteristischen elitär-aristokratischen, antibürgerlichen Grundeinstellung schuf er eine eigene Philosophie, den so genannten »magischen Idealismus«, einen Egozentrismus der besonderen Art.

In konsequenter Weiterführung seiner »esoterischen« Weltsicht gelangte Evola an jene geistigen Gestade, die üblicherweise als »Magie« bezeichnet werden. Erste Kontakte damit hatten ihm schon seine futuristischen Freunde vermittelt. Ab etwa 1922 begann er sie dann durch konkrete Übungen und Experimente zu vertiefen. Und er sah sich, wie sein deutscher Übersetzer und Biograf H. T. Hansen berichtet, »in der okkulten Szene Italiens gründlich um«, trat mit »diversen theosophischen und freimaurerischen Kreisen« in Verbindung und widmete sich intensiven Studien »hermetischer Literatur« – Schriften über Alchemie, den Gral, die Magie und übernatürliche Phänomene.[10]

Seine wichtigsten Inspiratoren – und fortan befreundete Weggefährten – wurden Arturo Reghini und René Guénon. Beide zusammen verstärkten sie in Evola die heidnisch-antichristliche Ausrichtung seines Denkens und Handelns. Reghini war »Mathematiker, Sprachwissenschaftler, Freimaurer [...] und vor allem Anhänger einer ›italischen Tradition‹ der Esoterik«.[11] Seit 1911 stand er in Kontakt mit dem englischen Sexualmagier Aleister Crowley, weilte ab Sommer 1920 öfters zu Gast in dessen Abtei Thelema im sizilianischen Cefalú und veröffentlichte später unter dem Namen Pietro Negri Artikel über Magie. Reghini vermittelte Evola wesentliche Anregungen für seine »traditionale« Weltanschauung und machte ihn mit den Schriften René Guénons bekannt. Dieser französische Esoteriker teilte mit dem italienischen Baron dessen Zivilisationskritik, die Verherrlichung des indischen Kastensystems und das »traditionale« Denken. Zwischen den beiden entwickelte sich mit der Zeit eine recht enge Freundschaft, doch ging Guénon alias Sheikh Abdel Wahid Yahia nach seiner Konversion zum Islam im Jahr 1930 ganz andere Wege als Evola. Einig waren sich die beiden letztlich nur darin, dass ein radikaler Wandel kommen musste. In seinem 1925 veröffentlichten Erstlingsbuch »Die Lehre des Magischen Idealismus« schrieb Evola dazu: »Das kommende Zeitalter muss unbedingt das einer Synthese sein [...] neue Formen schaffend, alte organisch weiterbildend. [...] Ich bin im tiefsten überzeugt, dass im Schoße der kommenden Jahre Ungeheures sich gebiert; es wäre höchst verderblich, wenn wir durch fades Gerede wie das der wieder erwachenden Religiosität, uns der

Empfänglichkeit für die neu sich gebärenden Kräfte berauben ließen.«[12]

Giulio Evola schwebte unterdessen natürlich nicht nur in geistigen Sphären, sondern genoss auch das Leben in irdischen Niederungen. So hatte er etwa gegen 1925 »eine kurze und stürmische Liebesaffäre« mit der um 22 Jahre älteren Schriftstellerin Sibilla Aleramo, die sich ihre Erfahrungen mit ihm in ihrem 1927 erstveröffentlichten Roman »Ich liebe, also bin ich« von der Seele schrieb. Evola »erscheint in diesem Roman unter dem Namen Bruno Tellegra [...] als eine zwielichtige und beinahe luziferische Gestalt: ›Bruno Tellegra war eher geneigt, dem Zauber eines Dämons zu unterliegen als dem eines Engels‹, ›unmenschlich wie er ist, eiskalter Erbauer seiltänzerischer Theorien, eitel, lasterhaft, pervers‹‹«. Vor allem aber bestand sein ganzes Streben, wie die Dichterin vermerkte, darin, Magier zu werden.[13]

1925 gründete Evola zusammen mit Reghini und G. Parise die »Gruppe von UR«. Mit von der Partie waren neben den Gründern unter anderem die Dichter Arturo Onofri und Girolami Comi, der Kunstkritiker Aniceto Del Massa und der Anthroposoph Giovanni Colazza. Hauptsitz der ab 1927 aktiven Gruppe war Rom. Nach und nach entstanden von dort ausgehend in ganz Italien »magische Ketten«, sprich »Zweigverbände und Forschungsgemeinschaften«. Diesen lose organsierten Gruppen ging es darum, esoterische Texte der Antike zu studieren und »die Erzeugung bzw. Herabholung feinstofflicher Kräfte und Einflüsse in gemeinschaftlicher Arbeit« zu bewerkstelligen. Magie – oder »praktische Metaphysik«, wie Evola sie nannte – wurde dabei als »Wissenschaft vom Ich« verstanden, als »persönliche initiatische Erfahrung«. Das Ergebnis derartiger »aktiver Identifikation« mit dem Göttlichen, die »Transzendierung des Ich zum Über-Ich«, war ein ins Spirituelle überhöhter Egozentrismus in Reinkultur. Evola wollte durch Überwindung der »moralistischen und evolutionär-humanistischen Soße« für das Ich »eine vollkommene Erkenntnis, die zugleich Freiheit und Macht« war und die »nicht nur Körper, Seele und Geist« umfasste, »sondern den gesamten Kosmos«.[14] Dieser Egozentrismus schloss humanitäre Anliegen gänzlich aus und trachtete nach absoluter Selbstvergöttlichung. Die solches praktizierende »Gruppe von UR« wollte prinzipiell jedem offen stehen, der sich ihren Idealen verbunden und ihren Ansprüchen gewachsen fühlte. Letztendlich erschien sie sogar manch einem Theosophen oder Anthroposophen wie etwa Massimo Scaligero angesichts der Oberflächlichkeit anderer esoterischer Vereinigungen ansprechend genug, um mitzumachen.

Freilich schafften es nicht alle, die »magischen Übungen« durchzustehen – etliche der Praktikanten verfielen dabei dem Wahnsinn. Julius Evola indes wandelte sich im Schoße der »Gruppe von UR« vom simplen Philosophen und Okkultisten zum »spirituellen Krieger« – oder, wie er sich nach dem entsprechenden Sanskrit-Ausdruck nannte, »kshatrya«. Er gab etliche kleinere Schriften heraus wie etwa 1926 »Das Individuum und das Werden der Welt« und veröffentlichte nebenher Artikel zu esoterischen Themen in verschiedenen okkulten Zeitschriften. Die Erfahrungen der »Gruppe von UR« publizierten deren Mitglieder in einer eigenen Heftreihe, »Ur« (1927/28) und »Krur« (1929). Gesammelt erschienen sie einige Jahre später unter dem Titel »Introduzione alla Magia a cura di Gruppo di UR« (»Magie als Wissenschaft vom Ich. Praktische Grundlegung der Initiation«). In der italienischen Ausgabe von 1956 war darin noch ein Artikel über die »magischen Vorstellungen von Aleister Crowley« enthalten, doch wurde dieses Kapitel, wohl auf Wunsch Evolas, in der nachfolgenden Edition entfernt.

Als der »magische Kreis« von »(KR)UR« im Dezember 1929 wieder aufgelöst wurde, hatte der Baron schon wieder andere Pfade für sich entdeckt, nämlich jene der Politik. Seine weltanschaulichen Richtlinien hierzu fasste er unter dem Begriff »tradizione« – Tradition, Überlieferung – zusammen. Er verstand darunter die »Gesamtheit von Prinzipien und transzendentalen, also ewigen, unveränderlichen Werten«, die ein »organisches, streng hierarchisch gegliedertes Ganzes« ergaben.[15] Seine diesbezüglichen »Idealbilder« waren das antike Rom, dessen spirituell-politisch fundierte »imperiale Staatsauffassung« er den »wahrhaftigen Politikern« der Gegenwart ans Herz legte, und »die mittelalterliche Zeit der Hohenstaufen« mit ihrer feudalen Grundordnung. Rom, so formulierte er später, war »eine gleichzeitig materielle und geistige Macht, erstanden ›zu beherrschen des Erdreichs Völker mit Obmacht, Zucht, anzuordnen des Friedens, mild dem Besiegten zu sein und niederzuducken den Trotzer‹, und war gleichzeitig etwas Sakrales«. Die römische Monarchie sollte »wieder erneuert, gekräftigt und dynamisch gemacht werden« als eine »ruhmvolle, heilige, metaphysische Realität, Spitze gleichwohl der kriegerisch geordneten politischen Hierarchie«.[16]

Dass er mit solchen Ideen geradewegs ins rechtsextreme Lager abdriftete, liegt auf der Hand. Und in der Tat bejubelte Evola bereits 1924 in der ersten Nummer von Reghinis Zeitschrift »Atanor« die Machtübernahme der Faschisten in Italien. Im Mai 1925 folgte ein weiterer politischer Artikel in der von Herzog Giovanni Colonna di Cesarò herausgegebenen liberalen Zeitschrift »Lo Stato Democratico« mit dem Titel »Staat, Macht und Freiheit«. Evola verherrlichte darin das feudale Machtprinzip und sicherte dem faschistischen Regime nur insofern seine Unterstützung zu, als dieses die von ihm so genannte »tradizione« in ihr Regierungssystem einbaute. Entsprechend enttäuscht war er dann auch, dass die christlichen und bürokratischen Strukturen doch zu stark waren, um dem von ihm propagierten »heidnisch-monarchistischen Staat« eine Chance zu geben.[17]

Alles in allem aber blieb Evola dem Faschismus eng verbunden. Bis zum Ende des Regimes veröffentlichte er Artikel in allen wichtigen Parteiorganen wie etwa »Il Regime Fascista« und »Critica Fascista«. Dabei blieb er seiner »traditionalen« Linie – einem elitär-aristokratischen Ansatz mit radikalem Antihumanismus, Antidemokratismus, Antisemitismus und Antikommunismus – treu. Seine diesbezüglichen Aufsätze gingen erstmals 1986 unter dem Titel »Monarchie, Autokratie und Tradition« gesammelt in Druck. Nach dem Erscheinen seines Buches »Heidnischer Imperialismus« 1928 wurde Evola von bürgerlich-christlichen Parteigenossen zwar schwer angefeindet, doch fand er andererseits bei deutschen Nationalsozialisten positiven Widerhall. Seine Verherrlichung der »nordisch-solaren Urtradition« wurde im Zusammenhang mit der Veröffentlichung der deutschen Übersetzung im Jahr 1933 mit viel Lob bedacht. Pries er doch »die deutschen Völker« als Bewahrer »nordischer Faktoren […] im Erbe ihres Blutes«, während er »das heidnische Römertum […] als die letzte große Schöpfungstat des nordischen Geistes« sah.[18] Seine heidnisch-imperialen Ausführungen waren eine mehr als deutliche Anbiederung an die »große Bewegung« jenseits der Alpen, der er allerdings zu bedenken gab: Wir »sagen, dass nur durch eine Rückkehr zur solaren Geistigkeit, zum lebendigen Weltbild, zum männlichen und heidnischen Ethos und zum imperialen Ideal, dem heiligen Erbe unseres nordisch-arischen Blutes die Kräfte der europäischen Erhebung […] aufglühen können, [die allein im Stande wären,] den Ring des abendländischen Dunklen Zeitalters zu sprengen.«[19]

Als Vertreter dieses dunklen Zeitalters machte der »heidnische Imperialist« die Juden, Sozialisten, Rationalisten, Liberalen und Demokraten ganz allgemein namhaft. 1929 veröffentlichte er in der Zeitschrift »Nuova Antología« ein im faschistischen Italien viel beachtetes Essay mit dem Titel »Amerikanismus und Bolschewismus«. Evola beschrieb darin die Gefahr einer Aufteilung der Welt zwischen den USA und der Sowjetunion. Ein Vorgang, bei dem Europa und vor allem dessen geistige Tradition auf der Strecke bleiben könnten. Die Menschheit würde dann, so Evola, einem Materialismus ausgeliefert sein, der sie unter einem Joch sittlicher und kultureller Verstümmelung gefangen halten würde. Konkret verantwortlich für diese Entwicklung machte Evola das Judentum. Der Jude war dabei ein »Symbol für die Herrschaft des ökonomisch-materialistischen Individualismus und die Herrschaft des Geldes«.[20]

Interessant ist seine Analyse der »Protokolle der Weisen von Zion«, einem »Klassiker« für Antisemiten. Den Fälschungscharakter dieses Machwerks nahm er geflissentlich zur Kenntnis – schließlich würde ja keine wirkliche geheime Verschwörungsgesellschaft schriftliche Zeugnisse über ihr Tun abliefern. Aber er konnte ihm dennoch durchaus reale Züge abgewinnen. Denn losgelöst von Juden und Freimaurern, deren etliche letztlich auch nur als »Werkzeuge« missbraucht würden, gäbe es im Hintergrund wirkende Kräfte, die genau jene Praxis anwandten, wie sie in den »Protokollen« beschrieben war. Evola bezeichnete diese Kräfte als Dritten und Vierten Stand, sprich das seit der Französischen Revolution zum Machtfaktor gewordene Bürgertum und die marxistische Internationale.[21] Dass es von diesen beiden Ständen ausgehend eine Art Weltverschwörung gäbe, deren Boden durch Juden und Freimaurer bereitet worden wäre, davon freilich war der Baron zeitlebens überzeugt. Und er sah es für notwendig an, sich dagegen in einem »Heiligen Krieg« zur Wehr zu setzen.

Um der »traditionalen Weltanschauung« in seinem italienischen Vaterland eine breitere publizistische Basis zu geben, gründete Evola 1930 die »superfaschistische« Zeitschrift »Der Turm«, zu der er anmerkte: Mit »dem Versuch von ›La Torre‹ wollen wir dem Ausland ein Signal geben, bis zu welchem Punkt im faschistischen Italien ein streng imperiales und traditionales Denken Lebenschancen hat, insbesondere, wenn es sich von jeder politischen Knechtschaft frei hält und nur dem reinen Willen gehorcht, eine Idee zu verteidigen.«[22] Besondere Unterstützung fand Evola mit dieser seiner Linie bei den faschistischen Funktionären Giovanni Preziosi und Roberto Farinacci. Diesen beiden verdankte er auch die Bekanntschaft mit dem »Duce« Benito Mussolini.

Abseits der Niederungen des politischen Alltags befasste sich Julius Evola nach wie vor mit okkulten Überlieferungen. 1931 veröffentlichte er »Die Hermetische Tradition. Von der alchemistischen Umwandlung der Metalle und des Menschen in Gold. Entschlüsselung einer verborgenen Symbolsprache«. 1932 folgte »Maskierungen und Ansichten des gegenwärtigen Spiritualismus«. Zwischendurch übersetzte er einige Schriften des späteren SS-Ahnenerbe-Mitbegründers Herman Wirth ins Italienische und arbeitete wie besessen an jenem Buch, das sein eigentliches Hauptwerk werden sollte, der 1934 erstpublizierten »Rivolta contro il mondo moderno« (»Revolte gegen die moderne Welt«). Evola zeigt sich darin als schonungsloser Verfechter einer elitär-patriarchalen, frauenfeindlichen »Tradition« und als entschiedener Gegner der verkommenen »modernen Kultur«.

Die Geschichte der Menschheit, so schrieb er, sei kein Auf-, sondern ein Abstieg, der schließlich zum Zusammenbruch unserer Zivilisation führen würde. Was über deren Untergang hinaus allerdings erhalten bliebe, das sei die patriarchalisch-sonnenhafte, uranisch-geistige Tradition, die der Autor als »das Grundgesetz« definierte.[23] Die männliche Welt würde letztendlich, behauptete Evola, die weibliche – symbolisiert in niederen, chthonisch-erdgebundenen matriarchalen Kulten – zerstören. Nicht die Erde sollte den Menschen formen, sondern der Mensch – eigentlich der Mann – die Erde, die Natur, auf Grund seines besonderen »geistigen Erbes«. Evolas traditionales Weltbild, wie er es in der »Revolte« darlegte, gipfelte im »spirituellen, initiatischen Königtum«, dessen »Würde« selbst Blutschuld tilge.[24] Als Grundlage der königlichen bzw. patrizischen Macht beschrieb Evola davon ausgehend den »Ritus und das Opfer«, womit auch Menschenopfer gemeint seien.[25] Das Instrument der Tortur seitens kastenmäßig Höherstehender rechtfertigte er als »Gottesurteil« und göttliches Mittel zur »Erprobung männlicher Standhaftigkeit«.[26] Neben der Rechtsgewalt hätten die aristokratischen »Herren des Landes« letztendlich auch das alleinige Eigentumsrecht an Grund und Boden – womit dann ja auch alle Umweltprobleme ein für alle Mal gelöst wären.

An die unterste Stufe seiner »traditionalen Kastenordnung« platzierte der Baron die zu »rein materieller Arbeit« karmisch verdammten Sklaven.[27] Die Rolle der Frau sah er bei alledem in der absoluten Hingabe an den Mann, nach dessen Ableben sie den Feuertod erleiden sollte. Um das »traditionale Weltbild« praktisch umzusetzen, sei nun ein »Heiliger Krieg« vonnöten, der nach innen durch Askese gestärkt, nach außen von einer »reinen, spirituellen Autorität« gelenkt werden sollte. Dabei böte »sich dem Einzelnen die Erfahrung der reinen, vom Individuum losgelösten Tat«. Gerichtet wäre dieser Krieg vor allem gegen die per Demokratie ermöglichte »Machtergreifung durch niedrigere Schichten und Völker«. Das Paradies, schrieb Evola, läge im »Schatten der Schwerter«.[28]

Im italienischen Faschismus fand er dieses Paradies allerdings nicht. Stattdessen zog es Evola immer häufiger über die Alpen ins Tausendjährige Reich des Nationalsozialismus. Von ihm erhoffte er sich offensichtlich weit mehr als vom christlich verdorbenen Italien. Bei seinen Annäherungen an Nazi-Deutschland nutzte er Kontakte, die er bereits früher über den berüchtigten »Deutschen Herrenklub« geknüpft hatte. Ab 1934 war er weit öfter nördlich der Alpen anzutreffen als in seiner römischen Heimat. Besonders angetan hatte es dem Baron die SS, deren Ordensprinzipien ihm am ehesten seiner spirituell-politischen »Tradition« verhaftet schienen und in der er seinen aristokratischen Kampfbund letztlich verwirklichen zu können hoffte. Und so reiste er durch Deutschland, nahm Kontakt zu namhaften Vertretern des NS-Regimes auf und hielt bis 1942 viel beachtete Vorträge zu Themen wie »Arische Lehre des Heiligen Kampfes«, »Die Waffen des geheimen Krieges« oder »Der Gral als nordisches Mysterium«. Daneben veröffentlichte er zahlreiche Artikel in Zeitschriften wie »Deutsches Volkstum« und »Die Aktion – Kampfblatt für das Neue Europa« sowie 1941 in Wien eine Schrift mit dem Titel »Die arische Lehre von Kampf und Sieg«.

In Letzterer ging Evola ganz in nationalsozialistischem Geist davon aus, dass arische Rassen die »Tradition der Tat« in sich trügen. Wie hier versuchte er seine eigenen Ideen auch sonst vorgegebenen NS-Mustern einzupassen. So gewann er dem Zweiten Weltkrieg durchaus spirituelle Seiten ab, wenn er etwa erklärte, »dass im ›heiligen Kampf‹ viel eher als die Einzelnen die mystischen Urkräfte der Rasse wirken. Diese Kräfte der Ursprünge schaffen Weltreiche und bringen den Menschen den ›siegreichen Frieden‹«, gemäß dem Motto: »Das Blut der Helden ist heiliger als die Tinte der Gelehrten und das Gebet der Frommen«. Der Autor sah im Krieg allerdings weit mehr als bloßes Märtyrertum: »Im Kampf selbst ist die Kraft zu erwecken und zu stählen, die jenseits von Sturm, Blut und Not in neuer Klarheit und machtvoller Ruhe zu neuer Schöpfung verhelfen soll.«[29]

In Italien war Evola wegen seiner Verbindungen zum Deutschen Reich unterdessen selbst treu dienenden Faschisten suspekt. Seine vehemente Ablehnung der Masse, des Christentums und »bürgerlicher Verdummung« ließ ihn in oft scharfen Gegensatz zu den Ideologen der Partei geraten, die ihn mehrmals als »Gegner der Bewegung« einstuften. Was Evola freilich ganz und gar nicht war, vielmehr verstand er sich als deren geistigen Vorreiter, als »Superfaschist« im Gegensatz zum gewöhnlichen faschistischen Fußvolk. Nicht umsonst war Evola ständiger Mitarbeiter von »Il Regime Fascista«.

Daneben veröffentlichte er eine Reihe esoterisch-politischer Bücher: 1936 erschien »Drei Aspekte des jüdischen Problems«, 1937 »Der Mythos des Blutes«, im selben Jahr »Das Mysterium des Grals« und 1941 »Richtlinien für eine rassische Erziehung«. Briefliche und auch persönliche Freundschaften entwickelten sich währenddessen vor allem zu seinem ideologischen Vetter Corneliu Zelea Codreanu, mit bürgerlichem Namen Corneliu Zelinski. Dieser Umstürzler war »charismatischer Führer der gleichzeitig politischen und christlich-mystischen Bewegung ›Eiserne Garde‹ in Rumänien, die sich als Teil der Heerscharen des Erzengels Michael verstand« und mit Gewalt gegen den Staat und vor allem das Judentum kämpfte. Der Tod dieses hoch verehrten Freundes Ende November 1938, in den Augen des Barons ein Werk der Juden, hat ihn schwer getroffen.[30] Mit Evola persönlich bekannt waren neben Codreanu unter anderem Othmar Spann, Mayol de Lupè, Prinz Karl Anton Rohan, Walter Heinrich, Gottfried Benn, Karl Wolfskehl, Paul Valéry, Franz Altheim, Gonzague de Reynold, Sir Charles Petrie und der Religionswissenschaftler Mircea Eliade. Andere wie zum Beispiel C. G. Jung verehrten und bewunderten Evola, wurden von diesem jedoch strikt abgelehnt.

Evolas politisches Hauptaugenmerk galt der spirituell-politischen Fundierung der Achse Rom – Berlin. In diesem Sinne sprach er im Rahmen eines Vortragsabends im Berliner Studienkreis im Dezember

1937 zum Thema »Abendländischer Aufbau aus urarischem Geist« von der Notwendigkeit der »Bildung einer Abwehrfront gegen Liberalismus, Rationalismus, Bolschewismus«. Auch für den Nationalsozialismus müsste es oberstes Ziel sein, eine Art »olympischer Elite« zu schaffen, die allein diesen Kräften Einhalt gebieten könnte. Seine diesbezüglichen Bemühungen wurden von Seiten Deutschlands wie auch von Seiten Italiens aber eher mit Argusaugen beobachtet, wie etwa ein NS-Gutachten vom Juni 1938 belegt, in dem es heißt: »Der letzte und geheime Antrieb [Evolas] zu seinen Theorien und Planungen dürfte in einem Aufstand des alten Adels gegen die heutige, überall adelsfremde Welt zu suchen sein. [...] Seine politischen Pläne eines römisch-germanischen Imperiums sind utopischen Charakters und darüber hinaus geeignet, ideologische Verwirrungen anzurichten.«[31]

Ab 1941 geriet Evola zunehmend in Konflikt mit den obersten Hütern der NS-Ideologie. Auf Grund seiner als »nicht systemkonform« empfundenen rassischen Ideen wurde er seitens des SS-Ahnenerbes – Hauptgutachter war Wiligut-Weisthor – observiert. In Italien stand man seinen in zahlreichen Artikeln dargelegten rassischen Ideen unterdessen etwas positiver gegenüber. 1940 empfahl Mussolini seinen Parteigenossen, Evolas Bücher als »erbauliche Lektüre« zu konsumieren, boten sie doch in ihrer Konsequenz ein durchaus akzeptables Gegenstück zum »nordischen Rassegedanken« der Deutschen. Ja, es sollte sogar eine eigene faschistisch-rassistische Zeitschrift mit dem Titel »Blut und Geist« als Pflichtlektüre für alle Parteigenossen herausgegeben werden. Ermutigt durch diese hochrangige Unterstützung veröffentlichte Evola 1941 seine »Grundrisse der faschistischen Rassenlehre«. Darin beschrieb er menschliche »Rassen« als nicht unbedingt nur aussehensmäßig erfassbare Grundmuster, sondern als vorrangig geistige Angelegenheit. »Rasse« war für ihn die »Elite« im Gegensatz zum »gemeinen Volk«, und das konnte ein »nordischer Mensch« genauso sein wie ein »mediterraner« – entscheidend waren geistige Kriterien. Zur Gänze schlecht weg kamen bei ihm einmal mehr die »Wilden, Unzivilisierten, Naturvölker«. Diese, so Evola, seien bloß »Formen letzten Niederganges ältester Völker und Kulturen [...], deren Lebensmöglichkeiten erschöpft sind«.[32]

Evolas Lebenskraft war indessen trotz zunehmender Querschläge sowohl der Faschisten in Italien als auch der Nationalsozialisten in

Deutschland ungebrochen. Seine Versuche, irgendwo an der Front doch noch zum Kampfeinsatz zu kommen, wurden von den Bürokratien beider Staaten vereitelt und so blieb dem Politexzentriker nichts anderes übrig als dem Verfall der von ihm favorisierten Systeme tatenlos zuzusehen. Als das faschistische Regime in Italien am 25. Juli 1943 gestürzt wurde, verurteilte Evola dies als »barbarischen Akt« und zog sich über die Alpen nach Österreich – die deutsche Besetzung dieses von der monarchistischen Tradition so tief geprägten Landes hat ihm nie sonderlich gefallen – zurück. In Wien verkroch er sich in Archiven, um die Geschichte geheimer Orden zu studieren. Irgendwie hoffte er wohl, vermittels einer verborgenen Gemeinschaft doch noch eine Wendung des Kriegsgeschicks herbeiführen zu können, doch blieben alle Mühen erfolglos. Evola musste zu schlechter Letzt auch noch einen persönlichen Schicksalsschlag hinnehmen. Auf Grund seiner »Herausforderung des Schicksals« – er suchte bei Luftangriffen prinzipiell nie einen Luftschutzkeller auf – wurde er im März 1945 unter Trümmern begraben und querschnittgelähmt ins Spital gebracht. Nach Kriegsende überstellte man den Invaliden nach Bad Ischl. Alle Rehabilitierungsversuche blieben erfolglos, und Evola verbrachte sein restliches Leben gehunfähig im Rollstuhl.

1948 wurde Evola aus der Spitalspflege entlassen und bezog eine Wohnung in der Via Vittorio Emmanuele II in Rom. Mit wenigen Ausnahmen hat er diese bis an sein Lebensende nicht mehr verlassen. Der Rückzug in die häusliche Welt hinderte ihn freilich nicht, sich politischen Organisationen anzuschließen und ideologisch für sie tätig zu sein. Besonders eng verbunden empfand er sich den »Revolutionären Kampfbünden«, kurz FAR, und anderen rechtsextremen Kampfgruppen.

1949 veröffentlichte Evola nach längerer Publikationspause wieder Artikel in neurechten Magazinen. Zu jener Zeit sammelte sich um seine Person eine kleine Anhängerschar, für die der Baron 1950 in der Zeitschrift »Imperium« richtungweisende Aufsätze mit dem Sammeltitel »Orientierungen« veröffentlichte. 1953 erweiterte er diese Artikelreihe zu einem politischen Grundlagenwerk mit dem Titel »Menschen inmitten von Ruinen«. 1961 erschien als Ergänzung dazu die autobiografische Gesellschaftsstudie »Cavalcare la Tigre« (»Den Tiger reiten«). Evola beschrieb darin den kulturellen Verfallsprozess, den er in der modernen Konsumkultur zu erkennen glaubte

– in der Jazz-Musik genauso wie in der modernen Kunst, im Familienleben und in der Parteienpolitik: »Unser Zeitalter ist eine Epoche der Auflösung.« Wobei »die bürgerliche Welt [...] den wahren Gegenstand der Auflösung [und] die westliche, europäische Zivilisation das Epizentrum bildet«.[33] In dieser Situation täte eine radikale Rückkehr zur Tradition Not.

Die in Evolas Schriften unterschwellig zum Ausdruck kommende Hoffnung auf eine dereinst vielleicht doch noch erfolgreiche (super)faschistische Revolution wurde durch die internen tagespolitischen Querelen der »Rechten« jedoch zunichte gemacht. Nichtsdestotrotz blieben die Eckpfeiler der evolistischen Programmatik – Herrenmenschentum, autoritäre Staatsstrukturen, Führerprinzip, Befürwortung von Gewalt zur Durchsetzung eigener Ziele usw. – Grundlagen der faschistischen Propaganda. Und Gruppen wie die 1954 gegründete »Neue Ordnung« beriefen sich ausdrücklich auf die ideologischen Richtlinien des sizilianischen Barons.

Der wurde unterdessen im April 1951 verhaftet und der »Verherrlichung des Faschismus« sowie der »geistigen Anstiftung geheimer Kampftruppen« angeklagt. Nach einem halben Jahr Untersuchungshaft kam es im Oktober 1951 zu einem groß angelegten Prozess, bei dem Evola sich durch eine »Selbstverteidigungsrede« an das Gericht wandte und schließlich auch freikam. Nichtsdestotrotz agitierte er, zum Beispiel in der rechtsextremen Zeitschrift »Nation Europa«, ungetrübt weiter für den Kampf gegen die Demokratie. Dieser Kampf sollte seiner Ansicht nach freilich mehr auf der geistigen, okkulten Ebene geführt werden als auf der materiellen, wie er etwa in seinem Buch »Menschen inmitten von Ruinen« anmerkte: »Es gibt wenig Hoffnung, etwas zu retten, wenn es unter den Oberhäuptern einer neuen Bewegung nicht auch solche gibt, die die Fähigkeit entwickelt haben, den materiellen Kampf mit einem geheimen und unerbittlichen Wissen zu ergänzen, das dann aber nicht im Dienste dunkler Kräfte, sondern auf Seiten des leuchtenden Prinzips der traditionalen Geistigkeit steht.«[34]

Der traditionale Umsturz kam jedoch nicht zu Stande. Im Gegenteil, sogar einzelne Linke fanden – in missverstandener Deutung der Ideen Evolas – Gefallen an dem Baron. So etwa revolutionäre 68er-Studenten, deren Vorkämpfer einzelne Texte von ihm bei der Besetzung der philosophischen Fakultät der römischen Universität rezitierten.[35] Wer den Baron aber ganz sicher nicht für sich entdecken konnte, das waren die Frauen, denn die kamen bei ihm als Ausgeburten eines »untermenschlichen Prinzips« ganz schlecht weg. Entsprechende Ausführungen finden sich unter anderem in seiner 1956 erstveröffentlichten »Metaphysik des Sexus«. Für Evola galt nur »der kämpfende Mann« etwas, wie er in seinem 1960 erschienenen Buch »Der Arbeiter im Denken Ernst Jüngers« wieder einmal zur Erbauung seiner mannstollen Anhängerschar ausführte.

Während der letzten Lebensjahre verhärteten sich Evolas frauenfeindliche, aristokratisch-elitäre Züge noch weiter, während die MSI – das rechtsradikale »Movimento Sociale Italiano«, die eigentliche politische Heimat des alternden Superfaschisten – seine Ideen nur am Rande zur Kenntnis nahm. Erst eine spätere Generation neurechter Vordenker, beginnend mit der 1963/67 entstandenen, paramilitärisch agierenden neofaschistischen Vorhut »Europäische Zivilisation« und der französischen »Nouvelle Droite« in den 1970er-Jahren, sollte verstärkt auf seine »traditionale Philosophie« zurückgreifen. 1964 rechnete der verkannte Meister mit seinen ihm unliebsam gewordenen Gesinnungsgenossen ab. »Der Faschismus aus rechter Sicht«, 1970 ergänzt durch den Anhang »Bemerkungen zum Dritten Reich«, offenbaren eine radikale Abkehr von der politischen Ebene und eine Hinwendung zur »apoliteia«. 1968 erschien noch »Der Bogen und die Keule«, ab 1970 folgten »Weisheits- und Meditations-Sammelbände« und 1972 seine Autobiografie »Der Weg des Zinnobers«, so betitelt »nach einer Symbolik aus der chinesischen Alchimie«. Ansonsten veröffentlichte der greise Baron Artikel, unter anderem in Mircea Eliades religionswissenschaftlicher Zeitschrift »Antaios«, gab als Ergänzung dazu einige wenige Interviews wie zum Beispiel im Februar 1970 für »Playmen«, und plante die Herausgabe eines Magazins mit dem provokanten Titel »Der Reaktionär«. Dazu kam es jedoch nicht mehr. Julius Evola starb am 11. Juni 1974 »stehend mit Blick auf den heiligen Hügel Gianicolo«.[36] Sein Leichnam wurde in Spoleto eingeäschert und – ganz seinem Wunsch gemäß – in einer Gletscherspalte des Monte Rosa versenkt.

Den ideellen Nachlass des Barons verwalten evolianische Studienzentren wie jenes in Rom – bis 1995 unter der Leitung von Renato del Ponte, seither von Gianfranco de Turris –, »neurechte« Gruppierungen in Italien, Frankreich und Belgien sowie für den deutschsprachi-

Evola als Textlieferant der Gothic-Szene (CD-Cover)

gen Raum als Chef-Vermittler der Wiener H. T. Hansen, einer der
umfassendsten Kenner der Materie. Einzelne Werke Evolas wurden
ins Englische, Spanische, Portugiesische, Griechische, Russische, Flä-
mische, Serbische, Ungarische und Polnische übersetzt. Der rechte
Vordenker Gerd-Klaus Kaltenbrunner würdigte den extremistischen
Querdenker als Verkörperung des »Typus eines elitären Intellektua-
lismus von rechts, der sowohl transzendenzoffen als auch universal-
geschichtlich gebildet« sei.[37] Und Jürgen Hatzenbichler, ehemals Mit-
gestalter der freiheitlichen Bewegung um Österreichs Rechtsaußen-
Populisten Jörg Haider, pries Evolas »Anti-Geschichtsbild« als
richtungweisend für eine zukünftige »konservative Revolution«. Er
legte das von dem italienischen Baron gegrabene traditionale »Fluss-
bett« seinen Gesinnungsgenossen eindringlich ans Herz, damit diese,
den Anweisungen des Meisters folgend, in gemeinsamer Anstrengung

»die chaotischen Lebensströme in die richtige Richtung« lenken könnten.[38] Größere Bedeutung hat er für das Weltbild der Freiheitlichen Partei Österreichs (FPÖ) allerdings nicht erlangt. Aber »natürlich gibt es«, wie Haiders Berater Andreas Mölzer vermerkt, »in Randbereichen des freiheitlichen Lagers oder des alten nationalliberalen Lagers Leute, die sich für Evola interessieren«.[39]

Posthum genießt Evola insgesamt gesehen fraglos mehr Zuspruch, als ihm zeitlebens vergönnt war. Und dies nicht nur in einschlägig rechtsextremen, sondern sogar in ursprünglich anarchistischen Kreisen. Roland Bubik etwa vertonte mit seiner Combo einzelne Texte von ihm und führte Evola solcherart in die deutsche Dark Wave- bzw. Gothic-Musikszene ein – was mittlerweile intern zu heftigen Auseinandersetzungen geführt hat. Der Nürnberger Untergrundsender »Radio Z« etwa verwehrte sich 1996 massiv gegen die Vereinnahmungsversuche der Szene durch evolianische Musikstrategen. Nichtsdestotrotz startete der Herausgeber der in Dresden erscheinenden, mit neuheidnischen und schwer rechtslastigen Inhalten bestückten Szenezeitschrift »Eis & Licht / Sigil-Magazin«[40] Ende 1997 eine musikalische Kampagne zum 100. Geburtstag des »italienischen Kshatriya, Okkultisten, Künstlers und Philosophen Baron Julius Evola« und lud Bands der »Independent«-Szene aus verschiedenen Ländern dazu ein, dem Vorkämpfer des esoterischen Faschismus »ein würdiges musikalisches und visuelles Denkmal zu setzen«. Insgesamt zehn Gruppen sind dieser Einladung gefolgt: »Waldteufel« mit der einem rechtsextremen Kampfausdruck nachempfundenen Nummer »Wolfszeit«, »Annabel Lee« und »Blood Axis« aus den USA, »Fire & Ice« aus England, »Les Joyaux de la Princesse« und »Lonsai Maikov« aus Frankreich, »Ain Soph« aus Italien, »Scivias/ACTUS« aus Ungarn, »Allerseelen« aus Österreich, »INADE« aus Deutschland sowie »Mondblut«. Das Erscheinen der mit einem ausführlichen Booklet versehenen, »auf tausend Exemplare begrenzten CD«, die laut Verlagsinfo »schon nach 2 Monaten restlos ausverkauft« war,[41] hat die Diskussionen in der Szene weiter angeheizt.

Weitaus weniger widersprüchlich wurde der »Superfaschist« von Esoterikern angenommen. Bestsellerautor Thorwald Dethlefsen etwa empfahl ihn 1986 seinen Schülern zur einführenden Lektüre, und auch der in politischer Hinsicht durchaus nicht unkritische Verleger

Bruno Martin legte Evola in seinem »Handbuch der spirituellen Wege« allen Esoterikinteressierten wärmstens ans Herz. Das unter dem Namen Michel Angebert schreibende französische Autorenduo Jean-Michel Bertrand und Jean Anelini ging noch einen Schritt weiter und gab ein Buch über Baron Evola heraus, in dem dieser als wegweisender Visionär verherrlicht wird. In ähnlicher Manier ordnete ihn Gerhard Wehr den »spirituellen Meistern Europas« zu. Für den zwischen den etablierten Kirchen und esoterischen Strömungen vermittelnden Autor stellt der Superfaschist »eine bedeutsame Herausforderung« dar. Und die ist er zweifellos – freilich anders als Wehr meint, nämlich für all jene, denen der Mensch mehr ist als die bloße Verkörperung »traditionaler« Vorurteile.

Literatur und Anmerkungen

DIE OKKULTE SEITE DES NATIONALSOZIALISMUS

1 Max Domarus (Hg.): Hitler. Reden und Proklamationen 1932–1945, Würzburg 1963, S. 1558.
2 Ausführlich hierzu Eduard Gugenberger/Roman Schweidlenka: Die Fäden der Nornen. Zur Macht der Mythen in politischen Bewegungen, Wien 1993, S. 116 ff.; grundsätzlich Nicholas Goodrick-Clarke: Die okkulten Wurzeln des Nationalsozialismus, Graz/Stuttgart 1997; und René Freund: Braune Magie? Okkultismus, New Age und Nationalsozialismus, Wien 1995.
3 Alfred Rosenberg: Blut und Ehre. Ein Kampf für deutsche Wiedergeburt, München 17. Aufl. 1938, S. 214.
4 Edgar Dacqué: Das verlorene Paradies. Zur Seelengeschichte des Menschen, München 1938, S. 177.
5 J. O. Plassmann: Freudig wie ein Held zum Siegen, in: Germanien 1/1942, S. 4.
6 Erik Trinkaus/Pat Shipman: Die Neandertaler – Spiegel der Menschheit, München 1993, S. 157; ausführlich Daniel Gasman: The Scientific Origins of National Socialism, London 1971.
7 Das Wort »Esoterik« bezeichnet dem ursprünglichen Wortsinn nach »die innere, verborgene, geheime, geistige Welt« im Gegensatz zur materiellen, verstandesmäßig begreifbaren Welt. In diesem Sinn ist der Ausdruck an sich als wertfrei zu verstehen und kann den unterschiedlichsten religiösen, aber auch politischen Strömungen zugeordnet werden.
8 Zu dieser Frage entwickelte sich ein heftiger Disput zwischen dem Autor, dem Theosophischen Central-Archiv in Berlin und der Theosophischen Gesellschaft (Adyar) in Wien. Während sich Franz Durkowitsch, Vorsitzender der letzteren, in einem Brief vom 4. 2. 1998 durchaus diskussionsbereit gab – zur Frage »Was kann Mdm. Blavatsky dafür, wenn die in der GEHEIMLEHRE dargelegten Ideen aus Unverständnis oder auch bewusst von anderen missbraucht werden?« –, schossen die Berliner Archivare aus anderen Rohren. In ihrem Schreiben vom 29. 12. 1997 erscheint Blavatsky, »eine der wichtigsten Frauen der modernen Geschichte«, als »eine der ersten Kämpferinnen gegen Rassismus«. Dem nach umfassendem Quellenstudium zu einem anderen Standpunkt gelangten Autor wurde im Gegenzug vorgeworfen, die Theosophen »mit derselben Strategie [zu] verleumden wie einst schon Hitler und Goebbels«.
9 Helena Petrowna Blavatsky: Die Geheimlehre, II. Band, Den Haag o. J., S. 392 und 824 f.
10 hierzu u. a. Reinhard Opitz: Faschismus und Neofaschismus, Frankfurt am Main 1984, S. 32 f.
11 siehe hierzu Herfried Münkler/Wolfgang Storch: Siegfrieden. Politik mit einem deutschen Mythos, Berlin 1988; sowie weiter ausholend Otto W. Johnston: Der deutsche Nationalmythos. Ursprung eines politischen Programms, Stuttgart 1990.
12 Hans Wagner: Taschenwörterbuch des Nationalsozialismus, Bremen repr. 1988, S. 130; und Carl Peter: Nordisches Wörterbuch, Leipzig 1935, S. 37.
13 u. a. Edmund und Michaela von Hollaender: Vatan – der Pfad des Nordens. Die uralte Wissenschaft der Runenmeister, Skalden, Seherinnen und weisen Frauen, München 1993, S. 95 ff.

14 Siehe hierzu Hermann Gilbhard: Die Thule-Gesellschaft. Vom okkulten Mum-menschanz zum Hakenkreuz, München 1994; intern Rudolf von Sebottendorff: Bevor Hitler kam. Urkunden aus der Frühzeit der nationalsozialistischen Bewe-gung, München 1933; aus rechter Sicht Detlev Rose: Die Thule-Gesellschaft. Le-gende – Mythos – Wirklichkeit, Tübingen 1994.

15 Eduard Gugenberger/Roman Schweidlenka: Mutter Erde, Magie und Politik. Zwischen Faschismus und neuer Gesellschaft, Wien ²1989, S. 86; und Rainer Gohr: Die Psycho-Okkult-Mafia. Vom Aufmarsch der rechten Heilslehrer, in: Konkret 6/1984, S. 59.

16 Ernst Bloch: Erbschaft dieser Zeit. Erweiterte Ausgabe, Frankfurt am Main 1985, S. 188.

17 siehe hierzu u. a. Michael Ley/Julius H. Schoeps (Hg.): Der Nationalsozialismus als politische Religion, Mainz 1997; sowie Klaus Vondung: Magie und Manipu-lation. Ideologischer Kult und politische Religion des Nationalsozialismus, Göt-tingen 1971.

18 Hierzu Michael H. Kater: Das »Ahnenerbe« der SS 1935–1945. Ein Beitrag zur Kulturpolitik des Dritten Reiches, München 1997.

19 Siehe hierzu u. a. Friedrich Wilhelm Haack: Wotans Wiederkehr. Blut-Boden- und Rasse-Religion, München 1981; Stefanie von Schnurbein: Göttertrost in Wendezeiten. Neugermanisches Heidentum zwischen New Age und Rechtsradi-kalismus, München 1993; sowie Franziska Hundseder: Wotans Jünger. Neuheid-nische Gruppen zwischen Esoterik und Rechtsradikalismus, München 1998.

ALFRED SCHULER

Max Baumann: Alfred Schulers kosmisches Geheimnis, in: Hamburger Tageblatt 5. 8. 1941.

Robert Boehringer: Mein Bild von Stefan George, München 1951, S. 105 ff.

Werner Deubel: Ein vergessener Münchner Dichter. Alfred Schulers Werke, in: Münchner Neueste Nachrichten 9. 12. 1930.

Richard Faber: Männerrunde mit Gräfin, Frankfurt am Main 1994.

Wolfgang Frommel/Marita Keilson-Lauritz/Karl Heinz Schuler: Alfred Schuler. Drei Annäherungen, Berlin 1985.

Sir Galahad [= Berta Eckstein-Diener]: Wer war Alfred Schuler?, in: Königsberger Hartungsche Zeitung 10. 5. 1932.

Dirk Heißerer: Wo die Geister wandern. Eine Topographie der Schwabinger Bohème um 1900, München ²1996.

Roderich Huch: Alfred Schuler, Ludwig Klages, Stefan George, Amsterdam 1972.

Otto Huth: Alfred Schuler und die Urgnosis, in: Herbert Hönel (Hg.): Festschrift für Ludwig Klages, Linz 1947, S. 209–219.

Gerd-Klaus Kaltenbrunner: Zwischen Rilke und Hitler. Alfred Schuler, in: Zeitschrift für Religions- und Geistesgeschichte 19/1967, S. 333–347.

Ludwig Klages: Der Geist als Widersacher der Seele, Bonn/Berlin ²1960.

Bertil Malmberg: Ett styke väg. Memovarer, Stockholm 1950.

Fritz Nemitz: Ein Unbekannter – Alfred Schuler, in: Berliner Tageblatt 31. 7. 1937.

Gerhard Plumpe: Alfred Schuler. Chaos und Neubeginn. Zur Funktion des Mythos in der Moderne, Berlin 1978.

Kuno Renatus: Alfred Schuler, der »heidnische Gnostiker«, in: Europäische Revue 18/1942, S. 340–343.

Edgar Salin: Um Stefan George, Düsseldorf/München ²1954.

Walter Schmitz/Uwe Schneider: Völkische Semantik bei den Münchner »Kosmikern« und im George-Kreis. Nationalsozialistische Aneignung, in: Uwe Puschner/Walter Schmitz/Justus H. Ulbricht (Hg.): Handbuch zur »Völkischen Bewegung« 1871 bis 1918, München/New Providence/London/Paris 1996, S. 711–746.
Alfred Schuler: Fragmente und Vorträge aus dem Nachlaß, Leipzig 1940.
Alfred Schuler: Kosmogonische Augen, hg. von Baal Müller, München 1995.
Friedrich Wolters: Stefan George und die Blätter für die Kunst, Berlin 1930.

1 Klages in Schuler, Fragmente, S. 2.
2 ebd., S. 8.
3 Schuler, Augen, S. 307 f.
4 ebd., S. 14.
5 ebd., S. 18.
6 Carus Sterne: Tuisko-Land, der arischen Stämme und Götter Urheimat, Glogau 1891, zit. in Wilhelm Scheuermann: Woher kommt das Hakenkreuz?, Berlin 1933, S. 7; vgl. auch Ludwig Wilser: Das Hakenkreuz nach Ursprung, Vorkommen und Bedeutung, Zeitz 1918.
7 Schuler, Augen, S. 312.
8 Baal Müller in ebd., S. 18.
9 ebd., S. 132.
10 ebd., S. 143.
11 ebd., S. 139.
12 ebd., S. 307.
13 Klages in Schuler, Fragmente, S. 73.
14 Wolters, George, S. 258 ff.
15 Schuler, Augen, S. 139.
16 ebd., S. 135 f.
17 siehe hierzu Johann Jakob Bachofen: Das Mutterrecht, Frankfurt am Main 1975; sowie Hans-Jürgen Heinrichs (Hg.): Das Mutterrecht von J. J. Bachofen in der Diskussion, Frankfurt am Main 1987.
18 Salin, George, S. 191.
19 Schuler, Augen, S. 28.
20 Klages, Geist, passim.
21 Plumpe, Schuler, S. 210.
22 Schulen, Augen, S. 219.
23 ebd., S. 303.
24 ebd., S. 7 f.
25 zit. nach Schmitz/Schneider, Semantik, S. 729.
26 Deubel, Dichter

DIETRICH ECKART

Paul Wilhelm Becker: Der Dramatiker Dietrich Eckart. Ein Beitrag zur Dramatik des Dritten Reiches, Köln (Diss.) 1961.
Dietrich Bronder: Bevor Hitler kam. Eine historische Studie, Genf ²1975, S. 212 f. und 244 ff.
E. R. Carmin: »Guru« Hitler. Die Geburt des Nationalsozialismus aus dem Geiste von Mystik und Magie, Zürich 1985, S. 114 ff.
E. R. Carmin: Das schwarze Reich. Geheimgesellschaften und Politik im 20. Jahrhundert, München 1997, S. 92 ff.

Michael Georg Conrad: Vaterländische Dichter-Charakterbilder. I. Dietrich Eckart, in: Unser Vaterland. Monatsschrift für das deutsche Haus 12/1917, S. 109–111.

Otto Dietrich: 12 Jahre mit Hitler, München 1955, S. 178.

Adolf Dresler: Dietrich Eckart als Journalist, in: Zeitungswissenschaft 5/1937, S. 341 f.

Dietrich Eckart: Tannhäuser auf Urlaub, Leipzig 1896.

Dietrich Eckart: Der Froschkönig. Romantische Komödie in 3 Aufzügen, Berlin/Leipzig 1904.

Dietrich Eckart: Ibsen, Peer Gynt, der große Krumme und ich, Berlin-Steglitz 1914.

Dietrich Eckart: Abermals vor der Höhle des Großen Krummen. Erneute Aussprache über Theaterkritik, Berlin-Steglitz 1914.

Dietrich Eckart: Henrik Ibsens »Peer Gynt«, München [2]1916.

Dietrich Eckart: Der Bolschewismus von Moses bis Lenin. Zwiegespräche zwischen Adolf Hitler und mir, München 1925.

Dietrich Eckart: Ein Vermächtnis, hg. von Alfred Rosenberg, München 1928.

Hanns Martin Elster: Dietrich Eckart, der deutsche Dichter und Vorkämpfer des Nationalsozialismus = Die Reihe der deutschen Führer, Heft 13, Berlin [1933].

Ralph Max Engelmann: Dietrich Eckart and the Genesis of Nazism, Saint Louis 1971.

Richard Euringer: Dietrich Eckart. Leben eines deutschen Dichters, Hamburg 1935.

Hans Goebel: Dietrich Eckart und das Christentum, Darmstadt 1936.

Nicholas Goodrick-Clarke: Die okkulten Wurzeln des Nationalsozialismus, Graz/Stuttgart 1997, S. 118 ff.

Wilhelm Grün: Dietrich Eckart als Publizist. Mit einer Ahnentafel bis 1285 und einer Dietrich-Eckart-Bibliographie von 1868 bis 1938, München 1941.

Konrad Heiden: Adolf Hitler. Eine Biographie, 1. Band, Zürich 1936.

Friedrich Paul Heller/Anton Maegerle: Thule. Vom völkischen Okkultismus bis zur Neuen Rechten, Stuttgart 1995, S. 26 ff., 38, 48 f. und 63 f.

Raimund Lembert: Dietrich Eckart. Ein Künder und Kämpfer des Dritten Reiches, München 1934.

Sonja Noller: Eckart, Johann Dietrich, in: Historische Kommission bei der Bayerischen Akademie der Wissenschaften (Hg.): Neue Deutsche Biographie, 4. Band, Berlin 1959, S. 284.

Ernst Nolte: Eine frühe Quelle zu Hitlers Antisemitismus, in: Historische Zeitschrift 192/1961, S. 585–606.

Louis Pauwels/Jacques Bergier: Aufbruch ins dritte Jahrtausend. Von der Zukunft der phantastischen Vernunft, München 1982, S. 367 ff.

Margarete Plewnia: Auf schlecht deutsch – Der Kronzeuge der »Bewegung«: Dietrich Eckart, in: Karl Schwedhelm (Hg.): Propheten des Nationalismus, München 1969, S. 159–175 und 299 f.

Margarete Plewnia: Auf dem Weg zu Hitler. Der »völkische« Publizist Dietrich Eckart, Bremen 1970.

Trevor Ravenscroft: Der Speer des Schicksals, Zug 1974.

Albert Reich: Dietrich Eckart, ein deutscher Dichter und der Vorkämpfer der Völkischen Bewegung, München 1933.

Detlev Rose: Die Thule-Gesellschaft. Legende – Mythos – Wirklichkeit, Tübingen 1994, S. 106 ff.

Ernst Rossius-Rhyn: Der Besten einer …! Zum Gedächtnis an Dietrich Eckart, in: Die Räder. Illustrierte Zeitschrift für Volk, Arbeit und Aufbau 15/1/1934, S. 7.

Hans Sachs: Das Judentum in den Schriften Dietrich Eckarts, Wien (Diss.) 1940.

Christof Peter Saxer: Dietrich Eckarts Interpretation des »Peer Gynt« im Hinblick auf seine Weltanschauung und als Grundlage zu seiner freien Übertragung der Dichtung, Wien (Diss.) 1940.

Gerhard Schultz: Aufstieg des Nationalsozialismus. Krise und Revolution in Deutschland, Frankfurt am Main 1975, S. 190 ff.

Rudolf von Sebottendorff: Bevor Hitler kam. Urkundliches aus der Frühzeit der nationalsozialistischen Bewegung, München 1933 bzw. Bremen Repr. 1982, S. 77, 135 f. und 230.

Günther H. Wahnes: Dietrich Eckart und Ibsens »Peer Gynt«, in: Der Ostpreußische Erzieher 3/1938, S. 60 f.

Günther H. Wahnes: Dietrich Eckart in Thüringen, Weimar 1940.

Leo Weiser: Dietrich Eckart. Ein Bild vom Wesen und Wirken des ersten nationalsozialistischen Kämpferdichters, Leipzig 1934.

Paul Herrmann Wiedeburg: Dietrich Eckart, in: Der Deutsche Student. Zeitschrift der deutschen Studentenschaft 11/1933, S. 51–54.

Paul Herrmann Wiedeburg: Dietrich Eckart. Ein lebens- und geistesgeschichtlicher Beitrag zum Werden des neuen Deutschlands, Hamburg/Erlangen (Diss.) 1939.

Robert Wistrich: Wer war wer im Dritten Reich? Ein biographisches Lexikon, Frankfurt am Main 1987, S. 75 f.

1 Wiedeburg, Eckart, S. 11.
2 Plewnia, Auf schlecht deutsch, S. 162.
3 in Eckart, Vermächtnis, S. 13.
4 Plewnia, Auf schlecht deutsch, S. 163.
5 Eckart, Tannhäuser, S. 10; vgl. Plewnia, Weg, S. 14.
6 Plewnia, Auf schlecht deutsch, S. 163.
7 Plewnia, Weg.
8 Plewnia, Auf schlecht deutsch, S. 164.
9 Eckart, Froschkönig, S. 123.
10 Wiedeburg, Eckart, S. 26 f.
11 Alfred Rosenberg, zit. in ebd., S. 34.
12 Plewnia, Auf schlecht deutsch, S. 167.
13 Eckart, Peer Gynt, S. 34.
14 Plewnia, Auf dem Weg, S. 51.
15 Plewnia, Auf schlecht deutsch, S. 168.
16 zit. in Bärsch, Religion, S. 146.
17 Eckart, Vermächtnis.
18 Der Grund war die Verweigerung einer Geldspritze für »Auf gut deutsch« durch Sebottendorff; siehe Sebottendorff, Bevor Hitler kam, S. 77.
19 ebd., S. 135 f.
20 zit. in Plewnia, Auf schlecht deutsch, S. 168.
21 Eckart, Vermächtnis.
22 zit. in Plewnia, Auf schlecht deutsch, S. 171.
23 zit. in Bärsch, Religion, S. 56.
24 zit. in Plewnia, Auf schlecht deutsch, S. 173.
25 Eckart, Vermächtnis.
26 Heiden, Hitler, S. 76 f.
27 Eckart, Vermächtnis.
28 Adolf Hitler: Mein Kampf, München 11. Aufl. 1932, S. 781.
29 Wiedeburg, Eckart, S. 102.
30 ebd., S. 5.
31 Pauwels/Bergier, Aufbruch, S. 368.

Manfred Ach/Clemens Pentrop: Hitlers »Religion«. Pseudoreligiöse Elemente im nationalsozialistischen Sprachgebrauch, München 1977, S. 17 ff.

Johannes Balzli: Guido von List. Der Wiederentdecker uralter arischer Weisheit, Leipzig/Wien 1917.

Klaus Bellmund/Kaarel Siniveer: Kulte, Führer, Lichtgestalten. Esoterik als Mittel rechtsradikaler Propaganda, München 1997, S. 30 ff. und 314 ff.

Wilfried Daim: Der Mann, der Hitler die Ideen gab. Die sektiererischen Grundlagen des Nationalsozialismus, Graz/Wien ²1985, S. 91 ff.

Hermann Gilbhard: Die Thule-Gesellschaft. Vom okkulten Mummenschanz zum Hakenkreuz, München 1994, S. 41 ff.

Nicholas Goodrick-Clarke: Die okkulten Wurzeln des Nationalsozialismus, Graz/Stuttgart 1997, S. 32 ff., 114 ff. und 160 ff.

Guido und Michael Grandt: Erlöser. Phantasten, Verführer und Vollstrecker, Aschaffenburg 1998, S. 69 ff.

Friedrich-Wilhelm Haack: Wotans Wiederkehr. Blut-Boden- und Rasse-Religion, München 1985, S. 43 ff.

Valerie Hanus: List, Guido, in: Leo Santifaller (Red.): Österreichisches Biographisches Lexikon 1815–1950, Band 5, Wien/Graz/Köln 1972, S. 245.

Friedrich Paul Heller/Anton Maegerle: Thule. Vom völkischen Okkultismus bis zur Neuen Rechten, Stuttgart 1995, S. 15 ff.

August Horneffer: Guido von List, der völkische Philosoph und Prophet, in: Am rauhen Stein 29/1932, S. 33–45.

Franziska Hundseder: Wotans Jünger. Neuheidnische Gruppen zwischen Esoterik und Rechtsradikalismus, München 1998.

Inge Kunz: Herrenmenschentum, Neugermanen und Okkultismus. Eine soziologische Bearbeitung der Schriften von Guido List, Wien (Diss.) 1961.

Guido List: Deutsch-mythologische Landschaftsbilder, 2 Bände, Wien/Leipzig ²1913.

Guido von List: Das Geheimnis der Runen, Leipzig 1908.

Guido von List: Die Rita der Ario-Germanen, Leipzig 1908.

Guido von List: Die Armanenschaft der Ario-Germanen, 2 Bände, Leipzig 1908/11.

Guido von List: Die Bilderschrift der Ario-Germanen, Leipzig 1910.

Guido von List: Der Übergang vom Wuotanismus zum Christentum, Zürich 1911.

Guido von List: Urgrund, hg. von Felix Havenstein, Berlin-Lichterfelde 1936 – Nachdruck Ammerland [1975].

Peter Orzechowski: Schwarze Magie – Braune Macht, Ravensburg [1989], S. 71 ff.

Detlev Rose: Die Thule-Gesellschaft. Legende – Mythos -Wirklichkeit, Tübingen 1994.

Stefanie von Schnurbein: Göttertrost in Wendezeiten. Neugermanisches Heidentum zwischen New Age und Rechtsradikalismus, München 1993, S. 22 ff. und 61 ff.

Günter Wackwick: Das Werk Guido von Lists und Jörg Lanz' von Liebenfels und der deutsche Faschismus, in: Günter Hartung/Hubert Orlowski (Hg.): Traditionen und Traditionssuche des deutschen Faschismus, Halle an der Saale 1987, S. 138–148.

Arthur Wolf-Wolfsberg: Guido von List. Der Skalde, Seher und Forscher, in: Zeitschrift für Menschenkenntnis und Schicksalsforschung 2/1927, S. 93–96.

1 Goodrick-Clarke, Wurzeln, S. 36.
2 List, Landschaftsbilder II, S. 592.
3 zu dieser Lebensphase siehe Balzli, List, S. 15 ff.
4 List, Landschaftsbilder II, S. 562 ff., und Goodrick-Clarke, Wurzeln, S. 37.

5 List, Landschaftsbilder I, S. 125.
6 Goodrick-Clarke, Wurzeln, S. 38.
7 Guido List: Die Juden als Staat und Nation, in: Ostdeutsche Rundschau 25. und 26. 9. 1895, S. 1 f. sowie 28./31. 12. 1895, S. 1–3.
8 Kunz, Herrenmenschentum.
9 vgl. Franz Xaver Kießling: Über die Rätsel der Erdställe. Ein Beitrag zur Kennzeichnung des Wesens, vermutlichen Alters und ursprünglichen Zweckes dieser künstlichen Höhlen, Wien 1923 – Nachdruck Ammerland [1984].
10 Goodrick-Clarke, Wurzeln, S. 41.
11 Balzli, List, S. 30.
12 Schnurbein, Göttertrost, S. 64 f.
13 zit. nach Haack, Wiederkehr, S. 47.
14 Goodrick-Clarke, Wurzeln, S. 45, zit. nach: Einige wenige Auszüge aus den Urteilen der Presse über die Guido-List-Bücherei, in: Guido-List-Bücherei 2a/1911, S. 269–285.
15 Goodrick-Clarke, Wurzeln, S. 47, und Balzli, List, S. 167 ff.
16 List, Armanenschaft, 1. Band, S. 98 f.
17 ebd., zit. auch in Orzechowski, Schwarze Magie, S. 72.
18 Goodrick-Clarke, Wurzeln, S. 73.
19 zu Stauff siehe u. a. Goodrick-Clarke, Wurzeln, S. 44 ff. und 114 ff.; Rose, Thule-Gesellschaft, S. 81 ff.; Rudolf von Sebottendorff: Bevor Hitler kam. Urkundliches aus der Frühzeit der nationalsozialistischen Bewegung, München 1933, S. 31 ff.; sowie Philipp Stauff: Meine geistig-seelische Welt, Berlin-Lichterfeld 1922.
20 in List, Urgrund, S. 11.
21 zit. in Gilbhard, Thule-Gesellschaft, S. 41.
22 siehe hierzu Renate Bitzan (Hg.): Rechte Frauen. Skingirls, Walküren und feine Damen, Berlin 1997, S. 268 ff.
23 zit. nach Schnurbein, Göttertrost, S. 13.

JÖRG LANZ VON LIEBENFELS

Peter Emil Becker: Zur Geschichte der Rassenhygiene = Wege ins Dritte Reich, Band 1, Stuttgart/New York 1988, S. 333 ff.
E. R. Carmin: »Guru Hitler«. Die Geburt des Nationalsozialismus aus dem Geiste von Mystik und Magie, Zürich 1985, S. 24 ff.
Wilfried Daim: Der Mann, der Hitler die Ideen gab. Die sektiererischen Grundlagen des Nationalsozialismus, Graz/Wien ²1985.
F. Dietrich [= Theodor Czepl]: Georg Lanz von Liebenfels, in: Die Arve 23-5/1955, S. 1–5.
René Freund: Braune Magie? Okkultismus, New Age und Nationalsozialismus, Wien 1996, S. 29 ff.
Nicholas Goodrick-Clarke: Die okkulten Wurzeln des Nationalsozialismus, Graz/Stuttgart 1997, S. 32 ff., 83 ff. und 145 ff.
Claudia Karoline Göbetzberger: Lanz von Liebenfels und seine Rassenideologie. Eine ideologiekritische Analyse der Ostara von 1905 bis 1917, Wien (Dipl.) 1996.
Guido und Michael Grandt: Erlöser. Phantasten, Verführer und Vollstrecker, Aschaffenburg 1998, S. 82 ff.
Friedrich-Wilhelm Haack: Wotans Wiederkehr, Blut-Boden- und Rasse-Religion, München 1981, S. 37 ff.

Friedrich Paul Heller/Anton Maegerle: Thule. Vom völkischen Okkultismus bis zur Neuen Rechten, Stuttgart 1995, S. 21 ff.

Ekkehard Hieronimus: Lanz von Liebenfels. Eine Bibliographie, Toppenstedt 1991.

Ekkehard Hieronimus: Lanz von Liebenfels »Lebensspuren«, in: Albrecht Götz von Olenhusen (Hg.): Wege und Abwege. Beiträge zur europäischen Geistesgeschichte der Neuzeit. Festschrift für Ellic Howe zum 20. September 1990, Freiburg ²1992, S. 157–171.

Ekkehard Hieronimus: Jörg Lanz von Liebenfels, in: Uwe Puschner/Walter Schmitz/Justus H. Ulbricht (Hg.): Handbuch zur »Völkischen Bewegung« 1871 bis 1918, München/New Providence/London/Paris 1996, S. 131–146.

J. Lanz-Liebenfels: Theozoologie oder Die Kunde von den Sodoms-Äfflingen und dem Götter-Elektron. Eine Einführung in die älteste und neueste Weltanschauung und eine Rechtfertigung des Fürstentums und des Adels, Wien/Leipzig/Budapest 1904.

Jörg Lanz von Liebenfels: Praktische Einführung in die arisch-christliche Mystik, München 1980.

Rudolf J. Mund: Jörg Lanz von Liebenfels und der Neue Templer Orden, Stuttgart 1976.

Peter Orzechowski: Schwarze Magie – Braune Macht, Ravensburg [1989], S. 68 ff.

Katharina Riedl: Das System des Dr. Jörg Lanz von Liebenfels und sein Einfluss auf Adolf Hitler, Wien (Dipl.) 1995.

Stefanie von Schnurbein: Göttertrost in Wendezeiten. Neugermanisches Heidentum zwischen New Age und Rechtsradikalismus, München 1993, S. 68 ff.

Franz Steinkellner: Werfenstein, eine landesfürstliche Burg im Strudengau/OÖ, Grein 1984, S. 60 f.

Günter Wackwick: Das Werk Guido von Lists und Jörg Lanz' von Liebenfels und der deutsche Faschismus, in: Günter Hartung/Hubert Orlowski (Hg.): Traditionen und Traditionssuche des deutschen Faschismus, Halle an der Saale 1987, S. 138–148.

1 Daim, Mann, S. 51.

2 Heinrich Klenz: Kürschners Deutscher Literatur-Kalender, Berlin/Leipzig 1915, Sp. 1003 – darin werden drei Werke Herwigs angeführt: »Der Prinz von Marocco« (1908), »Der rote Baron« (1909) und »Die Fledermaus, eine Szene aus der Alhambra« (1911).

3 zit. nach Daim, Mann, S. 53.

4 Goodrick-Clarke, Wurzeln, S. 84.

5 Fr. G.O.C.: Berthold von Treun, in: Berichte und Mitteilungen des Altertumsvereines zu Wien, Band XXX, Wien 1894, S. 137–140, darin S. 137.

6 Hieronimus, Lanz, S. 133.

7 Jörg Lanz von Liebenfels: 18. Werfensteiner Freundesbrief vom Dezember 1942, zit. in Mund, Lanz, S. 37 ff., vgl. Hieronimus, Lebensspuren, S. 164.

8 Regularium Fratrum Ordinis Novi Templi. Zusammengestellt von Fra Georg Lanz von Liebenfels, P.O.N.T. zu Marienkamp, Erzpriorat O.N.T. zu Werfenstein 1921, S. 4, zit. auch in Hieronimus, Lanz, S. 134.

9 siehe kontrovers hierzu Daim, Mann, S. 48 f., Hieronimus, Lanz, S. 131 f. und Mund, Lanz, S. 16.

10 J. Lanz-Liebenfels: Der Orden des Neuen Tempels, in: Ostara 18/1907, S. 15 f.

11 zit. in Daim, Mann, S. 64.

12 Goodrick-Clarke, Wurzeln, S. 85 f.

13 Lanz-Liebenfels, Theozoologie; vgl. Daim, Mann, S. 98 ff.

14 siehe Hieronimus, Lanz/Bibliographie.
15 zit. in Daim, Mann, S. 116 ff.
16 Mund, Lanz, S. 55 ff.
17 ebd., S. 56.
18 zit. nach Hieronimus, Lanz, S. 135.
19 Mund, Lanz, S. 96, und Haack, Wiederkehr, S. 42.
20 zit. nach Goodrick-Clarke, Wurzeln, S. 89.
21 ebd., S. 91 und 88.
22 Goodrick-Clarke, Wurzeln, S. 107.
23 Regularium, zit. nach ebd., S. 88.
24 Rudolf John Gorsleben: Hoch-Zeit der Menschheit, Leipzig 1930, repr. Bremen 1981; zur Biografie vgl. auch Mund, Lanz, S. 67 ff.
25 zit. nach Daim, Mann, S. 174.
26 zu Wehrmann siehe Ernst Issberner-Haldane: Frodi Ingolfson Wehrmann, in: Zeitschrift für Geistes- und Wissenschaftsreform 3/1928, S. 163 f.; Goodrick-Clarke, Wurzeln, S. 146 ff., und Frodi Ingolfson Wehrmann: Das Garma der Germanen, Berlin-Niederschönhausen 1927.
27 zu Issberner-Haldane siehe Goodrick-Clarke, Wurzeln, S. 146 ff.; sowie Ernst Issberner-Haldane: Der chiromantische Werdegang. Erinnerungen von Reisen und aus der Praxis eines Chirosophen, Bad Oldesloe 1925.
28 Mund, Lanz, S. 34.
29 u. A. Recherche Franko Petri

Rudolf von Sebottendorff

anonym: Das Portrait eines hakenkreuzlerischen Hochstaplers, in: Münchener Post 14. 3. 1923, S. 7.
René Alleau: Hitler et les sociétés secrètes. Enquète sur les sources occultes du nazisme, Paris 1969.
Dietrich Bronder: Bevor Hitler kam, Hannover 1964, S. 232 f.
Hans Fenske: Konservativismus und Rechtsradikalismus in Bayern nach 1918, Bad Homburg 1969, S. 53 ff.
Nicholas Goodrick-Clarke: Die okkulten Wurzeln des Nationalsozialismus, Graz/Stuttgart 1997, S. 120 ff.
Friedrich Paul Heller/Anton Maegerle: Thule. Vom völkischen Okkultismus bis zur Neuen Rechten, Stuttgart 1995, S. 30 ff.
Heinrich Hillmayr: Roter und weißer Terror in Bayern nach 1918, München 1974, S. 28 ff.
Ellic Howe: Rudolf Freiherr von Sebottendorff, hg. Albrecht Götz von Olenhusen, Freiburg im Breisgau 1989.
Ellic Howe: Uranias Kinder. Die seltsame Welt der Astrologen und das Dritte Reich, Weinheim 1994, S. 120 ff.
Christoph Lindenberg: Die Technik des Bösen. Zur Vorgeschichte und Geschichte des Nationalsozialismus, Stuttgart ²1978, S. 15 ff.
Albrecht Götz von Olenhusen: Bürgerrat, Einwohnerwehr und Gegenrevolution. Freiburg 1918–1920. Zugleich ein Beitrag zur Biographie des Rudolf Freiherr von Sebottendorff (1875–1945), in: ders. (hg.): Wege und Abwege. Beiträge zur europäischen Geistesgeschichte der Neuzeit. Festschrift für Ellic Howe zum 20. September 1990, Freiburg im Breisgau ²1993, S. 115–134.
Peter Orzechowski: Schwarze Magie – Braune Macht, Ravensburg [1989], S. 19 f., 37 und 58 ff.

Nigel Pennick: Hitler's Secret Sciences. His Quest for the Hidden Knowledge of the Ancients, Sudbury 1981, S. 23 f., 40 und 88.

Reginald Phelps: »Before Hitler Came«. Thule Society and Germanen-Orden, in: Journal of Modern History 35/1963, S. 245–261.

Detlev Rose: Die Thule-Gesellschaft. Legende – Mythos – Wirklichkeit, Tübingen 1994, S. 26 ff.

Stefanie von Schnurbein: Göttertrost in Wendezeiten. Neugermanisches Heidentum zwischen New Age und Rechtsradikalismus, München 1993, S. 73 f.

Rudolf von Sebottendorff: Erwin Haller. Ein deutscher Kaufmann in der Türkei, in: Münchener Beobachter 31. 8. 1918 bis 10. 5. 1919.

Rudolf von Sebottendorff: Der Talisman des Rosenkreuzers. Roman, Pfullingen [1925].

Rudolf von Sebottendorff: Bevor Hitler kam. Urkundliches aus der Frühzeit der nationalsozialistischen Bewegung, München ²1934 – Nachdruck Bremen 1982.

Rudolf von Sebottendorff: Die geheimen Übungen der türkischen Freimaurer. Der Schlüssel zum Verständnis der Alchemie, Freiburg im Breisgau ⁴1977.

Ernst Tiede: Astrologisches Lexikon, Leipzig 1922, S. 279.

1 Albrecht Götz von Olenhusen, Brief vom 16. 6. 2000, vgl. Howe, Sebottendorff, S. 8 f.
2 Goodrick-Clarke, Wurzeln, S. 122.
3 zu diesen Lebensepisoden siehe Howe, Sebottendorff, S. 10.
4 Tiede, Lexikon, S. 279, und Sebottendorff, Talisman, S. 30 ff.
5 Goodrick-Clarke, Wurzeln, S. 123, nach Sebottendorff, Talisman, S. 31–58, und Howe, Sebottendorff, S. 12.
6 Olenhusen in ebd., S. 75; vgl. R. H. Laarss: Das Buch der Amulette und Talismane, Leipzig 1919, und ders.: Eliphas Levi – der große Kabbalist und seine magischen Werke, Wiesbaden o. J.
7 Howe, Sebottendorff, S. 11, in Ausdeutung vager autobiografischer Daten.
8 anonym, Portrait, S. 7 (dort ist allerdings fälschlicherweise das Jahr 1909 für den Vorfall angegeben).
9 Goodrick-Clarke, Wurzeln, S. 124.
10 Waltharius, in: Sebottendorff, Übungen, S. 6.
11 zur Namensproblematik siehe Goodrick-Clarke, Wurzeln, S. 125.
12 Goodrick-Clarke, Wurzeln, S. 126, und Olenhusen in Howe, Sebottendorff, S. 76 f. – Olenhusen hält es laut Brief vom 29. 9. 2000 für möglich, dass Glauer-Sebottendorff nicht durch eigene Unternehmungen zu Reichtum gekommen ist, sondern ausschließlich über seine begüterte Frau.
13 zu Nauhaus siehe Rose, Thule-Gesellschaft, S. 33 ff., und Goodrick-Clarke, Wurzeln, S. 127.
14 Olenhusen in Howe, Sebottendorff, S. 77.
15 Gilbhard, Thule-Gesellschaft, S. 53 f.
16 Sebottendorff, Bevor, S. 58 ff.
17 siehe hierzu Olenhusen, Bürgerrat, S. 123 ff.
18 Olenhusen in Howe, Sebottendorff, S. 80 f.
19 Goodrick-Clarke, Wurzeln, S. 134.
20 Olenhusen in Howe, Sebottendorff, S. 86.
21 Goodrick-Clarke, Wurzeln, S. 134.
22 Sebottendorff, Bevor, S. 7.
23 Albrecht Götz von Olenhusen: Brief an den Autor vom 4. 10. 2000.
24 Olenhusen in Howe, Sebottendorff, S. 88.
25 Heller/Maegerle, Thule, S. 40.

E. R. Carmin: Das schwarze Reich. Geheimgesellschaften und Politik im 20. Jahrhundert, München 1997, S. 19.

Fra G. N.: Der letzte Irmine. Karl Maria Wiligut zum Gedenken, Berlin Man. 1998.

Nicholas Goodrick-Clarke: Die okkulten Wurzeln des Nationalsozialismus, Graz/Stuttgart 1997, S. 155 ff.

Guido und Michael Grandt: Erlöser. Phantasten, Verführer und Vollstrecker, Aschaffenburg 1998, S. 104 ff.

Paul Heller/Anton Maegerle: Thule. Vom völkischen Okkultismus bis zur Neuen Rechten, Stuttgart 1995, S. 24.

Franziska Hundseder: Wotans Jünger. Neuheidnische Gruppen zwischen Esoterik und Rechtsradikalismus, München 1998, S. 126 f.

Ulrich Hunger: Die Runenkunde im Dritten Reich, Frankfurt am Main 1984, S. 148 f.

Karl Hüser: Wewelsburg 1933 bis 1945. SS-Kult- und Terrorstätte, Paderborn 1987, S. 28 ff. und 200 ff.

Kadmon [= G. Petak]: Karl Maria Wiligut = Aorta Nr. 6, Wien 1991.

Hans-Jürgen Lange: Weisthor Karl-Maria Wiligut. Himmlers Rasputin und seine Erben, Engerda 1998.

Rudolf J. Mund: Der Rasputin Himmlers. Die Wiligut-Saga, Wien 1982.

Karl Maria Wiligut: Seyfrieds Runen (Rabensteinsage), Wien 1903.

1 Mund, Rasputin, S. 24 f.
2 ebd.
3 Lange, Weisthor, S. 31.
4 Goodrick-Clarke, Wurzeln, S. 156.
5 nach Mund, Rasputin, S. 24 f., wird als Datum der Kontaktnahme zwischen Wiligut und dem Thaler-Kreis das Jahr 1908 angenommen, doch hat sie, wie sich aus »Seyfrieds Runen« erschließen lässt, mit Sicherheit schon früher stattgefunden.
6 Lange, Weisthor, S. 32.
7 zit. in ebd., S. 33.
8 zit. in Mund, Rasputin, S. 198, und Lange, Weisthor, S. 181 und 303.
9 zit. in Lange, Weisthor, S. 35.
10 ebd.
11 hierzu Goodrick-Clarke, Wurzeln, S. 156 f., und Lange, Weisthor, S. 36.
12 zit. in Lange, Weisthor, S. 198.
13 auszugsweise zit. in Mund, Rasputin, S. 27 ff., Goodrick-Clarke, Wurzeln, S. 157, und Lange, Weisthor, S. 37.
14 vgl. Goodrick-Clarke, Wurzeln, S. 157.
15 ebd., S. 159.
16 zit. in Lange, Weisthor, S. 99 f.
17 ebd., S. 111.
18 ebd., S. 123.
19 über Rüdiger siehe Mund, Rasputin, S. 77 ff., und Lange, Weisthor, S. 245 ff.
20 Mund, Rasputin, S. 78.
21 Wilhelm Teudt: Germanische Heiligtümer, Jena 1929; seit den 1970er-Jahren mehrfach in Faksimile neu aufgelegt.
22 Lange, Weisthor, S. 138.
23 Mund, Rasputin.
24 zu Kirchhoff siehe Hunger, Runenkunde, Mund, Rasputin, S. 109 ff., Goodrick-Clarke, S. 160 ff. und Lange, Weisthor, S. 247 ff.

25 Lange, Weisthor, S. 47.
26 Goodrick-Clarke, Wurzeln, S. 164.
27 Lange, Weisthor, S. 58.
28 siehe hierzu Josef Ackermann: Heinrich Himmler als Ideologe, Göttingen/Zürich/Frankfurt 1970.
29 Lange, Weisthor, S. 68.
30 ebd., S. 71.
31 Grandt, Erlöser, S. 115.

OTTO RAHN

Jean-Michel Angebert [= Jean-Michel Bertrand/Jean Anelini]: Hitler et la tradition cathare, Laffont 1971.
Christian Bernadac: Montségur et le Graal. Le mystère de Otto Rahn, Paris 1994.
Umberto Eco: Das Foucaultsche Pendel. Roman, München/Wien 1989, S. 170 ff.
Julius Evola: Das Mysterium des Grals, München-Planegg 1955, S. 188 ff.
Johannes und Peter Fiebag: Die Entdeckung des Grals. Das kosmische Geheimnis der Bundeslade und des Templerordens, München 1989, S. 249 ff.
Adolf Frisé: Der Beginn der Vergangenheit, Hamburg 1992.
Kadmon [= G. Petak]: Auf den Spuren von Otto Rahn = Aorta Nr. 7, Wien 1991.
Norma Lorre Goodrich: The Holy Grail, London 1993.
Nicholas Goodrick-Clarke: Die okkulten Wurzeln des Nationalsozialismus, Graz/Stuttgart 1997, S. 164 ff.
Hans-Jürgen Lange: Otto Rahn und die Suche nach dem Gral, Engerda 1999.
Hans-Jürgen Lange: (Hg.): Otto Rahn – Leben und Werk, Engerda 1995.
Armin Mohler: Der doppelte Rahn und sein heiliger Gral. Wie ein toter deutscher Schriftsteller als Botschafter weiterlebte. Fahrlässige »Zeitgeschichte« aus Frankreich, in: Die Welt 12. 5. 1979.
Nigel Pennick: Hitler's Secret Sciences. His Quest for the Hidden Knowledge of the Ancients, Suffolk 1981, S. 163 ff.
Otto Rahn: Kreuzzug gegen den Gral. Die Geschichte der Albigenser, Struckum 1985.
Otto Rahn: Luzifers Hofgesind. Eine Reise zu den guten Geistern Europas, Struckum 1985.
Otto Wilhelm Rahn: Lebenslauf, SS-Personalakte 1. 12. 1937.
Karl Rittersbacher: Biographische Notizen, in: Otto Rahn: Kreuzzug gegen den Gral. Die Geschichte der Albigenser, Stuttgart 1964, S. 297 ff.
Grigol Robakidse: Die Hüter des Gral, Jena 1937.
Otto Rombach: Kreuzzug gegen den Gral, in: Languedoc-Roussillon = Merian 2/1971, S. 49–52.
Detlev Rose: Auf den Spuren von Luzifers Hofgesind, in: Junge Freiheit 13. 6. 1997, S. 14.
Saint-Loup [= Marc Augier]: Nouveaux Cathares pour Montségur, Paris 1969.
Miguel Serrano: Das Goldene Band. Esoterischer Hitlerismus, Wetter 1987, S. 83 ff.

1 Rahn, Hofgesind, S. 164.
2 Lange, Rahn, S. 26.
3 Rahn, Lebenslauf.
4 in Lothar Baier: »... wenn ich religiös wäre, wäre ich Katharer«, Sendung des WDR 3 am 16. 6. 1984; vgl. Lange, Rahn, S. 29.

5 siehe hierzu Brigitte Nagel: Die Welteislehre. Ihre Geschichte und ihre Rolle im »Dritten Reich«, Stuttgart ²2000, Neuauflage für 2001 geplant.
6 veröffentlicht unter dem Titel »Sur le Chemin du Saint Graal«, deutsch Antonin Gadal: Auf dem Weg zum heiligen Gral, Haarlem 1991.
7 Lange, Rahn, S. 39.
8 ebd., S. 43.
9 ebd., S. 21.
10 ebd., S. 47 ff.
11 Rahn, Kreuzzug, S. 220.
12 Lange, Rahn, S. 53 f.
13 ebd., S. 56.
14 ebd., S. 51.
15 ebd., S. 59.
16 SS-Personalakte Otto Rahn, in: ebd., S. 61.
17 Rahn, Hofgesind, S. 239.
18 ebd., S. 17.
19 ebd., S. 101 f.
20 Lange, Rahn, S. 60 f.
21 Frisé, Beginn, S. 40.
22 Lange, Rahn, S. 69.
23 ebd., S. 72.
24 ebd., S. 76.
25 Chronik des Gendarmeriepostens Söll in Tirol.
26 Rose, Spuren, S. 14.
27 Pennick, Sciences, S. 164.
28 Rittersbacher, Notizen, S. 297 ff.
29 Lange, Rahn, S. 21.
30 www.geocities.com/CapitolHill/6824/otto.htm, S. 5.
31 Hans-Jürgen Lange: E-Mail an den Autor vom 31. 10. 2000.

ERIK JAN HANUSSEN

anonym: Die Wahrheit über Erik Jan Hanussen. Sein Leben, seine Tricks und sein Ende, o. A.
Will Berthold: Hanussen. Hellseher und Scharlatan, München 1987.
Borovicka [= Václav Havel]: Vrazda jasnovidce Hanussena, Praha 1968.
Robert Charroux: Verratene Geheimnisse, München/Berlin 1970, S. 251.
Géza von Cziffra: Hanussen – Hellseher des Teufels. Die Wahrheit über den Reichstagsbrand, München/Berlin 1978.
Max Dessoir: Vom Jenseits der Seele. Die Geheimwissenschaften in kritischer Betrachtung, Stuttgart Repr. 1967, S. 134 f.
Gregor Eisenhauer: Scharlatane. Zehn Fallstudien, Frankfurt am Main 1994, S. 255 ff.
Lion Feuchtwanger: Die Brüder Lautensack. Roman, London 1944.
Bruno Frei: Der Fall Hanussen, in: Berlin am Morgen 14. 12. 1932.
Bruno Frei: Hanussen, Strasbourg 1934.
Bruno Frei: Der Hellseher. Leben und Sterben des Erik Jan Hanussen, Köln 1980.
Sibylle Fritsch: »Ich bin Hanussen«, in: Der Spiegel 42/1988, S. 117 f.
Erik Jan Hanussen: Die Weltseele, Wien 1922.
Erik Jan Hanussen: Das Gomboloy, Gablonz 1927.
Erik Jan Hanussen: In eigener Sache, in: Hanussen-Zeitung 24. 1. 1933.

Erik Jan Hanussen: Meine Lebenslinie, Frankfurt/Berlin 1991.

Erik Jan Hanussen-Steinschneider: Schließen Sie die Augen, Wien 1920.

Erik Jan Hanussen-Steinschneider: Das Gedankenlesen / Telepathie, Wien 1920.

Erich Juhn: Leben und Taten des Hellsehers Henrik Magnus, Wien 1930.

Georg Kayser: Hellseherei. Schauspiel, Berlin 1931.

Wilfried Kugel: Hanussen. Die wahre Geschichte des Hermann Steinschneider, Düsseldorf 1998.

Ernst Lothar [Müller]: Der Hellseher, Wien 1929.

Heinrich Mann: Der Haß. Deutsche Zeitgeschichte, Amsterdam 1933, S. 197 ff.

Hary Steinschneider: Worauf beruht das ...?! Telepathie, ihre Erklärung und Ausübung, Krakau 1917.

Leopold Thomas: Hanussen, ein Abenteurer unserer Zeit. Hinter den Kulissen eines mysteriösen Lebens, in: 12 Uhr Blatt 17. 5. 1933.

Yvonne Viehöver: Hanussen. Roman nach dem Drehbuch von István Szabo und Péter Dobai, München 1988.

Heinrich Wissiak: Der Leitmeritzer Hellseher-Prozeß. Hanussen, Leipzig 1930.

Hedda Zinner: Der Teufelskreis und andere Stücke, Berlin 1986, S. 177 ff.

1   Cziffra, Hanussen, S. 11 ff.
2   Eisenhauer, Scharlatane, S. 265.
3   Frei, Hanussen, S. 148.
4   Kugel, Hanussen, S. 17.
5   Frei, Hanussen, S. 149 f.; zum Chassidismus siehe u. a. Martin Buber: Gog und Magog. Eine Chronik, Frankfurt am Main 1957.
6   Eisenhauer, Scharlatane, S. 265.
7   Kugel, Hanussen, S. 24.
8   Wissiak, Hellseher-Prozeß, S. 11.
9   Kugel, Hanussen, S. 29.
10 Juhn, Leben und Taten, S. 78 f.
11 ebd., S. 89.
12 Hanussen, Lebenslinie, S. 126.
13 Frei, Hellseher, S. 22.
14 Cziffra, Hanussen, S. 63.
15 Kugel, Hanussen, S. 40.
16 gegensätzliche Darstellungen hierzu finden sich u. a. in Frei, Hellseher, S. 35 f., Eisenhauer, Scharlatane, S. 271 f., und Kugel, Hanussen, S. 51 ff.
17 Hanussen-Steinschneider, Gedankenlesen, S. 8 f.
18 Kugel, Hanussen, S. 58.
19 ebd., S. 58 ff.
20 ebd., S. 61.
21 Eisenhauer, Scharlatane, S. 272.
22 Frei, Hanussen, S. 13.
23 Kugel, Hanussen, S. 68, nach Thoma, Hanussen.
24 ebd., S. 69.
25 ebd., S. 73.
26 ausführlich hierzu Hanussen, Gomboloy.
27 Kugel, Hanussen, S. 80.
28 ebd., S. 87.
29 Juhn, Leben und Taten, S. 15 ff.
30 Kugel, Hanussen, S. 98.
31 Juhn, Leben und Taten, S. 225 und 230.

32 Wissiak, Hellseher-Prozeß, S. 77.
33 Eisenhauer, Scharlatane, S. 276.
34 Dessoir, Jenseits, S. 135.
35 Eisenhauer, Scharlatane, S. 277.
36 Kugel, Hanussen, S. 156.
37 ebd., S. 182 ff.
38 ebd., S. 188.
39 z. B. bei Cziffra, Hanussen, und Eisenhauer, Scharlatane, hierzu Kugel, Hanussen, S. 13.
40 Frei, Hanussen, S. 115 f.
41 Frei, Fall Hanussen, zit. in Kugel, Hanussen, S. 203.
42 ebd., zit. aus Hanussens Bunter Wochenschau 8. 1. 1933.
43 Kugel, Hanussen, S. 213.
44 Fritsch, Hanussen, S. 118.
45 Kugel, Hanussen, S. 241 f.
46 Antonia Grunenberg in Frei, Hellseher, S. 140 ff.

MATHILDE LUDENDORFF

Rudolf Augstein (Red.): Gotterkenntnis (L), in: Der Spiegel 17. 2. 1960, S. 30 ff.
Gert Borst: Die Ludendorff-Bewegung 1919–1961. Eine Analyse monologer Kommunikationsformen in der sozialen Zeitkommunikation, München (Diss.) 1969.
Eduard Gugenberger/Franko Petri/Roman Schweidlenka: Weltverschwörungstheorien. Die neue Gefahr von Rechts, Wien 1998, S. 94 ff.
Eduard Gugenberger/Roman Schweidlenka: Mutter Erde, Magie und Politik. Zwischen Faschismus und neuer Gesellschaft, Wien 1987, S. 112 ff.
Friedrich Wilhelm Haack: Wotans Wiederkehr. Blut-Boden- und Rasse-Religion, München 1981, S. 131 ff.
Franziska Hundseder: Wotans Jünger. Neuheidnische Gruppen zwischen Esoterik und Rechtsextremismus, München 1998.
Josef Jekel: Brief an die Münchner Spruchkammer, Wien 1950.
Hans Kopp: Der General und die Religion, Pähl 1965, S. 86 ff.
Hans Kopp: Die Geschichte der Ludendorff-Bewegung, 2 Bände, Pähl 1975.
General [Erich] Ludendorff: Mathilde Ludendorff. Ihr Leben und Wirken, München 1937.
Mathilde Ludendorff: Triumph des Unsterblichkeitswillens, München 1921.
Mathilde Ludendorff: Statt Heiligenschein oder Hexenzeichen – mein Leben, 1. Teil: Kindheit und Jugend, München 1932.
Mathilde Ludendorff: Statt Heiligenschein oder Hexenzeichen – mein Leben, 2. Teil: Durch Forschen und Schicksal zum Sinn des Lebens, München 1937.
Mathilde Ludendorff: Wunder Biologie im Lichte der Gotterkenntnis meiner Werke, 1. Band, Stuttgart 1950.
Mathilde Ludendorff: In den Gefilden der Gottesoffenbarung, Pähl 1959.
Mathilde Ludendorff: Aus der Gotterkenntnis meiner Werke. Philosophische Grundfragen, Pähl 1973.
Winfried Martini: Die Legende vom Hause Ludendorff, Rosenheim 1949.
Armin Pfahl-Traughber: Der antisemitisch-antifreimaurerische Verschwörungsmythos in der Weimarer Republik und im SS-Staat, Wien 1993, S. 65 ff.
Rudolf Radler: Ludendorff, Mathilde, geb. Spieß, in: Historische Kommission bei der

Bayerischen Akademie der Wissenschaften (Hg.): Neue Deutsche Biographie, 15. Band, Berlin 1987, S. 290 ff.

Edmund Reinhard: Nicolai Hartmann – Mathilde Ludendorff. Zwei Philosophen unserer Zeit, Viöl in Nordfriesland 1995.

Edmund Reinhard (Hg.): Mathilde Ludendorff über das Werden ihrer Gotterkenntnis, Pähl o.J.

Jürgen Roth/Kay Sokolowsky: Wer steckt dahinter? Die 99 wichtigsten Verschwörungstheorien, Köln 1998, S. 145 ff.

Andreas Speit: Bund für Gotterkenntnis Ludendorff e.V., in: Jens Mecklenburg (Hg.): Handbuch deutscher Rechtsextremismus, Berlin 1996, S. 374 ff.

Karl Witte: Deutsche Gotterkenntnis (Haus Ludendorff), in: Walter Künneth/Helmut Schreiner (Hg.): Die Nation vor Gott. Zur Botschaft der Kirche im Dritten Reich, Berlin 1937.

1 Haack, Wiederkehr, S. 131.
2 zu ihrer »Ahnentafel« siehe Anhang in Ludendorff, Ludendorff.
3 Reinhard, Ludendorff, S. 7.
4 Kurt Hutten, zit. in Haack, Wiederkehr, S. 150.
5 ebd., S. 155 (der Vater ist allerdings nicht, wie hier behauptet, »früh verstorben«, sondern erst, als Mathilde Spiess, spätere Ludendorff, bereits dreißig Jahre alt war).
6 Frieda Stahl, geb. Spieß, in Ludendorff, Ludendorff, S. 7.
7 Ludendorff, Heiligenschein, S. 173 f., und Reinhard, Ludendorff, S. 7 f.
8 Ludendorff, Forschen, S. 38.
9 zit. in Reinhard, Ludendorff, S. 15.
10 ebd., S. 97.
11 ebd., S. 99.
12 ebd., S. 120.
13 ebd., S. 143.
14 zit. in Haack, Wiederkehr, S. 155.
15 Ludendorff, Forschen, S. 243 f.
16 Radler, Ludendorff, S. 290.
17 Ludendorff, Wunder, S. 37.
18 Pfahl-Traughber, Verschwörungsmythos, S. 65.
19 Ludendorff, Ludendorff, S. 41.
20 ebd., S. 45.
21 ebd., S. 48.
22 ebd., S. 60 f.
23 Augstein, Gotterkenntnis, S. 30.
24 zit. in Haack, Wiederkehr, S. 139.
25 ebd., S. 136.
26 Ludendorff, Ludendorff, S. 67 ff.
27 Jekel, Brief, S. 1.
28 Ludendorff, Biologie, S. 10.
29 Jekel, Brief, S. 1.
30 Hundseder, Jünger, S. 98.

anonym: Testimonianze su Evola, Roma 1985.
Sibilla Aleramo: Amo, dunque sono, Milano 1927.
Michel Angebert etc.: Julius Evola, le visionnaire foudroyé, Paris 1977.
Philippe Baillet: Introduction à l'œuvre d'Evola, Villemomble 1975.
Philippe Baillet (ed.): Actes du IIème colloque de Politica Hermetica. Métaphysique et Politique: René Guénon – Julius Evola, Paris 1987.
Christophe Boutin: Politique et Tradition. Julius Evola dans le Siècle, Paris 1992.
Daniel Cologne: Julius Evola, René Guénon et le christianisme, Paris 1978.
Sandro Consolato: Julius Evola e il Buddhismo, Borzano 1995.
Nicola Cospito/Hans Werner Neulen (ed.): Julius Evola nei documenti segreti del Terzo Reich, Roma 1986.
Angelo Del Boca / Mario Giovanna: I figli del sole. Mezzo secolo di nazifascismo nel mondo, Milano 1965.
R. Drake: Julius Evola and the Ideological Origins of the Radical Right in Contemporary Italy, in: Peter H. Merkl (ed.): Political Violence and Terror – Motifs and Motivations, Berkeley 1986, S. 61–89.
Pablo Echaurren: Evola in Dada, Roma 1994.
Julius Evola: Arte astratta, Roma 1920.
Julius Evola: Saggi sull' Idealismo Magico, Todi/Roma 1925.
Julius Evola: Heidnischer Imperialismus, Leipzig 1933.
Julius Evola: Die arische Lehre von Kampf und Sieg, Wien 1941.
Julius Evola: Grundrisse der faschistischen Rassenlehre, Berlin 1943.
Julius Evola: Das Mysterium des Grals, München-Planegg 1955.
Julius Evola: Il Cammino del Cinnabro, Milano 1972.
Julius Evola: Revolte gegen die moderne Welt, Interlaken 1982.
Julius Evola: Metaphysik des Sexus, Frankfurt/Berlin/Wien 1983.
Julius Evola: Die hermetische Tradition. Von der alchemistischen Umwandlung der Metalle und des Menschen in Gold. Entschlüsselung einer verborgenen Symbolsprache, Interlaken 1989.
Julius Evola: Menschen inmitten von Ruinen, Tübingen 1991.
Julius Evola: Cavalcare la Tigre – Den Tiger reiten, Engerda 1997.
Julius Evola: Europa und der organische Gedanke, in: Junges Forum 1-2/1992, S. 25–28.
Julius Evola/Gruppe von UR: Magie als Wissenschaft vom Ich. Praktische Grundlagen der Initiation, Interlaken 1985.
Julius Evola/Gruppe von UR: Schritte zur Initiation. Magie als Wissenschaft vom Ich, Band II: Theorie und Praxis des höheren Bewußtseins, Bern/München/Wien 1997.
Gerhard Feldbacher: Von Mussolini bis Fini. Die extreme Rechte in Italien, Berlin 1996, S. 34 ff.
Giovanni Ferracuti: Julius Evola, Rimini 1984.
Marco Fraquelli: Il Filosofo Proibito, Milano 1994.
Eduard Gugenberger/Roman Schweidlenka: Mutter Erde, Magie und Politik. Zwischen Faschismus und neuer Gesellschaft, Wien 1987, S. 129 ff.
Hans-Thomas Hakl: Evola, Julius, in: Caspar von Schrenck-Notzing (Hg.): Lexikon des Konservatismus, Graz/Stuttgart 1996, S. 165–167.
H. T. Hansen: Julius Evolas politisches Wirken, in: Evola, Menschen, S. 7–132.
Jürgen Hatzenbichler: Julius Evola – Das Anti-Geschichtsbild, in: ders.: Querdenker. Konservative Revolutionäre, Engerda 1996, S. 39–56.

Gerd-Klaus Kaltenbrunner: Europa. Seine geistigen Quellen in Porträts aus zwei Jahrtausenden, Band II, Heroldsberg 1983, S. 405 ff.

Gian Franco Lami: Introduzione a Evola. Un passo per la vita e un passo per il pensiero, Roma 1981.

Walter Laqueur: Faschismus. Gestern – Heute – Morgen, Berlin 2000, S. 129 ff.

Rolf Liedtke: Die Hermetik. Traditionelle Philosophie der Differenz, Paderborn 1996, S. 116 ff.

L. Lo Bianco: Evola, Giulio Cesare Andrea (Julius), in: Instituto della Enciclopedia Italiana (ed.): Dizionario Biografico degli Italiani, vol. 43, Roma 1993, S. 575–581.

Roberto Melchionda: Il volto di Dioniso. Filosofia e arte in Julius Evola, Roma 1984.

M. de Micheli: La matrice del l'eversione fascista, Milano 1975, S. 89 ff.

Renato del Ponte: Il movimento tradizionalista romano nel novecento, Scandianio 1987.

Renato del Ponte: Evola e il magico »Gruppo di UR«, Borzano 199?.

Adriano Romualdi: Julius Evola. L'Uomo e l'Opera, Roma 1968.

Alfred Schobert: Aufstand gegen die Moderne, in: Spex Mai 1996, S. 40–43.

T. Sheehan: Myth and Violence. The Fascism of Julius Evola and Alain de Benoist, in: Social Research 48/1981, S. 45–73.

Gianfranco de Turris (ed.): Omaggio á Julius Evola, Roma 1973.

Gianfranco de Turris (ed.): Testimonanze su Evola, Roma 1985.

Elisabetta Valento: Homo Faber. Julius Evola fra arte e alchimia, Roma 1994.

Piero Vasallo: Modernità e tradizione nell'opera evoliana, Palermo 1978.

Marcello Veneziani: La ricerca dell'assoluto in Julius Evola, Padova 1979.

Marcello Veneziani: Julius Evola tra filosofia e tradizione, Roma 1984.

Marcello Veneziani: La Rivoluzione Conservatrice in Italia, Milano 1987.

Piero di Vona: Evola e Guénon – tradizione e civiltà, Napoli 1985.

Gerhard Wehr: Spirituelle Meister des Westens. Leben und Lehre, München 1995, S. 163 ff.

Karlheinz Weißmann: Kshatryia. Julius Evola – ein Frondeur gegen die Moderne, in: Phoenix 10/1984, S. 3–13.

1 Evola, Imperialismus, S. 111.
2 Evola, Cammino, S. 15 f.
3 Hansen, Wirken, S. 10 f.
4 Evola, Arte, S. 8.
5 Hansen, Wirken, S. 36 f.
6 ebd., S. 14 f.
7 Otto Weininger: Geschlecht und Charakter, Wien 1904, S. 206, vgl. Hansen, Wirken, S. 15.
8 ebd., S. 12.
9 Evola, Revolte.
10 Wehr, Meister, S. 165.
11 Hansen, Wirken, S. 43.
12 zit. in ebd., S. 14.
13 Evola, Magie, S. 11.
14 ebd., S. 28.
15 Evola, Revolte, S. 29 ff.
16 Evola, Imperialismus, S. 43 und 24 f.
17 Hansen, Wirken, S. 52 ff.

18 Evola, Imperialismus, S. 20 und 8.
19 ebd., S. 110.
20 Hansen, Wirken, S. 101.
21 Evola, Menschen, S. 322 ff.
22 Hansen, Wirken, S. 55.
23 Evola, Revolte, S. 29 ff.
24 ebd., S. 100.
25 ebd., S. 65 f.
26 ebd., S. 177 f.
27 ebd., S. 141.
28 ebd., S. 160 f.
29 Evola, Lehre, S. 20 f.
30 Hansen, Wirken, S. 102, sowie Ernst Nolte: Die faschistischen Bewegungen, München 1966, S. 216 ff.
31 Hansen, Wirken, S. 80 f.
32 Evola, Revolte, S. 77 und 210.
33 Evola, Cavalcare, S. 37 und 42 f.
34 Evola, Menschen, S. 340.
35 H. T. Hansen in Evola, Revolte, S. 16.
36 Hansen, Wirken, S. 114.
37 Kaltenbrunner, Europa, S. 405.
38 Hatzenbichler, Querdenker, S. 56.
39 Andreas Mölzer: Brief an den Autor vom 27. 7. 2000.
40 Das »Sigill-Magazin« wurde mit März 2000 eingestellt und durch die Zeitschrift »Zinnober« (Erstausgabe Herbst 2000) ersetzt.
41 Information in »www.eislicht.de«.

Bildnachweis

Arun-Verlag: 93, 105, 109, 111
Bildarchiv der Österreichischen Nationalbibliothek: 31, 45, 67, 127, 133, 153, 163
Eislicht-Verlag: 187
Schiller-Nationalmuseum/Deutsches Literaturarchiv, Marbach a. Neckar: 19, 29

Der Verlag und der Autor haben sich bemüht, alle Rechteinhaber der Fotos ausfindig zu machen. In jenen Fällen, in denen dies nicht möglich war, bleiben berechtigte Ansprüche gewahrt.